한신대학교 유라시아연구소 HEI 총서 **07**

유라시아 국가 엘리트 변동과 정책변화:
중국·러시아·카자흐스탄

한신대학교 유라시아연구소 **엮음**

주장환·연담린·박상운·임진희·김소연·제성훈 지음

dh
다해

한신대학교 유라시아연구소 HEI 총서 **07**

유라시아 국가 엘리트 변동과 정책변화: 중국·러시아·카자흐스탄

| 초판1쇄 | 2025년 5월 31일

| 엮 은 이 | 한신대학교 유라시아연구소
| 저   자 | 주장환 · 연담린 · 박상운 · 임진희 · 김소연 · 제성훈
| 주   소 | 경기도 오산시 한신대길 137 임마누엘관 5001
| 전   화 | (031) 379-0871
| 이 메 일 | hei@hei.re.kr
| 홈페이지 | http://hei.re.kr/
| 펴 낸 곳 | 다해 02.2266.9247
| 등록번호 | 301-2011-069

| 인   쇄 | 다해 02.2266.9247

값 **20,0000원**
ISBN 979-11-5556-292-5 93300

* 이 책의 내용은 저작권법의 보호를 받는 저작물이므로 무단 전재와 복제를 금합니다.

이 책은 2021년 대한민국 교육부와 한국연구재단의 지원을 받아 수행된 연구임
(NRF-2021S1A5C2A01090085)

유라시아 국가 엘리트 변동과 정책변화:
중국·러시아·카자흐스탄

한신대학교 유라시아연구소 **엮음**

주장환 · 연담린 · 박상운 · 임진희 · 김소연 · 제성훈 지음

다해

차 례

책을 펴내며 ……………………………………………………………… 8

서 장

제1장 엘리트 변동과 정책 변화: 논리와 그 사례

주장환 (한신대학교 동아시아통상학전공·유라시아연구소)

Ⅰ. 들어가며 ……………………………………………………… 15
Ⅱ. 엘리트 유형과 정책 정향 …………………………………… 17
Ⅲ. 중국 후진타오, 시진핑 집권기의 엘리트와 정책 정향의 유형 … 23
Ⅳ. 결론 ………………………………………………………… 32

제 1 부

제2장 중국 엘리트 변동과 경제 정책 변화: 후진타오와 시진핑 집권기를 사례로

주장환 (한신대학교 동아시아통상학전공·유라시아연구소)

Ⅰ. 서론 ………………………………………………………… 43
Ⅱ. 주요 개념과 분석틀 ………………………………………… 46
Ⅲ. 중국의 엘리트 변동과 경제 정책 변화 …………………… 53
Ⅳ. 결론 ………………………………………………………… 65

제3장 러시아 엘리트 변동과 국가안보전략 변화

연담린 (한신대학교 유라시아연구소)

Ⅰ. 서론 …………………………………………………………… 77
Ⅱ. 선행연구 및 연구방법 ……………………………………… 79
Ⅲ. 푸틴 집권기 엘리트와 국가안보전략의 변화 ……………… 91
Ⅳ. 결론 …………………………………………………………… 113

제4장 나자르바예프와 토카예프 집권기의 정치 제도 변화

박상운 (서강대학교 사회과학연구소)

Ⅰ. 들어가며 ……………………………………………………… 119
Ⅱ. 나자르바예프 집권기의 정치 제도 ………………………… 120
Ⅲ. 토카예프 집권기의 정치 제도 변화 ………………………… 125
Ⅳ. 나오며 ………………………………………………………… 132

제 2 부

제5장 시진핑 시기 중국의 대외정책 결정요인: 국내정치 맥락을 중심으로

임진희 (한신대학교 유라시아연구소)

Ⅰ. 들어가는 글	141
Ⅱ. 중국 정치체제의 변화	144
Ⅲ. 중국 정치체제의 위기	151
Ⅳ. 중국 대외정책결정과정의 변화	160
Ⅴ. 나가는 글	167

제6장 나토 확장에 대한 러시아 엘리트의 대응

연담린 (한신대학교 유라시아연구소)

Ⅰ. 서론	177
Ⅱ. 선행연구와 연구방법	180
Ⅲ. 나토 확장과 러시아의 대응	189
Ⅳ. 결론	205

제7장 정치 엘리트의 국가 정체성 담론 변화와 카자흐스탄의 대외정책 변화

김소연·제성훈 (한국외국어대학교)

I. 들어가며 ……………………………………… 215
II. 정치 엘리트의 국가 정체성 담론과 '지정학적 중간국'의 대외정책
　　……………………………………………………… 215
III. 카자흐스탄 정치 엘리트의 국가 정체성 담론 변화 ……… 220
IV. '지정학적 중간국' 카자흐스탄의 대외정책 변화 ………… 230
V. 나오며 ………………………………………… 239

책을 펴내며

이 책은 한신대학교 유라시아연구소(HEI) 총서의 제7권이다. 중국, 러시아 그리고 카자흐스탄 등 유라시아 주요 국가의 엘리트 변동과 정책변화를 다루고 있다. 총 2부로 구성된다. 제1부는 이들 국가의 대내 정책을, 제2부는 대외 정책을 주요 사례로 분석하고 있다. 기본적인 논리는 각 국가의 엘리트 변동이 대내외 정책의 변화를 초래한다는 것이다.

이 작업은 2021년부터 한신대학교 유라시아연구소가 집중적으로 진행하고 있는 '엘리트 변수 중심, 동태적 국제관계 모형' 수립의 주요 부분이다. 이 모형은 기본적으로 각 국가의 엘리트 변동이 정책변화 핵심 요인이고, 또한 이 국가들의 정책을 매개로 한 상호작용이 특정 시기 국제관계의 특징을 형성한다는 전제에 기반하고 있다. 이런 맥락에서 이 책은 각 국가의 엘리트 변동이 어떻게 정책변화를 초래했는가에 대해 집중적으로 분석하고 있다. 한편 정도의 차이는 있겠지만 이 책의 사례인 중국, 러시아 그리고 카자흐스탄은 이 문제에 대한 분석에 매우 적합하다. 중국은 현존하는 전 세계 국가 유형 중 가장 엘리트 중심성이 높은 당-국가 체제를 여전히 유지하고 있다. 따라서 엘리트 변동과 정책변화와의 상관성을 매우 직접적으로 확인할 수 있을 것으로 기대된다. 또한 러시아와 카자흐스탄은 당-국가 체제로

부터 전환을 진행한 국가들이다. 직관적으로 여전히 정책 형성 과정에서 엘리트 중심성이 매우 강하게 포착되고 있다. 따라서 현시점에 엘리트와 정책의 상관관계 동학에 대한 실체적 규명에 매우 적합하다. 이 책은 이런 측면에서 그 의미가 매우 크다. 더구나 현재 세계는 엘리트 변동으로 인한 정책변화로 몸서리를 치고 있기에 이 책의 시의성 역시 매우 높다.

서장은 엘리트 변동과 정책변화에 관련된 시론(試論)적 논의를 진행하고 있다. 주장환은 현상으로 확인된 이 두 변수 간의 관계를 규명하는 방법을 제시하고, 이를 중국의 사례에 적용하고 있다. 방법의 핵심은 두 변수에 대한 유형법을 제출하고, 이 두 유형법 간의 관계를 귀납적으로 대응시키는 것이다. 연역과 귀납을 결합한 방법을 통해 엘리트 변동과 정책변화에 대한 이론화의 제고 측면에서 함의하는 바가 큰 글이다.

제1부는 엘리트 변동과 정책변화가 중국, 러시아 그리고 카자흐스탄 등 국가의 대내 정책 사례에서 어떻게 발현되고 있는지를 분석하고 있다. 2장에서 주장환은 중국 후진타오와 시진핑 집권기 경제 정책을 사례로 삼고 있다. 서장에서 밝힌 방법을 적용한 연구로써 엘리트 변동과 정책변화 유형 간 결합의 논리적 결과인 4,096개 총 경우의 수 중 하나의 사례를 밝혀냈다는 점에서 향후 관련 연구의 가능성을 열어준 의의가 있다. 3장에서 연담린은 러시아 푸틴 집권기의 국가안보전략을 사례로 엘리트 변동과 정책변화를 살펴봤다. 특히 합리적 정책 결정 모델을 활용하여 대표적인 엘리트 구성의 변화가 국가안보전략에 미치는 영향을 심도 있게 분석하고 있다. 4장에서 박상운은 카자흐스탄의 최신 시기 직전과 현재 최고지도자인 나자르바예프와 토카예

프 집권기 정치 제도 변화를 비교 분석하고 있다. 특히 기존 연구에서 간과되었던 헌법과 하원 선거제도 등 제도 변화의 조건에 착목하고 있다.

제2부는 중국, 러시아, 카자흐스탄의 대외정책 변화에 미치는 엘리트 요인 차원에서의 영향과 그 반응을 다루고 있다. 5장에서 임진희는 엘리트와 밀접한 관계가 있는 체제 유지, 권력정치 그리고 정책 과정 등으로 이루어진 국내정치 변화의 차원에서 중국의 대외정책 변화를 설명하고 있다. 특히 현 최고지도자인 시진핑 집권기에 대한 분석을 통해 현재 시기 중국의 대외정책의 향방을 예측하는데 필요한 하나의 객관적인 시각을 제시하고 있다는 점에서 매우 흥미롭다. 연담린은 6장에서 나토 확장 정책이라는 외부 환경 변화에 대한 러시아의 대응을 엘리트 차원에서 분석하고 있다. 이를 통해 결국 러시아의 대외정책 결정 과정에서 엘리트 요인의 중요성을 확인할 수 있다. 특히 나토 확장에 대한 러시아의 구체적인 대응을 결정하는 과정을 실체적으로 분석하고 있다는 점에서 이 글은 대단히 의의가 있다. 7장은 김소연과 제성훈이 엘리트 집단의 국가 정체성 담론 변화가 대외정책에 미치는 영향을 카자흐스탄을 사례로 분석하고 있다. 특히 난이도가 높은 카자흐스탄 엘리트들의 자국 국가정체성에 대한 인식을 통시적으로 비교 분석하고 해당 시기 대외정책과의 연결을 시도했다는 점은 다른 국가 사례 연구로 확장이 가능한 매우 유용한 시도로 평가된다.

"구슬이 서 말이라도 꿰어야 보배다"라는 속담이 있다. 이 책은 한신대학교 유라시아연구소가 2021년부터 진행하고 있는 기획연구사업 결과물 중의 하나이다. 책보다는 논문, 공동보다는 개인 연구가 중시되는 현재 한국 학계의 세태에서는 찾아보기가 힘든 시도라고 자평한다. 2021년부터 한국연구재단의 지원이 있었기에 가능했다. 구슬을 꿸 수 있게 한 현실적 조건이다. 이 지면을 빌어 감사와 함께 이런 시도에 대해 지원이 더욱 확대되기를 바라는 희망을 전한다. 구슬들은 이 책에 참여한 필진이다. 특정 기획 하에서 연구를 진행한다는 것이 다소 불편할 수도 있는 일이다. 박상운, 연담린, 임진희, 제성훈 선생들께 동학의 예를 갖춰 감사드린다. 향후에도 함께 집단 연구의 모범을 만들고 전파할 수 있기를 요청드린다. 또한 학문 후속세대로서 필진에 참여한 김소연 선생께 향후 학자로의 삶에 유익한 경험이 되었기를 바라는 마음을 전한다. 이번에도 구슬을 꿰는 작업은 한신대학교 유라시아연구소의 임진희 선생께서 주관했다. 각별한 감사를 표한다. 연구소의 김애리, 도민지 연구원과 서영은, 김나연 등 연구조교들은 구슬을 꿰는 작업이 순조롭게 진행될 수 있도록 했다. 머리 숙여 감사를 드리며 연구소에서의 경험이 행복한 시간이 되기를 바란다.

이번으로 한신대학교 유라시아연구소는 7번째 총서를 펴내기에, 내용과 형식의 측면에서 진화하고 있다고 자부한다. 그러나 부족한 점이 있을 수 있다. 그 책임은 전적으로 본인에게 있다. 또한 관련한 지적과 비평 그리고 토론은 언제나 환영한다. 우리는 이 과정을 통해 더욱 발전할 것이다. 많은 관심과 지도 편달을 바란다.

2025년 5월 경기도 광주에서
HEI 총서 7권의 필진을 대신하여 **주 장 환**

서 장

제1장

엘리트 변동과 정책 변화:

논리와 그 사례*

주장환
(한신대학교 동아시아통상학전공·유라시아연구소)

I. 들어가며
II. 엘리트 유형과 정책 정향
III. 중국 후진타오, 시진핑 집권기의 엘리트와 정책 정향의 유형
IV. 결론

* 이 글은 『세계지역논총』 제 41집 4호(2023)의 글을 수정 및 보완한 것임.

I. 들어가며

엘리트 변동과 정책 변화는 어떤 관계가 있는가? 기실 엘리트 변동과 연동된 정책 변화는 현실에서 직관적으로 관찰할 수 있는 현상이다. 정기적인 선거로 최고 정책 결정자가 교체되는 대의제 국가는 물론이고, 비(非) 대의제 국가에서도 매우 흔하게 목도된다.[1] 물론 특정 국가의 정책 변화는 행위자 요인 외에도 구조적인 요인에 의해서도 진행된다. 예를 들어 기후 변화, 팬데믹(Pandemic), 국제적 차원의 경제 및 금융위기, 전쟁 등과 같은 요인들은 특정 국가의 정책 변화를 제약하는 구조적 차원의 요인으로 구분할 수 있고, 그 영향력은 무시할 수 없을 것이다. 그러나 이 요인은 전 세계 국가들에게 일종의 정책 결정 배경과 상수로 작용한다고 할 수 있다. 이러한 구조적 요인의 제약 하에서 어떤 정책 변화를 꾀할 것인가는 매우 직접적으로 엘리트의 유형 및 그 특징과 관련되어 있다고 이 글은 보고 있다.[2] 즉 엘리트 유형의 변동이 발생하면 정책의 변화도 동반하여 진행될 것이라는 전제에 입각하고 있다.

이 글은 상기 관점을 현실화하기 위한 하나의 시론(試論)이다. 이를 위해 보다 최신 연구 성과를 활용한 과학적인 접근을 시도한다. 기본적인 구상은 두 가지 이론적 논의의 '결합(Combination)'이다. 하나는 엘리트 유

---

[1] 대의제 국가는 미국을 비 대의제 국가의 대표적인 예는 중국을 들 수 있다. 이와 관련된 최신 연구로는 다음을 들 수 있다. 김관욱, "트럼프 정부의 대중국 안보 정책: 바이든 정부와의 비교연구," 『국제정치연구』 제24권 제2호 (2021), pp. 53-74; 이민규, "시진핑의 '발전자' 대외정책경향과 중국의 대외정책 특징: 마가렛 허만의 최고지도자 '인격특징' 이론을 중심으로," 『국가안보와 전략』 제15권 제1호 (2015), pp. 75-108.
[2] 기실 이런 관점은 매우 보편적이라고 할 수 있고, 이런 경향의 한국에 관한 최신 연구의 예는 다음과 같다. 구갑우, "남북한의 동상이몽?: 문재인 정부의 대북 정책 평가," 『동향과 전망』 제112호 (2021), pp. 50-86; 박형준, "윤석열 정부의 통일·대북정책 평가와 제언: 조선로동당 제8기 제6차 전원회의 기조분석을 중심으로," 『평화학연구』 제24권 제1호 (2023), pp. 49-70.

형학$^{(Elite\ Typology)}$이다. 다른 하나는 정책 정향$^{(Policy\ Orientation)}$에 대한 연구이다. 엘리트 유형학은 그동안 단수 차원에 기반한 유형 설정에서 복수 차원에 기반한 유형 설정으로 발전해왔다. 즉 1차원에서 2차원 그리고 그 이상의 차원적 유형학이 존재한다. 이는 연구자들의 관심 다양화에도 기인하지만, 세계 정치경제의 발전과 분화의 과정을 반영하는 것이기도 하다.3)

또한 정책 정향 관련해서도 그 요인과 분류에 대한 여러 연구가 진행되어 왔다. 이 분야 역시 정책 정향의 단차원적 구분을 극복해야 할 필요성이 여러 연구에서 제기되고 있다. 즉 분야 혹은 영역별 정책 정향의 세분화와 중층화$^{(Stratification)}$가 하나의 흐름으로 존재하는 것이다.4) 따라서 본 연구는 엘리트와 정책 정향과 관련된 유형 간의 경험적 대응을 통해, 특정 엘리트와 정책 정향 간의 관련성을 발견하고자 한다.

한편 이 분야에서 이와 같은 다차원화, 중층화 흐름은 이 글을 시도하는 필요성으로도 볼 수 있다. 즉 엘리트 유형과 정책 정향을 만약 1차원적 차원에서 분류한다면 그 특정 유형 간의 관계 결과물은 2×2 즉 4가지 경우의 수 중 하나겠지만, 만약 4차원적 차원에서 이들 간의 관계 결과물은 16×16 즉 256가지 경우의 수 중 하나일 것이기 때문이다. 따라서 그만큼 확대된 엘리트와 정책 정향의 유형 각각에 대한 최신 연구 성과를 정리할 필요가 존재하는 것이다.

종합하면 이러한 엘리트 유형학과 정책 정향 관련 영역에서 이 글은

---

3) 이 같은 엘리트 유형학의 발전 과정에 대한 보다 상세한 사항은 Ursula Hoffmann-Lange, "Theory-Based Typologies of Political Elites." in Heinrich Best and John Higley (eds.), *The Palgrave Handbook of Political Elites* (London: Macmillan Publishers Ltd. 2018), pp. 53-68을 참조 바람.
4) 이 같은 흐름에 대한 대략적인 개괄은 장승진, "보수적이지 않은 보수주의자와 진보적이지 않은 진보주의자: 이념성향, 정책 선호, 그리고 가치정향," 『한국정당학회보』 제19권 제1호 (2020), pp. 134-136을 참조 바람.

다차원적, 복잡화 추세를 보이는 최신 논의를 결합하여 엘리트 유형에 따른 정책 정향의 변화를 이론화하는 작업의 일환으로 자리매김 된다. 기본적으로 이 과정은 엘리트와 정책 정향 특정 유형과의 상관관계를 규명하는 것이며, 이를 가능하게 하기 위해서는 상당한 양의 실증과 사례 연구가 필요하다. 만약 상술한 예에 따른다면 모두 256개의 사례에 대한 분석이 필요하다. 따라서 본 연구는 그 구상과 방식의 현실적 예를 제공한다는 데에 가장 큰 의의가 있다.

상기 구상과 방식은 이 글의 추진 전략과 관련이 되어 있으며 제2장에서 제시된다. 주되게 본 연구가 활용할 엘리트 유형학과 정책 정향의 구분 및 내용 그리고 이 들 간의 결합과 관련된 주장들이다. 이에 기반하여 중국의 두 최고 지도자 집권기에 대한 사례 연구를 3장에서 진행한다.5) 기본적으로 후진타오(胡錦濤)와 시진핑(习近平) 집권기 엘리트 유형의 변동과 정책 정향의 변화를 대응시키는 과정이다. 이로써 특정 엘리트 유형과 정책 정향의 맞대응 관계에 대한 하나의 사례가 축적될 것이다. 결론에서는 본 연구의 결과에 대한 정리와 함의의 도출 그리고 본 연구의 한계에 기반한 향후 연구의 과제에 대해 정식화한다.

II. 엘리트 유형과 정책 정향

특정 엘리트 유형은 어떠한 정책 선호를 가지고 있는가? 여기에서는

---

5) 본 연구에서 후진타오 집권기는 2002년에서 2012년까지의 제16과 17기 중국 공산당 중앙위원회 시기를, 시진핑 집권기는 2012년에서 현재까지의 제18, 19, 20기 시기를 가리킨다. 따라서 시진핑 집권기는 현재 진행중이라 할 수 있다.

이 질문에 대한 답을 찾기 위한 하나의 경로를 제시한다. 기실 이 질문은 그 필요성에도 불구하고 기존 엘리트 이론에서는 본격적으로 다루지 않고 있었다.6) 그 이유를 이 글에서는 두 가지로 보고 있다. 첫째, 기존 엘리트 유형학의 설명력 약화 때문이다. 즉 이는 다양한 현실의 현상을 소수의 이념형에 대응시키는 것이 유형학의 기본 속성이라고 했을 때, 이미 기존의 엘리트 유형학이 현실의 변화를 반영하고 있지 못하고 있다는 의미이다. 둘째, 정책 정향의 중류에 대한 심도 있는 정리와 분석이 그동안 존재하지 않았다. 본 연구가 보기에 가장 큰 이유는 현실 정책 정향에 대한 논리적인 단순화 때문이다.7) 즉 정책 정향이 가치 정향이나 정치이념 차원에서는 이분법적으로 구분된다고 할지라도 현실 정책의 구체적 분야에서는 서로 나타날 수 있다는 점을 간과한 것이라는 의미이다. 종합적으로 설명항과 피설명항 모두 그 관계를 과학적으로 규명하기도 전 단계에 머물러 있는 셈이다.

　이 글은 상술한 문제점을 극복하기 위해 엘리트 유형학과 정책 정향에 관한 최신 논의를 활용한다. 첫째, 가장 다차원적인 엘리트 유형학이다. 물론 엘리트 유형학은 여전히 발전 과정에 있다. 유형학이라는 개념의 본질에 근거하면 엘리트와 관련된 변화를 발견할 수 있는 하나의 도구이다. 따라서 이 도구가 더욱 세밀화된다는 것은 관찰 대상의 세밀화를 반영한다는 측면에서 매우 긍정적이다. 즉 1차원보다는 2차원적 유형학이 더욱 세밀한 엘리트의 변화를 관찰할 수 있게 해준다는

---

6) 기존 엘리트 이론은 대부분 엘리트를 '종속변수'로만 보는 경향이 농후했다는 것을 의미한다. Jan Pakulski, "The Development of Elite Theory," in Heinrich Best and John Higley (eds.), *The Palgrave Handbook of Political Elites* (London: Macmillan Publishers Ltd. 2018), pp. 53-68.
7) 이 같은 논리적 결함은 분야별 정책 정향 역시도 가치나 정치이념처럼 이분법의 도식화에서 벗어나지 못하게 만들고 있다. 이를 보여주는 최근 연구는 다음과 같다. 류재성, "정치이념의 구성 요인에 대한 분석: 한국 유권자는 왜 자신을 보수 혹은 진보라고 생각하는가?," 『정치·정보 연구』 제22권 제2호 (2019), pp. 91-120.

의미이다. 엘리트 유형학은 그동안 이런 경로를 따라왔다. 초기의 1차원적 유형학에서, 2차원으로 그리고 최근에는 4차원적 유형학으로 발전하고 있다.[8]

특히 가장 최근에 고안된 4차원적 유형학은 통합(Integration) 정도의 고저, 분화(Differentiation) 정도의 고저, 순환 범위(Scope of Circulation)의 광협, 순환 방식(Mode of Circulation)의 점진성과 급진성 여부 등 차원에서의 변화를 근거로 엘리트 유형을 분류하고 있다. 이로써 총 16가지 세부 유형의 엘리트가 논리적으로 산출된다.(<표 1> 참조)

<표 1> 4차원적(통합, 분화, 순환 범위, 순환 방식) 엘리트 유형법의 세부유형

통합	분화	순환 범위	순환 방식	세부 유형
강(S)	넓음(W)	넓음(W)	점진적(G)	S-W-W-G
			급진적(S)	S-W-W-S
		좁음(N)	점진적(G)	S-W-N-G
			급진적(S)	S-W-N-S
	좁음(N)	넓음(W)	점진적(G)	S-N-W-G
			급진적(S)	S-N-W-S
		좁음(N)	점진적(G)	S-N-N-G
			급진적(S)	S-N-N-S
약(W)	넓음(W)	넓음(W)	점진적(G)	W-W-W-G
			급진적(S)	W-W-W-S
		좁음(N)	점진적(G)	W-W-N-G
			급진적(S)	W-W-N-S

---

8) 1차원, 2차원 그리고 4차원 유형학의 대표적인 연구 성과는 다음과 같다. Ralf Dahrendorf, *Society and Democracy in Germany* (New York: W.W. Norton, 1979); John Higley and Gyorgy Lengyel (eds.), *Elites after State Socialism* (Lanham: Rowman & Littlefield, 2000); 주장환, "정치 엘리트에 대한 4차원적 유형학: 논리와 사례," 『대한정치학회보』 제31권 제3호 (2023a), pp. 149-170.

통합	분화	순환 범위	순환 방식	세부 유형
	좁음(N)	넓음(W)	점진적(G)	W-N-W-G
			급진적(S)	W-N-W-S
		좁음(N)	점진적(G)	W-N-N-G
			급진적(S)	W-N-N-S

출처: 주장환 (2023a), p. 165.

또 이 유형법은 기존의 분류법들이 대부분 채택하고 있던 특정 엘리트와 체제(Regime) 유형 간의 직접적인 맞대응 관계를 제거했다.9) 이 유형법은 2000년대 중반 이후의 전 세계적인 민주주의 체제 위기와 권위주의 체제 지속 등 현재 국제정치경제체제의 특성을 반영하는 객관적인 분석틀로써 그 가치가 인정되며, 이미 일부 연구를 통해 그 유용성이 검증됐거나 과정 중에 있다.10)

둘째, 이분법을 지양한 분야별로 각 차원별로 독립적일 수 있는 정책 정향의 분류법이다. 이 분류법은 우선 정책 정향을 사회 체제 경영의 주체가 공공 정책을 형성 및 집행하기 위해 설정한 절차나 지침의 속성으로 규정하고, 이에 대한 사회 관리층 즉 엘리트의 주관적 선호나 의도를 정향으로 정의하고 있다.11) 다음으로 정책 정향의 종류와 관련해서 새로운 주장을 하고 있다. 기존에 정책 정향과 관련해서 주로 사용

---

9) 주장환 (2023a).
10) 이 유형법을 활용한 최신 연구는 다음을 들 수 있다. 주장환. "중국 정치 엘리트 유형 변화에 관한 연구: 제20기 공산당 중앙위원회를 중심으로," 『중국지역연구』 제10권 제3호 (2023b), pp. 223-246.
11) 이는 정책의 구성 요소인 투입, 과정, 결과 중 투입을 강조하는 것이고, 이로써 행위자 차원에서의 정책의 의도와 선호를 보다 분명하게 선별해낼 수 있다. 이와 같은 정책 정향에 대한 규정은 다음을 참고하라. June Hyoung Rhie, "Policy Orientations and Organizational Types: A Measure of National Performance," Pacific Focus 4-1 (1989), pp. 140-142; Margaret Hermann, "How Decision Units Shape Foreign Policy: A Theoretical Framework," International Studies Review 3-2 (2001), pp. 47-81.

되고 있는 개념들은 진보와 보수 그리고 좌파와 우파 등이다. 흔히 이 두 개념 조합들은 혼동되어 사용되는 데 일정한 차이가 있다. 전자는 주되게 기존 체제의 변화에 대한 태도에 따라 변화의 입장은 진보로, 지속의 입장은 보수로 구분됐다. 또한 후자는 권력의 집중성, 재분배성, 민생지향성 등에 따라 그 정도가 높으면 좌파로, 낮으면 우파로 구분됐다.12) 이렇게 보면, 기존 정책에 대한 태도와 내용 및 가치에 따라 진보-우파, 진보-좌파, 보수-우파, 보수-좌파 등 4가지 조합이 가능하다. 물론 분석의 대상이 태도인지 내용인지에 따라 분석의 개념 역시 달라질 수 있다. 마지막으로 분야와 영역별로 정책 정향이 반드시 단일한 방향의 정향을 나타내지 않을 수 있다는 점이 반영되어야 한다. 즉 국내 정치와 경제 정책은 전자는 좌파적이고, 후자는 우파적인 정향이 동시에 존재할 가능성이 있다는 의미이다.13)

종합하면, 정책 정향의 종류는 기본적으로 기존 정책에 대한 태도(Attitude)와 정책의 가치와 지향(Value) 등 2차원에다가 분석의 대상 영역 수에 따라 확대될 수 있다. 만약 대외(Foreign)정책 하나일 경우 정책 정향 경우의 수는 4개이며, 국내정치(Domestic Politics)를 추가하면 그 경우의 수는 16개로 확대된다.(<표 2>참조) 물론 국내 경제 및 사회(Domestic Economic and Society) 등의 영역을 추가한다면 그 경우의 수는 더욱 확대된다.

---

12) 이 같은 정책 관련 진보와 보수 그리고 좌파와 우파의 개념에 대해서는 다음을 참조 바란다. 이항우, "보수/우파와 진보/좌파의 진보/좌파와 보수/우파 담론," 『한국사회학대회논문집』 (2016), pp. 50-60; Barry Naughton, "China's Left Tilt: Pendulum Swing or Mid-course Correction?" in Cheng Li (eds.), *China's Changing Political Landscape* (Washington, DC: Brookings Institution Press. Forthcoming, 2008), pp. 142-158.
13) 예를 들면 시진핑 집권 1-2기의 정책 정향은 대외와 대내 차원에서 그 특성은 일정하게 달랐다. 주장환, "중국 시진핑 체제의 정책 정향: 후진타오 체제와의 비교," 『평화연구』 제29권 제2호 (2021), pp. 105-127.

<표 2> 태도, 가치 그리고 대외, 대내 정치 정책 정향 유형법과 세부유형

태도 (A)	가치 (V)	대외 (F)	대내 정치 (D-P)	세부유형
진보(P)	좌(L)	F1(P-L)	D-P1(P-L)	F1-(D-P1)
				F1-(D-P2)
				F1-(D-P3)
				F1-(D-P4)
	우(R)	F2(P-R)	D-P2(P-R)	F2-(D-P1)
				F2-(D-P2)
				F2-(D-P3)
				F2-(D-P4)
보수(C)	좌(L)	F3(C-L)	D-P3(C-L)	F3-(D-P1)
				F3-(D-P2)
				F3-(D-P3)
				F3-(D-P4)
	우(R)	F4(C-R)	D-P4(C-R)	F4-(D-P1)
				F4-(D-P2)
				F4-(D-P3)
				F4-(D-P4)

출처: 상술한 내용을 토대로 필자가 작성

그렇다면 상술한 이 엘리트와 정책 정향의 유형을 어떻게 결합할 것인가? 상식적으로 생각해보면, 엘리트의 세부 유형이 16개이기 때문에 정책 정향의 유형 역시 이와 동일하거나 아니면 일부 세부 유형들의 정책 정향은 동일해야 한다. 그러나 이글은 이와 같은 형식 논리적인 결함을 다음과 같이 극복을 제안한다. 즉 엘리트나 정책 정향의 유형은 모두 정지되어 있는 것이 아닌 변화 중에 있는 것이다. 부연하자면 두 범주 모두 분석의 초기 형태를 전제한다는 것이다. 예를 들어 정지된 형태의 특정 엘리트와 정책 정향 유형이 아니라, 기존 혹은 다른 것과 비교했을 때의 특정 유형이라는 것이다. 따라서 두 범주 모두에서 유형 간의 변화 상태를 고려해야 하고, 이렇게 보면 두 유형 간의 세부 유형이 동수일 필요는 없는 것이다. 또한 상이한 엘리트 유형 변동이 동일한 정책 정향 변화를 보일 가능성도 배제할 수 없다. 더구나 정책 정향의 세부 유형은 상술한 바와 같이 영역의 개수에 따라 달라질 수도 있다.

이 글은 이상과 같은 논의에 기반해 실험적으로 엘리트 유형 변동과 정책 정향 변화 관계의 사례를 분석 및 제공한다. 이를 위해 아래에는 후진타오에서 시진핑 체제로의 엘리트 유형 변화 상황과 대외 및 국내 정치 영역 정책 정향 변화 상황을 분석하고, 이 두 유형이 상기 사례 중 어디에 '매칭$^{(matching)}$' 되는지를 귀납적으로 살펴본다. 물론 분석의 간결성 제고를 위해서 설명항과 피설명항 세부 유형을 동수로 맞추고 있다는 점은 미리 밝힌다. 이렇게 보면 엘리트 유형 변동과 정책 정향 변화 경우의 수가 $256^{(16 \times 16)}$으로 같기 때문이다.[14]

Ⅲ. 중국 후진타오, 시진핑 집권기의 엘리트와 정책 정향의 유형

1. 엘리트 유형의 변동

중국 후진타오 집권기에서 시진핑 집권기는 어떤 엘리트 유형 변동

---

14) 본 연구에서 설명항과 피설명항의 세부 유형의 개수를 일치시킨 것은 순전히 분석 결과의 간결함의 추구 이상의 다른 의미는 없다. 현재수준에서 엘리트 유형학은 4차원이라는 점에서 고정값이라면, 정책 정향의 유형학은 4차원에서 경제, 사회 등 영역이 추가될 때마다 그 차원은 고도화될 것임이 분명하다.

이 발생했는가? 이 질문에 답하기 위해서 우선 진행해야 하는 작업은 분석의 초기 형태, 즉 후진타오 집권기의 엘리트 유형에 대한 설정이다. 다음은 이 초기 형태에서 시진핑 집권기 엘리트 유형이 어떻게 변동했는지에 대한 분석이다.

후진타오 집권기의 엘리트 유형에 대한 기존 연구들은 이에 대해 비교적 일치하는 견해를 보이고 있다. 약간의 변이는 존재하지만 대체로 상기한 <표 1>의 엘리트 세부 유형에 따르면 통합의 정도는 약하고, 분화의 정도는 좁으며, 순환의 범위는 넓고, 순환의 방식은 점진적인 'W-N-W-G'형에 속한다고 할 수 있다.15) 이는 엘리트 유형의 4가지 차원에 대한 분석을 종합한 것이다. 그 특징은 다음과 같다. 첫째, 통합의 측면에서, 핵심적인 정책결정과정에 접근 가능한 채널과 관계망의 규모가 확대 추세를 보였고, 지도 사상이 정량적으로 확대되었기 때문에 그 정도는 약화됐다고 판단되었다. 둘째, 분화의 차원에서, 성별, 출신 지역, 선택 전공, 주요 경력 등의 차원에서 그 다양성이 약화되었다. 따라서 분화의 정도는 약화된 것으로 볼 수 있다. 셋째, 순환의 범위 측면에서, 공산당 중앙위원들의 순환율을 기준으로 평가했을 때 증가 추세를 보였다. 따라서 순환의 범위는 넓어졌다고 평가된다. 넷째, 순환의 방식 차원에서, 권력 승계 등을 포함한 정치의 공식 및 비공식 관례가 변화보다는 지속성이 강하게 작동된 점 등에서 점진적이고 평화적이었다고 평가할 수 있다.16)

---

15) 이 같은 결과는 후진타오 2002년부터 2012년까지의 제16기와 17기 중국 공산당 중앙위원회를 대상으로 한 분석 결과들에 기반한다. 주장환, "덩샤오핑 이후 시기 중국 엘리트 정치: '과두제의 제도화'로의 전환," 『중소연구』 제35권 제1호 (2011), pp. 13-41; Jang Hwan Joo, "A Typology of Political Elites and Its Transformation in China: From Ideocratic/Replacement to Fragmented/ Reproductive Elites," Asian Perspective 37-2 (2013), pp. 255-279;

16) 각각의 차원에의 측정에 관한 보다 상세한 사항은 다음의 최신 연구를 참조 바란다. 주장환, "시진핑 집권기, 중국 정치 엘리트 변화에 관한 연구: 4차원적 유형법의 적용," 『중소연구』 제

그렇다면, 이 후진타오 집권기의 'W-N-W-G'형 엘리트 유형이 시진핑 집권기에는 어떠한 방향으로 변화했는가? 이와 관련한 최근 연구 결과는 상기 <표 1>에 따르면, 'S-N-W-S'형으로 변화한 것으로 나타났다.[17] 이는 4차원적 엘리트 유형법의 각 차원에 대한 분석 결과에 기반한다. 그 주요한 것들은 다음과 같다. 첫째, 통합의 차원에서 핵심 정책결정과정에 도달할 수 있는 엘리트 네트워크 크기는 별다른 차이가 없었고, 지도 사상은 정량적으로 봤을 때 확대되었다. 그러나 이 지도 사상의 당장에의 삽입 시기와 방식 그리고 그 내용의 차원에서는 이전 시기와 상당한 차이를 보였다. 따라서 통합의 수준은 상대적으로 강해졌다고 볼 수 있다. 둘째, 분화의 차원에서, 성별과 출신 민족의 측면에서는 분화의 정도가 좁아졌다. 반면 선택 전공, 주요 근무 지역, 주요 경력의 차원에서는 분화의 정도가 넓어졌다. 그러나 초기 유형과 비교했을 때 전반적으로 분화의 정도는 좁아졌다고 할 수 있다. 셋째, 순환의 범위 차원에서, 공산당 중앙위원회 정위원 순환율을 기준으로 평가했을 때 시진핑 집권기의 평균값이 초기 유형보다 높게 나타났다. 따라서 상대적으로 넓어졌다고 할 수 있다. 넷째, 순환 방식의 차원에서, 급진적인 방식으로 시진핑 집권 이전과 명확하게 구별되는 엘리트 정치 구조 변화와 조응하는 방향으로 변화했다. 즉 후진타오 집권기를 포함한 개혁·개방 시기 형성된 정치 승계 및 엘리트 정치 운용과 관련된 각종 공식, 비공식 제도와 규범에서 질적으로 구별되는 변화를 나타냈다.

종합하면, 본 연구의 두 분석 시기 엘리트 유형 변동은 'W-N-W-G'

47권 제3호 (2023c), pp. 7-30.
[17] 주장환, "중국 엘리트 정치 동학 변화에 관한 연구: 제20차 공산당 전국대표대회와 제20기 중앙위원회 1차 전체회의를 중심으로."『21세기 정치학회보』제32권 제4호 (2022), pp. 13-41; 주장환 (2023b).

형에서 'S-N-W-S'형으로 진행됐다고 나타났다. 이하에서는 과연 이와 연역이 아닌 귀납 측면에서 대응되는 정책 정향 변화는 어떤 방향으로 나타났는지 살펴본다.

2. 정책 정향의 변화

이 글에서는 상술했다시피, 대외와 대내 정치 정책 측면에서 그 정향 변화를 고찰한다. 후진타오와 시진핑 집권기 대외와 대내 정치 정책 정향은 어떻게 달라졌는가? 마찬가지로 본 연구는 이 질문에 대해 기존 정책에 대한 태도, 정책 가치와 이념에 대한 인식을 기준으로 분석한다. 우선, 진보와 보수를 평가할 수 있는 기존 정책에 대한 태도의 측면이다. 이와 관련해서 주의해야 할 점은 비 대의제 국가인 중국이라는 본 연구 사례의 특성이다. 즉 비 대의제 국가라는 특성으로 인해 정당을 중심으로 하는 정권의 교체가 사실상 불가능한 상황에서 기존 정책에 대한 진보적 태도가 가능할 것이냐의 문제이다. 본 연구는 대의제 국가와 비교했을 때 그 정도나 방향이 질적으로 차이 나지는 않지만, 비 대의제 국가에도 기존 정책에 대한 진보와 보수적 태도는 존재한다고 주장한다. 예를 들어 대표적 최고 지도자 마오쩌둥(毛泽东)과 덩샤오핑(邓小平) 시기 중국의 정책 변화를 살펴본다면, 매우 큰 차이가 있음이 주지의 사실이다. 반면 덩샤오핑 이후 장쩌민(江泽民)과 후진타오 집권기에는 차이보다 공통점이 많다는 것도 대체적인 평가이다.[18] 즉 전자는 지속보다 변화에, 후자는 변화보다 지속에 그 방점이 있다는 의미이다.

---

18) 대표적으로 마오쩌둥 이후 시기를 '개혁개방' 시기로 호명하며, 이 시기의 정책적 변화와 지속에 관한 연구를 진행하는 성과들이 이런 경향을 띄고 있다. 박광득, "중국 개혁개방정책 40년의 회고와 전망에 관한 연구," 『대한정치학회보』 제26권 제4호. (2018), pp. 135-154.

따라서 기존 정책에 대한 태도의 측면, 즉 진보와 보수 측면에서의 평가는 비 대의제 국가인 중국에서도 가능하다고 할 수 있다.

그렇다면, 후진타오 집권기 대외와 대내 정치 정책에 대한 시진핑 집권기의 정책 태도와 가치는 어떠하며 무엇이라고 할 수 있는가? 첫째, 대외 정책에 대한 측면이다. 기존 정책에 대한 태도와 관련하여, 구체적인 평가 잣대는 기존 정책의 지속과 변화에 대한 방점 여부이다. 덩샤오핑에서 후진타오 집권기까지 중국 대외정책 기조는 수세적, 방어적이라는 평가가 지배적이다. 각각 '도광양회'(韜光養晦)와 유소작위(有所作为), '책임을 다하는 대국(负责任的大国)', '평화발전(和平发展)'과 '조화세계(和谐世界)' 등의 방침과 전략명칭에서 드러나듯이, 그 뉘앙스 측면에서 약간의 차이는 있지만 기본적으로 수세적, 방어적이었다고 평가된다.[19] 반면 시진핑 집권기 외교 정책에 대해서는 이와는 상반되게 공세적, 공격적이라는 평가가 지배적으로 존재한다. 물론 분석의 대상에 따라 다르지만, '주동진취(主动进取)', '적극진취(积极进取)', '분발유위(奋发有为)' 등으로 제법의 변경, '신형대국관계(新型大国关系)', '신형국제관계(新型国际关系)', '인류운명공동체(人类命运共同体)' 등 담론의 변화, 일대일로(一带一路), AIIB(Asian Infrastructure Investment Bank) 설립, 대외원조, 백신 외교 등 구체적 조치에 대한 평가에 기반하고 있다.[20] 이렇게 본다면, 시진핑 시기 대외정책은 기존 후진타오 집권기의 그것에 비해 지속보다는 변화에 방점을 두어 '진보'적이라

---

[19] 이 같은 평가의 대표적인 연구 성과들은 다음과 같다. Evan Medeiros and Taylor Fravel, "China's New Diplomacy," *Foreign Affairs* November/December (2003), pp. 22-35; 김재철, "중국의 공세적 외교정책," 『한국과 국제정치』 제28권 제4호 (2012), pp. 29-59.

[20] 대표적인 이와 같은 관점에 선 연구성과들은 다음과 같다. 박병광, "시진핑 지도부의 등장과 중국의 대외정책: 지속과 변화의 측면을 중심으로," 『전략연구』 제60호 (2013), pp. 139-170; 박광득, "제19차 중국 공산당 대회의 함의와 전망에 관한 연구," 『동북아연구』 제32권 2호 (2017), pp. 199-204; 최소령, 이희옥, "시진핑 시기 '평시외교(평시외교)'의 인식과 담론구조," 『중국지식네트워크』 제21권 (2023), pp. 243-281.

고 평가할 수 있다. 즉 후진타오 집권기는 보수적이었다가 시진핑 집권기에는 진보적으로 변화했다고 평가할 수 있다.

그렇다면 지향하는 가치의 이념 측면에서 시진핑 집권기 대외정책은 어떠한가? 일반적으로 대외 정책과 관련해서 특수성을 강조하는 '민족주의'는 우파로, 보편성을 강조하는 '국제주의'는 좌파로 분류된다.[21] 시진핑 집권기 대외정책의 역사 및 감성적 근거는 바로 '중국의 꿈(中国梦)' 담론이다. 2012년 중국인들이 암묵지로 자리 잡은 민족 부흥에 대한 희망을 공식적으로 제기하고, 그 이후 '2개의 100년' 등으로 그 로드맵을 제시하며 중국 정치의 가장 강력한 영향력을 가진 담론으로 공식화했다. 이 로드맵을 실현하기 위한 종합적인 지도 사상으로 '기존의 관례와는 달리' 자신의 이름을 추가한 '시진핑 신시대 중국특색사회주의사상'을 2017년 공식화했다. 마찬가지로 이 담론은 중국 외교 정책의 내면적인 기조로 자리 잡았다.[22] 더 나아가 시진핑 체제는 공공연히 과거 고대 자국 중심의 위계적 중화질서를 구축하겠다는 의지를 표현하고 있는 것으로 분석된다.[23] 이렇게 시진핑 집권기 외교 정책은 가치와 지향의 차원에서 우파적으로 변화했다고 할 수 있다. 반면 후진타오 집권기의 외교 정책은 그 가치와 지향의 차원에서 이러한 시진핑 집권기와는 사뭇 다른 경향을 보여줬다. 이 시기 대외 전략의 기조는 평화발전과 조화세계론이다. 두 담론 모두 갈등보다는 협력을 강조하고 '세계 속의 중국'으로서 역할과 책임을 다하겠다는 점을 강조하고 있다.[24] 이

---

[21] 이와 같은 분류에 대해서 다음을 참고바람. 김미경, "대외경제정책과 한국 사회의 갈등: 선호, 정책 패러다임," 『한국정치학회보』 제45집 제5호 (2011), pp. 147-173.
[22] 이와 같은 관점은 다음을 참조바람. 박기철, "시진핑 체제하의 외교정책에서의 민족주의에 관한 연구: 신형대국과 중국의 꿈을 중심으로." 『한중사회과학연구』 제34집 (2015), pp. 37-64.
[23] 이와 같은 평가는 다음을 참고바람. 이문기, "시진핑 시대 '중국의 꿈', 국내정치 맥락과 대외정책의 변화." 『세계지역연구논총』 제36집 1호 (2018), pp. 94-95; 김재관, "시진핑 집권기 미중 패권 경쟁과 '중국몽'의 길," 『Acta Eurasia』 제10권 2호 (2019), pp. 43-49.

는 민족주의보다는 세계주의를 강조한다는 측면에서 좌파에 가깝다고 할 수 있다. 종합하면 후진타오에서 시진핑 집권기의 대외정책 정향은 태도의 측면에서는 진보, 가치와 지향의 측면에서는 우파 방향으로 변화했다고 할 수 있다.

둘째, 대내 정치 정책은 어떠한 변화를 나타냈을까? 우선 기존 정책에 대한 태도의 측면이다. 시진핑 집권기 국내정치와 관련한 여러 정책에서 후진타오 집권기와는 상당한 차이를 보인다는 것이 대체적인 평가이다. 이러한 평가의 대표적인 근거로는 시진핑 개인으로의 권력 집중과 우상화 시도, 부패를 중심으로 한 정풍(整风)운동과 감독 활동의 일상화, 당정 일치와 영도소조(領導小組) 중심의 정책활동, 권위주의 통치 기제의 활성화 등이 열거된다.[25] 또한 그 결과이자 후진타오 집권기와 다른 점을 가장 극명하게 보여주는 예가 2022년 시진핑의 공산당 중앙위원회 총서기직 3연임이라 할 수 있다. 이 대부분은 후진타오 시기 국내정치 정책과는 성격이 매우 다른 것이며, 따라서 시진핑 집권기 국내정치 정책의 정향은 이전 시기에 비해 매우 '진보'적이라고 할 수 있다. 즉 기존 정책에 대한 상당한 수준의 단절을 보여준다는 것이다. 반면 후진타오 집권기는 개혁·개방기 정치 규범과 관례를 강화하고, 오히려 제도화 측면에 일정한 성과를 보였다는 점에서 '보수'적이라고 평가할 수 있다.[26]

---

24) 이 같은 후진타오 집권기 대외 정책에 대한 평가는 다음을 참조 바람. 박광득, "후진타오와 시진핑 체제의 비교와 향후 과제에 대한 연구." 『대한정치학회보』 제21집 1호 (2013), pp. 176-178.
25) 이와 같은 견해를 피력하고 있는 가장 최신 연구들은 다음과 같다. 이지용, "시진핑 3기 체제의 정치 및 정책적 함의 분석." 『동서연구』 제35권 3호 (2023), pp. 161-184; 조영남, "중국 시진핑 시기의 정치변화 분석과 평가: '권력 집중형' 권위주의의 등장." 『국제·지역 연구』 제32권 2호 (2023), pp. 41-69.
26) 이 같은 견해에 대한 보다 상세한 사항은 다음을 참고 바람. 이정남, "시진핑의 권력강화와 중

다음으로 정책의 지향과 가치의 측면이다. 국내정치 측면에서 정책의 가치와 지향에 대한 가장 중요한 기준 중의 하나가 민주주의에 대한 것이다. 즉 방식과 대상에 있어서 직접적이고 다수의 민주주의를 지향하는 것이 좌파적이며, 그 반대는 우파적이라고 할 수 있다. 이러한 측면에서 후진타오 집권기 민주주의에 대한 입장은 다소 좌파적이었다고 평가된다. 즉 이 시기 중국 공산당은 민주주의를 계급 통치의 형식이나 특정 계급 내에서만의 민주주의로만 사고하던 것에서 탈피하여 인류 보편의 가치 중 하나로 취급하기 시작했다. 또한 제한적이지만 중국 민주주의 확대를 위한 조치를 지방과 당내 중심으로 추진하기도 했다.[27]

그러나 시진핑 집권기에 민주주의에 대한 이러한 태도와 입장은 상당히 변화했다. 우선 집권 초기에 서구식 입헌 민주주의, 보편적 가치, 신자유주의 경제 이념, 언론 독립, 시민 사회, 중국 특색 사회주의에 대한 회의주의, 역사 허무주의 등에 대한 반대를 분명히 했다.[28] 또한 선거 민주주의보다 협상 민주주의에 대한 강조, 헌정과 법치 민주주의보다는 공산당 중심의 효율적인 제도 구축을 통한 통치 능력 제고를 강조하고 있다.[29] 이러한 입장은 시진핑 집권기 대내 정치 정책 가치와 이념이 상당히 '우파'적인 방향으로 변화한 것이라 볼 수 있다. 즉 상대적

국 권위주의 체제의 변화: 경쟁적 독재에서 확립된 독재의 전환인가?" 『중소연구』 제41권 1호 (2017), pp. 15-18.

[27] 이와 같은 견해에 대해서는 다음을 참고 바람. 공봉진, "중국 정치 개혁에 관한 연구," 『국제지역통론』 제3권 3호 (2010), pp. 125-146; 이정남, "민주주의에 대한 중국의 인식: 비교역사적 관점을 중심으로," 『아세아연구』 제54권 3호 (2011), pp. 201-203; 이정남, "시진핑 '신시대' 중국 정치 체제: 당국가 체제의 '진화'와 새로운 패러다임의 권위주의 체제의 등장," 『중소연구』 제44권 3호 (2020), pp. 22-23.

[28] 이와 관련한 보다 상세한 사항은 다음을 참조 바람. 常红晓, "中共中央: 意识形态领域存七个突出问题," https://china.caixin.com/2013-05-13/100527236.html (검색일: 2020.10.31.)

[29] 이 같은 견해에 대한 보다 상세한 사항은 다음 참조 바람. Stein Ringen, *The Perfect Dictatorship: China in the 21st China* (Hong Kong: HKU Press, 2016), pp. 164-178; 萧功秦, "从新权威主义看中国改革40年," 『中评周刊』 第97期 (2019), pp. 10-16.

으로 간접적 그리고 소수의 민주주의에 대한 친화적 태도를 보이는 것이다.

종합하면, 시진핑 집권기의 대외와 대내 정치 정책 정향은 기존 정책에 대한 태도의 측면에서는 두 영역 모두 진보적이며, 정책 가치와 이념 측면에서는 역시 모두 우파적인 방향으로 변화했다고 평가된다. 한편 후진타오 집권기는 이전과 비교했을 때, 대외정책은 보수-좌파적 정향, 대내 정치 정책에서도 보수-좌파적 정향을 나타냈다. 즉 <표 2>의 기호화에 따르면, F3-$^{(D-P3)}$에서 F2-$^{(D-P2)}$형으로 변화했다고 할 수 있다.

한편 후진타오와 시진핑 집권기, 엘리트 유형의 변동과 정책 정향의 변화를 대응시키면 다음과 같다. 상술한 분석에 따르면 후진타오에서 시진핑 집권기는 엘리트 유형의 경우에 분화 정도는 좁아졌으며, 순환 범위는 넓어졌고 순환 방식은 급진화된 유형으로 변동됐으며, 정책 정향의 경우 대외정책은 더욱 진보/우파적으로, 대내 정치 정책은 역시 진보/우파적으로 변화했다. 이를 상기 <표 1>과 <표 2>의 개념화된 기호로써 간단화하면 다음과 같다.<표 3> 참조)

<표 3> 후진타오와 시진핑 집권기 엘리트와 정책 정향 변화

	후진타오 집권기	시진핑 집권기
엘리트 유형	W-N-W-G	S-N-W-S
정책 정향 유형	F3-(D-P3)	F2-(D-P2)

출처: 상술한 내용을 토대로 필자가 작성

IV. 결론

 이 글은 엘리트와 정책 간 관계에 대한 이론화의 일환으로, 특정 엘리트 유형과 정책 정향 유형 간에 경험적 연관성이 있다는 선험적 판단을 실증하기 위해 기획되었다. 보다 구체적으로 특정 엘리트 유형 변동과 특정 정책 변화와의 관련성을 규명하고자 했다. 이를 위해 통합, 분화, 순환 범위와 방식의 4차원적 엘리트 유형법과 기존 정책에 대한 태도와 가치를 기준으로 영역별 정책을 결합시킬 수 있는 정책 정향 유형법을 고안 및 활용했다. 사례로는 대표적 비 대의제 국가 중국의 최신 두 최고 지도자(후진타오, 시진핑) 집권기를 선택했다.

 분석 결과, 엘리트 유형 변동 차원에서, 중국 엘리트 유형은 통합 정도는 낮고, 분화 수준은 좁으며, 순환 범위는 넓으면서 순환 방식은 점진적인 'W-N-W-G'형에서 통합 정도는 높고, 분화 정도는 낮으며, 순환 범위는 넓으면서 순환 방식은 급진적인 'S-N-W-S'형으로 변동됐다. 또한 정책 정향 변화의 경우에 대외정책에서는 태도와 가치 측면에서 보수/좌파에서 진보/우파적으로 변화했고, 대내 정치 정책에서도 동일 측면에서 보수/좌파에서 진보/우파적으로 변화하여 'F3-$^{(D-P3)}$'형에서 'F2-$^{(D-P2)}$'로 전화된 것을 확인했다. 이러한 결과는 엘리트 유형이 'W-N-W-G'형에서 'S-N-W-S'형으로 변동될 경우와 대응되는 정책 정향 변화 유형이 'F3-$^{(D-P3)}$'형에서 'F2-$^{(D-P2)}$'형으로의 변화라는 하나의 사례를 제공한다.

 이 결과를 보다 서사(敍事)적으로 표현하자면 다음과 같다. 후진타오 집권기에 비해 시진핑 집권기의 엘리트는 구조의 측면에서 '전체주의 혹은 후기 전체주의 체제'와 '술탄제적 과두제(Sultanistic Oligarchy)'에 대응되는 유형으로 변동되었으며,[30] 이에 따라 그들의 정책은 대외 정책과 국내정치 정책 측면에서 모두 후진타오 집권기와 분명한 차이를 보이는 정향을 보였다. 기존 정책에 대한 태도는 지속보다는 변화를 강조하고 있다. 동시에 그 방향은 자국의 상황과 이익을 중시하는 민족주의, 보편성보다는 민주주의에 대한 중국적 특수성을 강조하는 것과 권력 집중, 그리고 강한 억압과 통제로 나타났다. 물론 이러한 변화가 질적인 것인지 여부는 여전히 논쟁이 진행 중이다.[31] 그러나 역시 체제와의 지속보다는 변화에 방점을 두고 있는 것으로 평가된다.

한편 이 글의 결과를 통해 특정 엘리트와 정책 유형 간의 대응 관계를 확인했다. 물론 256개 경우의 수 중 하나에 불과하다. 이는 빙산의 일각으로 보일 수 있다. 그러나 이를 토대로 정책 영역 및 사례의 확대를 진행한다면, 최소 256개 경우의 수로 구성된 엘리트 변동과 정책 변화 간 대응 관계와 관련된 이론화가 진척될 것이다. 유의해야 할 점은 이 이론화의 전제는 설명항이 엘리트 유형 변동이고, 피설명항이 정책 정향 유형 변화라는 것이다. 따라서 만약 정책 유형의 추가로 인해 그 경우의 수가 엘리트 유형 변동의 그것보다 클 경우, 단일한 엘리트 유형 변동 경우의 수에 복수의 정책 정향 변화 경우의 수가 대응될 가능성이 존재한다는 것이다. 따라서 본 연구의 결과는 보다 구체적으로 '4차원적'(통합, 분화, 순환의 범위, 순환의 방식) 엘리트 유형법과 '4차원적'(태도, 가치, 대외, 대내 정치) 정책 정향 분류법에 따른 것이라는 점을 분명히 해야 한

---

30) 이 같은 연구 결과에 대해서는 다음을 참고 바람. 주장환 (2022), pp. 244-245; 주장환 (2023b), p. 241. 또 전체주의 내지 후기 전체주의와 술탄제적 과두제와 관련된 보다 상세한 사항은 다음을 참고 바람. John Higley and Gyorgy Lengyel (eds.) (2000), pp. 2-11; Jeffrey Winters, *Oligarchy* (Cambridge: Cambridge University Press, 2011), pp. 135-207.
31) 질적인 변화 여부에 대한 찬반 입장을 대변하는 최근 연구는 각각 Mingxin Pei, "China: Totalitarianism's Long Shadow," *Journal of Democracy* 32-2 (2021), pp. 5-21; 이지용, "중국의 '권위주의 탄력성' 요인 변화 분석: 제도적 탄력성에서 제도화된 전제정치로," 『新亞細亞』 제29권 4호 (2022), pp. 5-40와 주장환 (2023a); 조영남 (2023) 등을 들 수 있다.

다.32)

 이 글의 또 다른 의의는 비 대의제 국가의 엘리트 변동과 정책 변화에 대한 일정한 함의를 도출할 수 있다는 것이다. 특히 변화보다는 지속의 측면이 외관상 돌출되어 보이는 비 대의제 국가에서도 엘리트와 이와 연동된 정책 측면에서 상당히 급격한 변동과 변화가 나타날 수 있다는 점이 중국의 사례를 통해 확인되었다. 향후 비 대의제 국가에 대한 비교연구에서 이는 매우 유용하게 활용될 것으로 기대된다.

 동시에 이 연구의 한계 역시 분명하다. 가장 주요한 것은 두 가지를 들 수 있다. 첫째, 이 연구는 '발견'에 중점을 둔 것이다. 반면 '설명'은 그 목적이 아니다.33) 즉 엘리트 유형 변동과 정책 변화 간의 관계에 대한 이론 정립을 목표로, 특정 엘리트 유형 변동과 대응되는 정책 변화 유형이 무엇인지를 찾아내려 한다는 것이다. 이렇게 모아진 사례를 통해 완성된 최소 256개 경우의 수로 구성된 발견 결과들에 대한 설명은 그 이후에 진행될 작업이다. 물론 향후 작업에 대비한 양자 간의 관계 속성에 대한 고민은 일관되게 지속되어야 할 것이다. 그러한 이유로 향후의 과제는 이 개별적 사례에 대한 발견과 동시에 해당 현상에 대한 설명을 진행하는 연구가 될 것이다.

 둘째, 서론에서 밝혔듯이, 이 연구는 일반적으로 행위자와 구조의 상호작용 하에서 형성되는 행동을 정책이라고 했을 때, 구조라는 변수는 제외한 채 진행되었다. 물론 그렇다고 행위자와 행동 간의 상호 관계에

---

32) 참고로 정책 정향의 유형은 태도와 가치 두 차원을 상수로 하고, 어떤 영역을 추가할 것인가에 따라 최소 3차원에서 고차원으로 확장될 수 있다.
33) 본 연구는 사회과학 연구의 가장 큰 두 유형을 '발견'과 '설명'으로 구분하는 견해에 동의한다. 이 두 유형은 우열의 문제가 아니며, 추구하고자 하는 연구의 목적에 의해 구분 및 선택된다. 사회과학에서의 발견의 의의에 관한 상세한 사항은 다음을 참조 바람. 김명희, "사회연구에서 발견의 논리와 개념적 추상화: 맑스와 뒤르케임의 과학적 방법," 『사회연구』 제30호 (2016), pp. 143-183.

대한 독자적인 이론화의 중요성이 삭감되지 않는다. 그러나 구조 변수를 삽입했을 때 발생할 수 있는 변이의 가능성과 더욱 세분화된 차원의 연구가 필요하다는 점 역시 분명하다. 이를 감안한 향후 후속 연구의 방향은 중단기적으로는 통시적으로 유사한 구조 차원의 변수 하에서 엘리트 유형 변동과 정책 변화에 대한 사례 연구를 진행하는 것이라 사료된다. 예를 들면, 동일시기의 국제 비교연구가 매우 효과적일 것이다.

참고문헌

공봉진. "중국 정치 개혁에 관한 연구." 『국제지역논총』제3권 3호 (2010).
구갑우. "남북한의 동상이몽?: 문재인 정부의 대북 정책 평가." 『동향과 전망』 제112호 (2021).
김관옥. "트럼프 정부의 대중국 안보 정책: 바이든 정부와의 비교연구." 『국제정치연구』제24권 제2호 (2021).
김명희. "사회연구에서 발견의 논리와 개념적 추상화: 맑스와 뒤르케임의 과학적 방법." 『사회연구』 제30호 (2016).
김미경. "대외경제정책과 한국 사회의 갈등: 선호, 정책 패러다임." 『한국정치학회보』제45집 제5호 (2011).
김재관. "시진핑 집권기 미중 패권 경쟁과 '중국몽'의 길." 『Acta Eurasia』제10권 2호 (2019).
김재철. "중국의 공세적 외교정책." 『한국과 국제정치』 제28권 제4호 (2012).
류재성. "정치이념의 구성 요인에 대한 분석: 한국 유권자는 왜 자신을 보수 혹은 진보라고 생각하는가?" 『정치·정보 연구』 제22권 제2호 (2019).
박광득. "후진타오와 시진핑 체제의 비교와 향후 과제에 대한 연구." 『대한정치학회보』제21집 1호 (2013).
_____. "제19차 중국 공산당 대회의 함의와 전망에 관한 연구." 『동북아연구』제32권 2호 (2017).
_____. "중국 개혁개방정책 40년의 회고와 전망에 관한 연구." 『대한정치학회보』 제26권 제4호 (2018).

박기철. "시진핑 체제하의 외교정책에서의 민족주의에 관한 연구:신형대국과 중국의 꿈을 중심으로." 『한중사회과학연구』제34집 (2015).

박병광. "시진핑 지도부의 등장과 중국의 대외정책: 지속과 변화의 측면을 중심으로." 『전략연구』제60호 (2013).

박형준. "윤석열 정부의 통일·대북정책 평가와 제언: 조선로동당 제8기 제6차 전원회의 기조분석을 중심으로." 『평화학연구』제24권 제1호 (2023).

이문기. "시진핑 시대 '중국의 꿈', 국내정치 맥락과 대외정책의 변화." 『세계지역연구논총』제 36집 1호 (2018).

이민규. "시진핑의 '발전자' 대외정책경향과 중국의 대외정책 특징: 마가렛 허만의 최고지도자 '인격특징'이론을 중심으로." 『국가안보와 전략』제15권 제1호 (2015).

이정남. "민주주의에 대한 중국의 인식: 비교역사적 관점을 중심으로." 『아세아연구』제54권 3호 (2011).

____. "시진핑의 권력강화와 중국 권위주의 체제의 변화: 경쟁적 독재에서 확립된 독재의 전환인가?" 『중소연구』제 41권 1호 (2017).

____. "시진핑 '신시대' 중국 정치 체제: 당국가 체제의 '진화'와 새로운 패러다임의 권위주의 체제의 등장." 『중소연구』제44권 3호 (2020).

이지용. "중국의 '권위주의 탄력성' 요인 변화 분석: 제도적 탄력성에서 제도화된 전제정치로." 『新亚细亚』제29권 4호 (2022).

____. "시진핑 3기 체제의 정치 및 정책적 함의 분석." 『동서연구』제35권 3호 (2023).

이항우. "보수/우파와 진보/좌파의 진보/좌파와 보수/우파 담론."『한국 사회학대회논문집』(2016).
장승진. "보수적이지 않은 보수주의자와 진보적이지 않은 진보주의자: 이념성향, 정책 선호, 그리고 가치정향."『한국정당학회보』제19권 제1호 (2020).
조영남. "중국 시진핑 시기의 정치변화 분석과 평가: '권력 집중형' 권위주의의 등장."『국제·지역 연구』제32권 2호 (2023).
주장환. "덩샤오핑 이후 시기 중국 엘리트 정치: '과두제의 제도화'로의 전환."『중소연구』제35권 제1호 (2011).
_____. "중국 시진핑 체제의 정책 정향: 후진타오 체제와의 비교."『평화연구』제29권 제2호 (2021).
_____. "중국 엘리트 정치 동학 변화에 관한 연구: 제20차 공산당 전국대표대회와 제20기 중앙위원회 1차 전체회의를 중심으로."『21세기 정치학회보』제32권 제4호 (2022).
_____. "정치 엘리트에 대한 4차원적 유형학: 논리와 사례."『대한정치학회보』제31권 제3호 (2023a).
_____. "중국 정치 엘리트 유형 변화에 관한 연구: 제20기 공산당 중앙위원회를 중심으로."『중국지역연구』제10권 제3호 (2023b).
_____. "시진핑 집권기, 중국 정치 엘리트 변화에 관한 연구: 4차원적 유형법의 적용."『중소연구』제47권 제3호(2023c),
최소령, 이희옥. "시진핑 시기 '평시외교(평시외교)'의 인식과 담론구조."『중국지식네트워크』제21권 (2023).

Naughton, Barry. "China's Left Tilt: Pendulum Swing or Mid-course Correction?" in Cheng Li (eds.). *China's Changing Political*

Winters, Jeffrey. *Oligarchy*. Cambridge: Cambridge University Press, 2011.

Rhie, June Hyoung. "Policy Orientations and Organizational Types: A Measure of National Performance." *Pacific Focus* 4-1 (1989).

Higley, John., and Lengyel, Gyorgy (eds.). *Elites after State Socialism*. Lanham: Rowman & Littlefield. 2000.

Joo, Jang Hwan. "A Typology of Political Elites and Its Transformation in China: From Ideocratic/Replacement to Fragmented/Reproductive Elites." *Asian Perspective* 37-2 (2013).

Pakulski, Jan. "The Development of Elite Theory." in Best, Heinrich., and Higley, John (eds.), *The Palgrave Handbook of Political Elites*. London: Macmillan Publishers Ltd. 2018.

Medeiros, Evan., and Fravel, Taylor. "China's New Diplomacy." *Foreign Affairs* November/December (2003).

Hermann, Margaret. "How Decision Units Shape Foreign Policy: A Theoretical Framework." *International Studies Review* 3-2 (2001).

Pei, Mingxin. "China: Totalitarianism's Long Shadow." *Journal of Democracy* 32-2 (2021)

Dahrendorf, Ralf. Society and Democracy in Germany. New York: W.W. Norton, 1979.

Ringen, Stein. *The Perfect Dictatorship: China in the 21st China*. Hong Kong: HKU Press, 2016.

Hoffmann-Lange, Ursula. "Theory-Based Typologies of Political Elites." in Best, Heinrich., and Higley, John (eds.). *The Palgrave Handbook of Political Elites*. London: Macmillan Publishers Ltd. 2018.

常红晓. "中共中央: 意识形态领域存七个突出问题." https://china.caixin.com/2013-05-13/100527236.html (검색일: 2020. 10. 31).

萧功秦. "从新权威主义看中国改革40年." 『中评周刊』第97期 (2019).

제1부

제2장

중국 엘리트 변동과 경제 정책 변화:

후진타오와 시진핑 집권기를 사례로*

주장환
(한신대학교 동아시아통상학전공·유라시아연구소)

I. 서론
II. 주요 개념과 분석틀
III. 중국의 엘리트 변동과 경제 정책 변화
IV. 결론

* 이 글은 『국가안보와 전략』 제24권 2호(2024)의 논문을 수정 및 보완한 것임.

Ⅰ. 서론

엘리트가 변동되면 정책이 변화한다는 것은 직관적으로, 전 세계적으로 목도되고 있다. 대의제 여부를 막론하고 이러한 현상이 관찰되고 있다.[1] 그러나 이와 관련된 이론화 정도는 그리 높지 않은 상태이다. 이 두 변수가 상호 연계되어 있을 것이라는 점 이상의, 이들 관계의 동학에 대한 이해 정도가 매우 낮다는 것이다. 이는 곧 특정 엘리트 변동과 역시 특정 정책 변화와의 '연계 관계(Linkage Relationship)'에 대한 연구가 추상 및 구체적 수준에서 이뤄지지 않고 있다는 의미이다. 이것이 본 연구의 출발점이다.

그렇다면 엘리트 변동과 정책 변화 간의 관계에 대한 이론화를 어떻게 진전시킬 것인가? 이에 본 연구는 엘리트와 정책에 대한 '유형법(Typology)'을 제안하고, 이 기초 위에서 특정 엘리트 유형과 정책 유형 간의 연계관계를 실증적으로 탐색함으로써 통칙(通則) 생산, 즉 이론화를 진전시키는 방법을 선택하고 있다.[2] 보다 구체적으로 본 연구는 두 가지 목적을 내포하고 있다. 첫째는 엘리트와 정책의 유형에 관련된 기존 논의를 비판적으로 검토하여, 보편적인 차원에서 비교 및 적용 가능한 유형법을 제안한다. 이는 비교분석을 진행하기 위한 '도식(Taxonomy)'을

---

[1] 대의제 국가의 대표적인 최신 사례는 미국의 바이든 행정부를, 비 대의제 국가는 북한의 김정은 체제를 들 수 있고, 이와 관련된 연구는 이인호, "트럼프 및 바이든 행정부의 대북정책 비교분석과 시사점," 『전략연구』 제30권 제1호 (2023), pp. 113-148; 안대경, "터커의 이론을 통한 김정일·김정은 정치리더십과 북한 핵정책의 변화 분석," 『국제정치연구』 제26권 제1호 (2023), pp. 111-143 등이 있음.

[2] 이 같은 과정은 일반적인 비교분석 방법의 논리와 궤를 같이하며, 이와 관련된 보다 상세한 사항은 Adam Przeworski and Henry Teune, *The Logic of Comparative Social Inquiry* (Malabar: Krieger Publishing Co., 1982); Gary King, Robert Keohane and Sidney Verba, *Designing Social Inquiry: Scientific Inference in Qualitative Research* (Princeton: Princeton University Press, 1994) 등을 참조 바람.

구축한다는 것과 같은 의미이다. 본 연구는 엘리트 유형과 관련해서는 '통합, 분화, 순환의 방식 그리고 순환의 범위'에 따른 4차원적 엘리트 유형법을, 정책 유형과 관련해서는 '정책의 특성, 기존 정책에 대한 태도'를 기준으로 하는 2차원적 정책 유형법을 고안 및 제안한다. 제2장에서 보다 상세히 설명하겠지만, 이 두 유형법은 기존 논의에 대한 비판적 검토의 기초 위에 있으며, 무엇보다도 비교를 위한 확장 가능 및 객관적 지표로서의 기능성이 매우 높다는 평가를 내릴 수 있다.

둘째는 이렇게 구축한 도식에 따라 이론화의 진전을 위한 사례 연구를 진행함으로써 그 설명 능력과 적실성을 검증할 것이다. 사례로써는 중국의 후진타오(胡錦濤)와 시진핑(習近平) 체제의 경제 정책을 선택했다. 그 이유는 이 두 시기의 정책 정향이 비교적 선명한 대비를 보인다는 평가가 있기 때문이다.3) 따라서 이 사례는 '과소사례-과다변인'의 문제점을 해결할 수 있는 최대유사체계(The Most Similar System Design) 분석 디자인이 가능하다.4) 즉 엘리트 유형의 변동에 따른 정책 유형의 변화를 보다 예각적으로 규명할 수 있는 매우 적절한 사례라는 것이다.

본 연구의 의의는 두 측면에서 찾을 수 있다. 첫째, 엘리트 변동과 정책 변화에 관련된 이론화 수준 제고를 기대할 수 있다. 본 연구는 엘리트 및 정책과 관련된 비교 가능한 분류법과 이 두 분류법 간의 구체적

---

3) 이 두 시기가 엘리트 유형과 정책 유형의 측면에서 비교적 분명한 차이를 보인다는 주장에 관한 비교적 최신 연구로는 주장환, "중국 시진핑 체제의 정책 정향: 후진타오 체제와의 비교," 『평화연구』 제29권 제4호 (2021), pp. 105-127; 이재준, "중국 시진핑 시기 엘리트 정치에서 권력구조 변화: 경쟁적 독재에서 확립된 독재로," 『현대중국연구』 제23권 제4호 (2022), pp. 61-84; 유은하, "중국 시진핑 시기 엘리트 정치와 중앙-지방관계," 『분석과 대안』 제7권 제3호 (2023), pp. 61-84 등을 참고 바람.
4) 이 분석 방법에 대한 보다 상세한 사항은 Carsten Anckar, "On the Applicability of the Most Similar Systems Design and the Most Different System Design in Comparative Research," *International Journal of Social Research Methodology*, Vol. 11, No. 5 (2008), pp. 389-401을 참조 바람.

인 연계 관계를 실증적으로 규명하고자 한다. 따라서 각각의 분류법과 중국의 최신 사례에 국한된 것이기는 하지만 이에 근거한 두 분류법 간의 연계 관계에 대한 학술적 주장을 제시함으로써 이 분야 연구의 활성화를 꾀할 수 있다. 비유하자면, 엘리트 변동과 정책 변화에 대한 각각의 현미경을 고안하고, 이 두 현상 사이의 관계에 대한 사례 연구를 통해 실재적인 연계 관계를 파악하는 단초를 마련한다는 것이다.

둘째, 중국의 변화와 관련한 연구의 진전을 꾀할 수 있다. 즉 측정 가능한 기준의 설정을 통하여 그 변화에 대한 좌표를 설정할 수 있고, 이로써 그 방향성과 정도까지 일정하게 분석할 수 있다는 의미이다. 보다 구체적으로 엘리트의 변동이 어떠한 방향으로, 어느 정도 진행되었으며, 동시에 이와 연관된 정책 변화 역시 어떠한 방향으로, 어느 정도 진행되었는지를 파악할 수 있는 가늠쇠를 확보한다는 것이다. 물론 이조차도 하나의 학술적 주장에 불과하지만, 최소한 가치 지향 위주의 평가나 분석에 의존하는 극단적인 해석학적 편향을 일정하게 극복할 수 있다고 사료된다.

본 연구는 2장에서 엘리트 변동 및 정책 변화와 관련된 주요 개념을 정리하고, 이 둘의 연계 관계를 분석할 수 있는 틀을 소개 및 제시한다. 3장에서는 이 분석틀을 활용하여, 후진타오와 시진핑 집권기 경제 정책을 사례로 그 변동과 변화의 방향을 분석한다. 결론에서 본 연구의 결과를 요약하고, 그 한계와 이와 연동된 향후 연구 과제 등을 밝힌다.

II. 주요 개념과 분석틀

본 연구에서 정리해야 할 개념은 크게 두 가지이다. 첫째는 엘리트 변동을 파악할 수 있는 분류의 틀과 관련된 것이다. 이는 엘리트 분류법(Typology)이라고 할 수 있다. 이 엘리트 분류법은 그동안 엘리트 연구에서 가장 기본적으로 진행되어온 분야 중 하나이다. 연구 주제에 따라 엘리트가 종속 혹은 독립변수로 상정되는가와 상관없이, 이 변수 자체에 대한 개념 정의와 분류가 필요했기 때문이다. 그 발전은 흡사 현미경의 배율이 확대되어 가는 과정과 같다. 즉 1차원에서, 2차원으로 그리고 현재는 4차원으로 확대되어오고 있다.[5]

본 연구는 엘리트 분류법의 발전 추세를 감안하고, 무엇보다도 가장 세밀하게 엘리트 유형 변화를 포착할 수 있다는 측면에서 가장 최신의 4차원적 분류법을 채택한다.[6] 엘리트 유형에 대한 4차원적 분류법은

---

[5] 엘리트 유형법 중 1차원적인 것으로는 Vilfredo Pareto, *The Mind and Society. A Treatise on General Sociology* (New York: Harcourt, Brace and Company, 1935); C. Wright Mills, The Power Elite (New York: Oxford University Press, 1956); John Higley, Ursula Hoffmann-Lange, Charles Kadushin and Gwen Moore, "Elite Integration in Stable Democracies: A Reconsideration," *European Sociological Review*, Vol. 7, No. 1(1991), pp. 35–53등을, 2차원적 엘리트 유형법은 Ralf Dahrendorf, *Society and Democracy in Germany* (New York: W.W. Norton, 1979); John Higley and Gyorgy Lengyel, *Elites after State Socialism* (Lanham: Rowman & Littlefield, 2000); Ilkka Ruostetsaari, "Opening the Inner Circle of Power Circulation among the Finnish Elites in the Context of Major Societal Changes 1991–2011," *Comparative Sociology*, Vol. 12, No. 2 (2013), pp. 255–288 등을, 4차원적인 것은 주장환, "정치 엘리트에 대한 4차원적 유형학: 논리와 사례,"『대한정치학회보』제31권 제3호 (2023), pp. 149-170; 주장환, "시진핑 집권기, 중국 정치 엘리트 변화에 관한 연구: 4차원적 유형법의 적용,"『중소연구』제47권 제3호 (2023), pp. 7-30 등을 들 수 있음.

[6] 물론 이 분류법의 차원과 변수 그리고 그 측정 방법에 대한 실증 및 이론적 차원에서의 보완은 여전히 필요한 상황이다. 이 논의의 방향은 보편적 차원에서 전 세계 차원에서의 엘리트 변동을 얼마나 효과적으로 실증적으로 관찰하고 귀납해낼 수 있는가에 맞춰져야 할 것이다. 한편 현재까지 이 분류법의 특징과 장단점에 대해서는 주장환 외,『유라시아 엘리트 정치의 변동: 중국, 러시아, 카자흐스탄』(오산: 한신대 유라시아연구소, 2023), pp. 7-11을 참조 바람.

'통합, 분화, 순환의 범위 그리고 순환의 방식'에 따른 엘리트 유형 변화 분석틀을 가리킨다. 보다 구체적으로 이 분류법은 각각 엘리트 통합과 분화 정도의 고저와 순환 범위의 넓고 좁음 그리고 순환 방식의 성격, 즉 급진성 정도 등 4차원에서 엘리트 유형을 나눈다. 이에 따르면 총 16개의 세부 유형이 논리적으로 존재 가능하다. <그림 1>은 그 상황을 보여주고 있다.

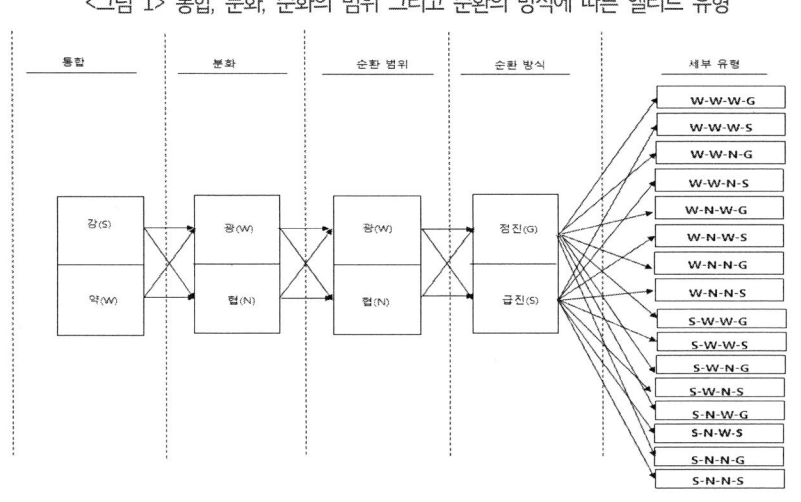

<그림 1> 통합, 분화, 순환의 범위 그리고 순환의 방식에 따른 엘리트 유형

이 4차원적 엘리트 유형법은 활용 시 다음과 같은 주의점이 있다. 먼저, 각 차원이 상호 연동되어 있고, 그 정도가 '상대적으로' 변화함으로써 실제 분석에 활용 시 그 출발점, 즉 초기 유형에 대한 설정이 반드시 필요하다. 따라서 특정 국가나 조직에 대한 분석 시에는 통시적인 방법이 선행되어야 한다. 다음으로, 상기 사항과 연동되어 각 차원의 두 가지 범주에 대한 임계점 설정이 아직 이루어지지 않아 반드시 두 개 이상과 두 시기 이상의 사례 비교분석이 진행되어야 한다. 마지막으

로 이 유형법은 기존 2차원적 모델과는 달리 특정 정치경제체제와의 연관 관계를 전제하지 않는다. 가장 주된 이유는 여전히 이념형 형태인 이 유형법이 사례 연구 통해 실재 사례의 축적을 통한 일정한 경향성을 확인하지 못했기 때문이다.

둘째는 정책 변화를 측정할 수 있는 개념적 틀이다. 이와 관련된 정책 유형의 구분은 다음과 같이 진행될 수 있다. 먼저, 결과보다는 의도에 착목하는 것이 적절하다. 즉 정책의 '산출$^{(out-put)}$'보다 '투입$^{(in-put)}$'이 본 연구와 관련해서는 더 중요하다는 의미이다. 주지하다시피, 정책의 의도와 결과는 상호 일치하지 않는 경우가 현실에서는 다반사이다. 따라서 특정 엘리트와 정책 유형 간의 연계 관계 규명을 목적으로 하는 본 연구 같은 경우, 더욱 결과와 상관없는 투입과정으로써의 정책 의도에 집중해야 할 것이다. 이런 측면에서 보다 구체적으로 엘리트의 주관적 선호나 의도를 의미하는 '정책 정향$^{(Policy\ Orientation)}$'이라는 개념이 더 정확하다고 할 수 있다.[7]

다음으로, 일반적 차원에서 이 정책 정향의 유형을 구분하는 기준을 설정해야 한다. 이와 관련해서 본 연구는 현실에서 매우 모호하게 혼용되어 사용되고 있는 좌파/우파 그리고 보수/진보 개념을 정리하여 활용한 '가치와 태도'에 따른 정책 정향 분류법을 사용한다. 구체적으로 이 분류법은 두 가지 차원에서 정책 정향에 접근한다. 하나는 정책의 '가치지향$^{(Value)}$'에 따라 좌와 우로 구분하는 것이다. 같은 의미로 이념적 성향에 따라서 구분한다고 할 수도 있다. 이 이념적 성향은 역사 시기에 따라 다르게 해석될 수 있는데, 여기에서는 현대적 의미의 그것을

---

[7] 정책 정향의 개념에 대한 보다 상세한 사항은 Margaret Hermann, "How Decision Units Shape Foreign Policy: A Theoretical Framework," *International Studies Review*, Vol. 3, No. 2 (2001), pp. 47-81을 참조 바람.

차용한다. 따라서 이러한 구분에 따르면 현존하는 지배적 이념과 제도에 대해서 전면적인 극복을 주장하는가 여부에 따라 '좌파(Left)'와 '우파(Right)'로 구분할 수 있다. 역사적으로 시기마다 다른 대항 이념의 정립을 통해 각각의 '주의(ism)'를 생성해낸다. 즉 정책 정향의 가치지향에 따른 좌파적 혹은 우파적 정책 분류가 가능하다는 의미이다. 다른 하나는 기존 체제와 정책 변화에 대한 '태도(Attitude)'에 따라 구분이 가능하다. 이러한 구분에 따르면, 가치지향과 관계없이 기존 체제와 정책 변화에 대한 찬반 여부에 따라 '진보(Progressive)'와 '보수(Conservative)'로 나눌 수 있다. 즉 진보는 기존 체제와 정책 변화에 적극적이며, 그 속도와 폭에 대해서 급진적 태도를 가진다. 반면 보수는 기존 체제와 정책 변화에 대해 소극적이며, 그 속도와 폭에 대해서도 점진적인 태도를 취한다. 이렇게 보면, 정책 정향은 좌파/진보, 좌파/보수, 우파/진보, 우파/보수 등의 4가지 세부 유형으로 구분할 수 있다.[8]

본 연구는 여기에다가 정책 영역별로의 그 정향이 다를 수 있음을 가정하는 '다중 중층(Multi-Stratification)'의 가능성을 열어둔다. 즉 한 국가의 정책이 대내나 대외 등 각 영역에 따라 다르게 설정될 수 있음을 논리적으로 전제한다는 것이다. 본 연구의 사례인 중국을 예로 들면 이 같은 추론은 참이라는 사실을 알게 된다. 즉 기존 연구에서 후진타오와 시진핑 집권기 중국의 대내(정치)와 대외 정책은 서로 같은 방향이 아닌 다른 방향으로 변화했다는 것이 밝혀졌다.[9] 따라서 얼마나 많은 특정

---

[8] 이 같은 구분과 관련된 보다 상세한 사항은 Cheng Li (ed.), *China's Changing Political Landscape* (Washington, DC: Brookings Institution Press, 2008), pp. 142-158; 김경미, "진보와 보수, 좌파와 우파에 대한 이론적 좌표설정 모색," 『정치·정보 연구』 제12권 제1호 (2009), pp. 45-60; 이항우, "보수/우파와 진보/좌파의 진보/좌파와 보수/우파 담론," 『한국사회학대회논문집』 (2016), pp. 50-60 등을 참조 바람.

[9] 동 시기 중국의 대내 정치 정책은 보수/좌파에서 진보/우파로 대외 정책은 보수/좌파에서 진보/우파적으로 변화했다. 이와 관련된 보다 상세한 사항은 주장환, "엘리트 변동과 정책변화: 중국

영역의 정책을 분석 대상으로 삼는가에 따라서 특정 국가 정책의 다중 중층성은 제고된다고 할 수 있다. 한편, 이상의 논의를 도식화하면 <그림 2>와 같다.

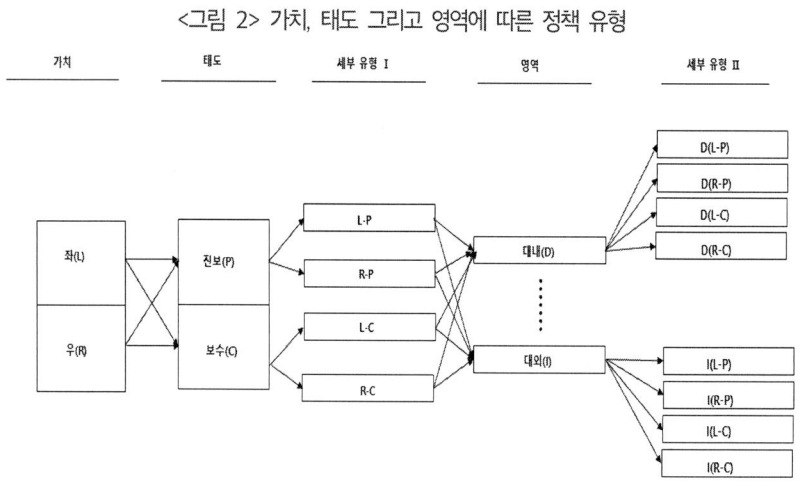

<그림 2> 가치, 태도 그리고 영역에 따른 정책 유형

<그림 2>에 따르면, 정책의 가치지향과 태도에 따라 모두 4개의 세부 유형이 존재하고, 여기에다 대내와 대외 등 정책의 특정 영역이 연결되면 각 영역마다 모두 4개의 세부 유형이 존재하며, 만약 여기에서와 같이 2개의 영역이라면 모두 8개의 세부 유형이 생길 수 있다. 즉 정책 유형의 수량은 $4 \times n^{(n은\ 정책\ 영역)}$으로 정리할 수 있다. 이에 따르면 본 연구의 세부 정책 유형은 모두 4개이다.

한편, 이상의 두 개 범주에 대한 분류법에 근거하여 엘리트 변동과 정책 변화에 대한 분석틀을 구상하면 다음과 같다. 먼저, 각 범주에서

후진타오와 시진핑 집권기에 대한 사례연구," 『세계지역연구논총』 제41집 제4호 (2023), pp. 39-59를 참조 바람.

의 변동과 변화 경우의 수와 관련된 정리가 필요하다. 주지하다시피, 우리가 관심을 가지는 부분은 엘리트 변동과 정책 변화이다. 상술한 바 대로 엘리트 변동은 구체적으로 16개 세부 유형에서 동일한 수의 세부 유형으로의 변동을 가리킨다. 따라서 전체 경우의 수는 16×16, 즉 256개가 된다. 또한 정책 변화의 경우 역시 정책 유형의 수, 즉 $4×n$ (n은 정책 영역의 수)에서 동일한 수의 세부 유형으로의 변화를 가리킨다. 따라서 만약 본 연구와 같이 한 개의 영역을 그 사례로 하는 경우, 전체 경우의 수는 $4,096^{(=(16×16)×(4×4))}$개가 된다.

다음으로, 단일 영역의 정책 변화를 분석하는 경우, 4,094개 경우의 수 중 한 개를 특정하기 위해서는 경험적 사례를 '연결$^{(Linkage)}$'하는 방법을 사용한다. 즉 각각 범주에 대해 상이한 측정 지표를 활용한 분석 결과에 따라 특정 방향으로의 변동과 변화 유형을 특정하고, 둘 사이의 경험적 '친화성$^{(Affinity)}$'을 가정하여 연결하는 것이다. 즉, 만약 아래 <그림 3>에서 엘리트 변동이 W-W-W-G에서 W-W-W-G로 이뤄졌고, 정책 변화가 E(L-P)에서 E(L-P)로 이뤄졌다면 두 사례는 경험적으로 친화력이 있다고 판단하고 연결한다는 것이다.

<그림 3> 엘리트 변동과 정책 변화 분석틀

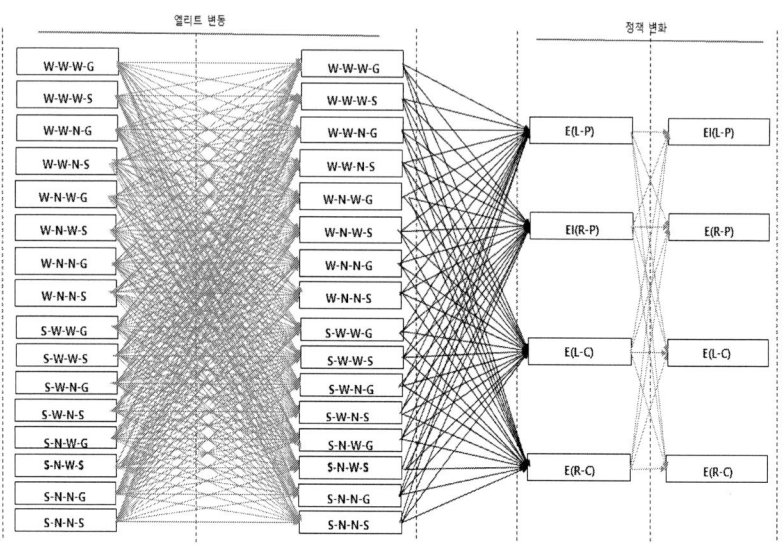

 한편, 본 연구에서는 엘리트 변동과 정책 변화 간의 관계에 대한 이론적 접근을 시도하기 때문에, 여기에서 전자가 독립변수 그리고 후자가 종속변수로 취급된다. 그러나 이는 의도적인 단순화를 진행한 것이다. 즉 연구자의 관심과 주제에 따라 정책 변화가 엘리트 변동에 미친 영향과 그 구체적인 대응에 대해서도 살펴볼 수 있다는 의미이다. 예를 들어, 정책 영역을 인사 정책으로 상정하면, 이 인사 정책의 변화가 엘리트 유형 변동에 어떠한 영향을 미쳤고, 또한 그 구체적 대응관계는 어떠한지에 대해서 탐구할 수 있다.

 아래에서는 이 분석틀에 입각해서, 후진타오와 시진핑 집권 시기 경제 정책 영역을 사례로 엘리트 변동과 정책 변화를 분석한다. 그 과정은 4,096개 사례 중 하나를 찾아내는 작업과 동일하다고 할 수 있다.

III. 중국의 엘리트 변동과 경제 정책 변화

이 장에서는 중국의 후진타오와 시진핑 집권기 엘리트 변동과 경제 정책 변화를 각각 분석한다. 이 작업은 상술한 제2장의 <그림 1>과 <그림 2>에 해당한다.

1. 후진타오와 시진핑 집권기 엘리트 변동

중국에서 후진타오 집권기(2002년-2012년, 공산당 제16, 17기 중앙위원회)부터 시진핑 집권기(2021년-2022년, 공산당 제18, 19, 20기)까지 엘리트 유형 차원에서 어떠한 변동이 있었는가에 대해 여기서 다룬다. 이 질문에 답하기 위해 세 과정이 필요하다. 첫째, 비교분석의 초기 형태인 후진타오 집권기 엘리트 유형에 대한 설정이다. 이 부분은 본 연구에서 활용하고 있는 엘리트 유형 변동 분석틀이 상대성을 내포하고 있는 것이기에 매우 중요하다. 즉 비교분석의 기 형태가 달라지면, 이후 분석 결과 역시 달라지기 때문이다. 둘째, 후진타오 집권기 내의 엘리트 변동 추이를 살펴봐야 한다. 즉 후진타오 집권기 10년을 하나의 묶음으로 볼 수 있는가와 관련되어 있다. 만약 이 사례의 경우, 후진타오 집권 1기와 2기에 엘리트 유형 차원에서 질적인 변동이 발생했다면 다른 유형으로 설정해야 할 것이다. 셋째, 시진핑 집권기도 후진타오 집권기와 마찬가지로 집권 1-3기의 엘리트 유형 질적 변화 여부에 대해 주의하면서 그 변동 추이를 분석한다.

이런 순서로 분석을 진행한 결과는 다음과 같다. 첫째, 분석의 초기 형태로서 후진타오 집권기 엘리트 유형의 특징은 '통합의 정도는 약하고, 분화의 정도는 좁으며, 순환의 범위는 넓고, 순환의 방식은 점진적인', 따라서 'W-N-W-G'형에 속한다고 할 수 있다.10) 보다 구체적으로 통합의 측면에서, 핵심적 정책결정과정에 접근 가능한 채널과 관계망이라 할 수 있는 공산당 중앙위원회의 규모가 지속적으로 확대 추세를 보였고, 당장에 삽입된 지도 사상 수량이 정량적으로 확대되었기 때문에 그 정도는 약화되었다고 할 수 있다. 실제로 후진타오 집권기인 제16-17기 공산당 중앙위원회의 규모는 이전 시기, 즉 장쩌민 집권기와 비교했을 때 각각 평균 374명과 331명으로 큰 차이가 났다. 또한 지도 사상 수량은 장쩌민 집권기에 4개였던 반면에 후진타오 집권기에 5개로 늘어났다.11)

분화 차원에서는 성별, 출신 지역, 선택 전공, 주요 경력 등의 다양성이 약화되었다. 역으로 각각 차원에서의 '이질성 지수(Heterogeneity Index)'가 상승했다는 의미이다.12) 따라서 분화의 정도는 약화된 것으로 볼 수 있다. 순환 범위의 측면에서, 공산당 중앙위원 순환율을 기준으로 평가했을 때 산술적으로 증가 추세를 보였다. 따라서 순환 범위는 넓어졌다고 평가된다. 실제로 후진타오 집권기와 전임 장쩌민 집권기를 비교하면 순환율 평균이 각각 54.6%와 50.6%로 전자가 상당히 높은 수준을 나타냈다.13)

---

10) 이 유형은 이전 2차원적 유형법에 따르면, '분절적/재생산형(fragmented/reproductive type)'에 속한다. 이와 관련된 보다 상세한 사항은 주장환, "중국 정치 엘리트 유형 변화에 대한 연구: 제18기 중국 공산당 중앙위원회를 중심으로," 『중소연구』 제37권 제3호 (2013), pp. 101-126을 참조 바람.
11) 이 같은 결과는 필자가 중국 공산당의 공식 홈페이지인 '中國共産黨曆次全國代表大會數據庫(http://cpc.people.com.cn/BIG5/64162/64168/64559/4527011.html) 의 내용을 정리 및 계산한 것임.
12) 이 이질성 지수에 관한 보다 상세한 사항은 Peter Blau, "A Macrosociological Theory of Social Structure," *American Journal of Sociology*, Vol. 83, No. 1 (1977), pp. 26–54를 참조 바람.
13) 이 같은 결과는 필자가 중국 공산당의 공식 홈페이지인 '中國共産黨曆次全國代表大會數據庫(http://cpc.people.com.cn/BIG5/64162/64168/64559/4527011.html)의 내용을 정리 및 계산한 것임.

순환 방식 차원에는, 권력 승계 등을 포함한 정치 공식 및 비공식 관례가 변화보다는 지속성이 강하게 작동된 점 등에서 점진적이고 평화적이었다고 평가할 수 있다. 즉 개혁·개방 정책 실시 초기 제시되었던 정치 엘리트 승계, 순환과 관련된 공식 및 비공식 관례와 제도가 큰 변화 없이 정착되어갔다는 의미이다.[14)]

둘째, 후진타오 집권기 엘리트 유형의 질적 변동 여부이다. 주되게 후진타오 집권기인 중국공산당 중앙위원회 회기 제16과 17기 시기의 변화이다. 이 두 시기 중국 정치 엘리트 유형은 질적으로 큰 변화가 없었다고 판단된다. 즉 기존의 경향을 지속 및 강화했지만, 다른 유형으로 변동이 진행되었다고 보기에는 무리가 따른다는 것이다. 특히 통합, 분화, 순환 범위 그리고 순환 방식 차원에서 모두 기존 경향이 심화 및 강화되는 추세를 보여줬다.[15)]

셋째, 그렇다면 이 후진타오 집권기의 'W-N-W-G'형 엘리트 유형이 시진핑 집권기에는 어떠한 방향으로 변화했는가? 또한 시진핑 집권 제1-3기 기간 동안 어떠한 변동이 발생했는가? 이와 관련 상기 <그림 1>에 따르면 최근 연구 결과는 'S-N-W-S'형으로 변화하였다.[16)]

이는 4차원적 엘리트 유형법의 각 차원에 대한 분석 결과에 기반하는 것이다. 그 주요한 것들은 다음과 같다. 통합의 차원에서 핵심 정책

---

14) 각각의 차원에서의 측정과 관련한 보다 상세한 사항은 주장환, "중국 정치 엘리트 유형 변화에 관한 연구: 제19기 중국 공산당 중앙위원회를 중심으로," 『국제지역연구』 제25권 제3호 (2021), pp. 213-220을 참조 바람.
15) 이는 다른 측면에서 대의제로 인한 정기적인 정권 교체는 없지만, 비 대의제 국가인 중국에서도 이 일종의 정부 혹은 정권 형태가 유지된다는 것을 일정 정도 방증하는 것으로 볼 수 있고, 이와 관련된 보다 상세한 사항은 Jang Hwan Joo, "A Typology of Political Elites and Its Transformation in China: From Ideocratic/Replacement to Fragmented/ Reproductive Elites," Asian Perspective, Vol. 37, No.2 (2013), pp. 255-279를 참조 바람.
16) 이와 관련된 보다 상세한 사항은 주장환, "시진핑 집권기, 중국 정치 엘리트 변화에 관한 연구: 4차원적 유형법의 적용," 『중소연구』 제47권 제3호 (2023), pp. 7-30을 참조 바람.

결정과정에 도달할 수 있는 엘리트 네트워크의 크기는 별다른 차이가 없었다. 이 시기 즉 시진핑 집권기의 중국공산당 중앙위원회 규모는 평균 376명을 기록하여, 후진타오 집권 시기의 그것, 즉 374명과 별다른 차이가 없었다.[17] 반면 지도 사상 수량은 정량적으로 봤을 때 확대되었다. 즉 후진타오 집권기에는 4개였던 반면, 시진핑 집권기에는 6개로 확대되었다. 표면적으로 통합 차원에 대한 측정에서 세부 변수들이 다소 엇갈리는 결과가 나왔다. 그러나 중국 엘리트 정치에서 지도 사상의 수량이 확대되는 것은 이미 관례화된 일이기 때문에 하나의 상수로 취급할 수 있다. 만약 최고지도자가 변경되었는데도 그의 임기 내에서 지도 사상 수량이 확대되지 않았다면 그것이 오히려 이상한 것으로 여겨진다. 따라서 중앙위원회 규모의 소폭 확대와 더불어 지도 사상 확대 과정과 그 내용의 특징에 주목해야 한다.

실제로 시진핑 집권기 지도 사상의 수량 확대 과정과 그 내용에 있어서 이전 시기와 상당한 차이를 보였다. 이전 시기, 즉 장쩌민과 후진타오 집권기에는 모두 집권 후반기에 해당 지도자의 정계 은퇴와 함께 그들의 대표적인 이론 혹은 사상이 지도 사상이 되었던 반면, 시진핑 집권기에는 재임 시기였던 제18기에 이뤄졌다. 또한 이전 시기와 달리 그의 이름이 직접 들어간 지도 사상이 채택되기도 했다.[18] 따라서 이러한 점들을 고려했을 때 전체적인 통합의 수준은 상대적으로 강해졌다고 볼 수 있다.[19]

---

[17] 물론 전반적인 추세는 증가했다고 할 수 있겠다. 이 같은 결과는 필자가 중국 공산당의 공식 홈페이지인 '中國共産黨歷次全國代表大會數據庫(http://cpc.people.com.cn/BIG5/64162/64168/64559/4527011.html)'의 내용을 정리 및 계산한 것임.

[18] 지도 사상 삽입 문제 등 시진핑 집권기 엘리트 통합과 관련된 보다 상세한 사항은 서석흥, 김경환, "중국의 19차 당 대회에서 시진핑 사상 당장 삽입의 의미와 평가,"『중국지역연구』제5권 1집 (2018), pp. 63-94; 이남주, "개혁개방 신시대와 시진핑 사상,"『동향과 전망』제103호 (2018), pp. 303-335 등을 참조 바람.

분화의 차원에서는 그 안에서 다소 엇갈린 결과가 나타났다. 즉 성별과 출신 민족 측면에서는 분화의 정도가 좁아졌다. 즉 이질성 수치가 낮아졌다. 반면 선택 전공, 주요 근무 지역, 주요 경력 차원에서는 분화의 정도가 넓어졌다. 그러나 그 평균값을 초기 유형, 즉 후진타오 집권기의 그것과 비교했을 때 전반적으로 분화의 정도는 좁아졌다고 할 수 있다. 실제로 평균값 비교에서는 모든 영역에서 이질성 지수가 낮은 결과가 나왔다.[20]

순환 범위의 차원에서, 공산당 중앙위원회 정위원의 순환율을 기준으로 평가했을 때 시진핑 집권기의 평균값이 56.1%로써 초기 유형, 즉 후진타오 집권기의 54.6%보다 높게 나타났다. 즉 따라서 상대적으로 그 순환의 범위는 넓어졌다고 평가할 수 있다.[21] 순환 방식의 차원에서, 시진핑 집권 이전 시기와는 명확하게 구별되는 엘리트 정치 구조 변화와 조응하는 방향으로 기존의 점진적이고 제도화된 방식에서 급진적이고 개인화된 방식으로의 변화가 발생했다. 즉 후진타오 집권기를 포함한 개혁·개방 시기 형성된 정치 승계 및 엘리트 정치 운용과 관련된 각종 공식, 비공식 제도와 규범에서 질적으로 구별되는 변화를 나타냈다. 가장 대표적인 예는 시진핑의 당 중앙위원회 총서기직 3연임이며, 이밖에 중앙위원회 정치국 상무위원회의 세대교체, 연령 제한, 복수

---

[19] 이는 다른 식으로 시진핑 집권 이후 사상 통제와 권력 집중성의 강화로 표현할 수 있다. 이와 관련된 보다 상세한 사항은 이지용, "중국의 '권위주의 탄력성' 요인 변화 분석: 제도적 탄력성에서 제도화된 전체정치로," 『신아세아』 제29권 4집 (2022), pp. 115-149를 참조 바람.
[20] 이 같은 결과는 <중국 정치 엘리트 데이터베이스(1921-2022)>의 내용을 필자가 재정리한 것이며. 이와 관련된 보다 상세한 사항은 주장환, "시진핑 집권기, 중국 정치 엘리트 변화에 관한 연구: 4차원적 유형법의 적용," 『중소연구』 제47권 제3호 (2023), pp. 12-13을 참조 바람.
[21] 이 같은 결과는 필자가 중국 공산당의 공식 홈페이지인 '中國共産黨歷次全國代表大會數據庫(http://cpc.people.com.cn/BIG5/64162/64168/64559/4527011.html)의 내용을 정리 및 계산한 것임.

파벌 배치 그리고 중앙위원회 정치국 진입 연령 제한, 민주추천회(民主推薦會)의 내용과 형식 등 차원에서 이전 시기와는 질적으로 다른 변화들이 발생했다.22) <표 1>은 상술한 내용을 정리한 것이다.

종합하면, <표 1>과 같이 본 연구의 두 분석 시기 엘리트 유형의 변동은 'W-N-W-G'형에서 'S-N-W-S'형으로 진행되었다. 부연하자면, 총 256개 경우의 수 중 하나인 'W-N-W-G'형에서 'S-N-W-S'형으로의 엘리트 변동이 후진타오 집권기에서 시진핑 집권기로 바뀌는 과정에서 발생한 것이다. 참고로 이 두 시기 엘리트 유형의 질적인 변동은 현재 학계에서 대체적으로 동의하는 바이다. 그렇다면 시진핑 집권기 엘리트 유형의 질적 변화에 대해서는 어떠한 평가를 내리고 있는가? 이에 대해서 대부분 학자들은 'S-N-W-S'유형 내에서의 심화 혹은 발전에 대해서는 긍정하지만, 다른 유형으로의 질적 변화에 대해서는 대체로 부정적인 견해를 나타내고 있다.23)

---

22) 이와 관련된 보다 상세한 사항은 주장환, "중국 엘리트 정치 동학의 변화? 혹은 지속?: 제19기 중국 공산당 중앙위원회를 중심으로." 『현대중국연구』 제19집 3호 (2017), pp. 88-120; 주장환, "중국 엘리트 정치 동학 변화에 관한 연구: 제20차 공산당 전국대표대회와 제20기 중앙위원회 1차 전체회의를 중심으로," 『21세기 정치학회보』 제32집 4호 (2022), pp. 1-19 등을 참조 바람.
23) 이런 견해들은 시진핑 집권 이후 중국 엘리트 정치의 질적인 변화에 대한 찬반여부와 상관없이 대체적으로 이 분야 연구 성과에서 드러난다. 관련한 대표적인 연구 성과들은 이지용, "시진핑 3기 체제의 정치 및 정책적 함의 분석," 『동서연구』 제35권 3호 (2023), pp. 161-184; 조영남, "중국 시진핑 시기의 정치변화 분석과 평가: '권력 집중형' 권위주의의 등장," 『국제·지역연구』 제32권 2호 (2023), pp. 41-69; 주장환, "시진핑 집권 3기 엘리트 정치: 양자도약?" 『아시아문화연구』 제61집 (2023), pp. 227-257; 이정남, "시진핑시대 중국의 기구개혁과 당의 국가화: 유사-전능주의 정치의 제도화," 『중소연구』 제47권 4호 (2024), pp. 119-157 등이 있음.

<표 1> 후진타오와 시진핑 집권기 엘리트 유형 변동

차원	후진타오 집권기	시진핑 집권기	비고
통합	약	강	3개 (규모, 지도 사상 수량과 삽입 시기 등 내용) 변수
분화	협	협	1개 (이질성 지수) 변수
순환 범위	광	광	1개 (순환율) 변수
순환 방식	점진	급진	2개 (제도화의 방향과 성격) 변수
유형	W-N-W-G	S-N-W-S	-

2. 후진타오와 시진핑 집권기 경제 정책의 변화

이 부분은 두 시기 경제 정책, 더 구체적으로 말하자면 경제 정책 정향의 변화를 추적한다. 상술한 바대로, 그 정책 효과보다는 의도에 방점을 두면서 두 시기 경제 정책 '정향'의 차이를 분석하고, 그 변화 방향을 도출한다. 본격적인 논의에 앞서 이 두 시기는 경제체제의 차원에서 중국공산당 구분에 따르면 '사회주의 시장경제체제'라는 큰 틀 안에 있다. 즉 이 사회주의 시장경제체제의 틀 내의 소시기적 구분이 가능하다는 의미이다. 이렇게 봤을 때 후진타오 집권기는 사회주의 시장경제체제의 '점진적 완성' 단계로 시진핑 집권기는 '전면적 심화' 단계로 구분될 수 있다.[24]

한편 이 두시기 정책의 특징은 다음과 같은 범주로 구분하여 살펴볼

---

[24] 이는 변화보다는 지속을 강조하는 중국의 당-국가 체제의 특성을 반영하며, 이와 관련된 보다 상세한 사항은 양평섭, 김홍원, 『시진핑 3기의 경제체제 개혁 과제와 시사점: '사회주의 시장경제체제' 구축을 중심으로』(세종: 대외경제정책연구원, 2022), pp. 22-31을 참조 바람.

수 있다. 첫째, 소유제와 관련된 정책 정향이다. 이와 관련되어 두 시기의 정향을 대표적으로 보여주는 것은 '국퇴민진(國退民進)'과 '국진민퇴(國進民退)' 정책이다. 바로 공유 경제라는 소유제 형태에 대한 중시 여부와 관련된 것이다. 국퇴민진이란 중국의 소유제 개혁과정에서 대표적 비공유제 경제 영역인 개체호, 사영기업, 민영기업의 급속한 성장을 인정하고 진작시켜온 정책을 일컫는다. 이는 상대적으로 미발달된 중국 경제에서의 민간부문, 즉 사영영역을 확대하여 발전을 진작시키겠다는 의도로 분석되며, 개혁·개방 초기부터 제기되었던 이 기조는 1989년에서 2002년까지의 장쩌민(江澤民) 집권기를 거쳐 후진타오 집권기에도 지속되었다. 그 결과 2002년 40%였던 공유제의 비중이 2012년에 23.5%를 기록했다.25) 이러한 측면에서 본다면 후진타오 집권기는 장쩌민 집권기의 국퇴민진 기조를 별다른 변동 없이 그대로 계승했다고 할 수 있다.

반면 시진핑 집권 이후 이 기조는 상반된 국진민퇴 기조로 변경되었다. 물론 중국은 이와 같은 기조 변경을 공식적으로 찬성하지 않는다. 또한 미중 무역 갈등과 경쟁 등 외부 차원에서 불가피한 선택임을 강조하는 견해도 존재한다.26) 그러나 시진핑 집권 이후 이 같은 추세가 지속된 것은 확실하다. 즉 국유 경제가 다시 확대되고 민영 경제의 발전 추세가 약화되었다. 이 같은 국진민퇴 현상의 원인과 맥락에 대해서는 여러 견해가 존재하지만, 이 현상의 발생과 심화에 대한 견해는 전문가들 사이에서 대체로 일치한다.27) 즉 국가의 경제부문 영향력 확대, 국

---

25) 이 수치는 중국 국가통계연감(https://www.stats.gov.cn/sj/ndsj/)의 내용을 필자가 재정리하여 작성한 것임.
26) 이와 관련된 보다 상세한 사항은 李錦, "破除12個國企民企對立思維怪圈," 『人才資源開發』 第9期 (2018), pp. 11-17; 何召鵬, "'國民共進'的政治經濟學分析," 『政治經濟學評論』 第13卷, 第2期 (2022), pp. 34-41 등을 참조 바람.
27) 대표적인 연구 성과로는 Margaret M. Pearson, Meg Rithmire, and Kellee Tsai, "China's Party-State Capitalism and International Backlash: From Interdependence to Insecurity,"

유기업 경쟁력 강화 지원, 국유 부문의 사영 분야에 대한 유입 지원 등으로 중국 경제에서 국유 부문이 차지하는 비중은 매우 급속히 확대되었다는 것이다. 예를 들어 2022년 기준으로 그 비중이 65% 수준까지 상승했다.[28] 즉 소유제의 측면에서 시진핑 시기는 분명한 공유제 중심의 편향 정향을 나타냈다.

둘째, 분배 관계와 관련된 것이다. 사회주의 시장경제체제의 기본적인 분배제도는 '노동에 따른 분배'를 기반으로 하는 평균주의 혹은 평등주의 분배방식이다. 그러나 개혁·개방 정책의 핵심 기조가 이에 대한 '이탈'을 용인하는 선부론이었던 만큼 평균주의적 분배제도는 동 시간 상당히 훼손되었다. 그러나 이러한 추세는 사회경제적 불평등 심화로 인해 2002년 후진타오 집권과 함께 극복 대상으로 여겨졌고, 이로 인해 이른바 '사회 공평과 경제 성장의 병행을 중시한' 단계로 설정하고 재분배를 통한 공평 분배 달성에 중점을 두었다. 적극적인 재분배 정책 실시를 통해 이 문제점을 극복하려 했고, 그 효과는 GINI 계수가 2008년을 정점으로 일정한 하락세를 보이는 것으로 나타났다.

한편, 시진핑 집권과 함께 후진타오 시기의 이 기조는 더욱 강력하게 추진되었다. 즉 '공향(共享) 발전과 공평 분배 달성에 중점을 두는' 시기로 규정될 수 있으며, 이를 위해 재분배와 공익자선사업, 사회자선기부,

---

International Security, Vol. 47, No. 2(2022), pp. 135-176; Barry Naughton and Briana Boland, *China Inc.: The Reshaping of China's State Capitalist System* (Washington DC: Center for Strategic and International Studies, 2023); Lin Zhang and Tu Lan, "The new whole system: Reinventing the Chinese State to promote innovation," *EPA: Economy and Space*, Vol. 55, No. 1(2023) pp. 201-221 등을 들 수 있음.

28) 이 수치는 중국 국가통계연감(https://www.stats.gov.cn/sj/ndsj/)의 내용을 필자가 재정리하여 작성한 것임. 또 보다 상세한 이 시기 국퇴민진 정책의 전개 상황에 대해서는 윤태희, "시진핑 시기 국유분야 약진의 사영분야 영향에 관한 연구," 『아태연구』 제30권 제2호 (2023), pp. 10-14를 참고 바람.

지원자 서비스 등 제3차 분배의 역할을 꾸준히 강조하고 있다. 그 결과는 크게 개선되지는 않았지만 GINI 계수의 완만한 하향세이다.29)

셋째, 경제발전전략의 차원이다. 개혁·개방 정책은 국제대순환론으로의 중국 발전전략 전환이라고 평가할 수 있다. 즉 그동안의 폐쇄경제로부터의 탈피를 의미한다. 그 이후 이 기조는 장쩌민 집권기를 거쳐 후진타오 집권기에도 지속되다가, 2008년 글로벌 금융위기를 기점으로 '내순환을 주로 하고 외순환이 보조'하는 발전전략으로 전환되었다. 그러나 여전히 외향형 경제 발전전략의 틀 안에 있었던 것으로 평가된다.30)

한편, 시진핑 집권기에는 경제뿐만 아니라 대외 정치적인 요인까지 결합되어 보다 중장기적인 차원에서의 전략인 이른바 '쌍순환' 전략으로 구체화되었다. 즉 국내대순환을 주로 하여 국내와 국제 순환이 상호 추동하는 방식의 발전전략을 표방한 것이다. 본격적인 내향형 발전전략을 추구하기 시작한 것으로 평가된다.31) 물론 시진핑의 관련 발언 변화가 존재하고, 내부보다는 미중 무역 갈등 등의 외부 요인이 더욱 크게 작용했다는 주장도 존재하지만, 예를 들면 후진타오 시기의 대표적인 외교 전략을 설명하는 개념인 '화평굴기(和平崛起)'가 '화평발전(和平發展)'으로 변화된 것과 비교했을 때 내재적인 정향과도 깊은 관련이 있다고 판단된다.32)

---

29) 이와 관련된 보다 상세한 사항은 연원호, "시진핑 정부의 공동부유 추진 배경: 중국 사회의 경제적 불평등 분석," 『중소연구』 제47권 제2호 (2023), pp. 54-62를 참고 바람.
30) 이 같은 구분과 평가와 관련된 보다 상세한 사항은 賈根良, 『國內大循環: 經濟發展新戰略與政策選擇』(北京: 中國人民大學出版社, 2020), pp. 22-45을 참고 바람.
31) 이 같은 구분에 대해서는 蔡昉, 『雙循環論綱』(廣州: 廣東人民出版社, 2021), pp. 21-29; 王昌林, 『新發展格局: 國內大循環爲主體國內國際雙循環相互促進』(北京: 中信出版集團, 2021), pp. 112-134 등을 참조 바람.
32) 시진핑 발언 논조의 변화는 양평섭, 김홍원, 『시진핑 3기의 경제체제 개혁 과제와 시사점: '사

이상과 같이 시진핑 집권기의 대표적인 경제 정책을 통해 살펴봤을 때, 그 정향 변화는 다음 <표 2>와 같이 정리할 수 있다.

<표 2> 후진타오와 시진핑 집권기 경제 정책 정향 변화

차원	후진타오 집권기	시진핑 집권기	비고
가치 지향	우	좌	경제 영역 3차원 (소유제, 분배제도, 발전전략)에 대한 평가
기존 정책에 대한 태도	보수	진보	상동
유형	E(R-C)	E(L-P)	-

<표 2>는 후진타오와 시진핑 집권기 경제 정책 정향의 변화를 보여준다. 전제해야 할 것은 정권 교체가 제도화되지 않은 당-국가체제인 중국은 기본적으로 그 정책 정향이 근본적인 변화를 보이지 않는다는 것이다. 그러나 여기에서는 각주 16)에서 밝힌 바대로, 최고지도자 임기에 따른 상대적인 정책 스타일과 기조 변화의 가능성을 상대적인 기준으로 평가할 수 있다고 생각한다.

이 관점에 따르면 우선 후진타오 집권기는 이전 개혁·개방 시기, 특히 소유제와 발전전략 측면에서 기존의 정책과 방침을 고수하고 있는 것으로 판단된다. 물론 분배 정책 측면에서 재분배를 강조하는 등 기존과는 다른 정향을 보이기도 했다. 종합적으로 판단했을 때, 기존 정책

회주의 시장경제체제' 구축을 중심으로』(세종: 대외경제정책연구원, 2022), p. 125를, 쌍순환 전략의 대외적 배경에 대해서는 이현태, "시진핑 집권 10년, 중국 경제 회고와 전망," 『중국사회과학논총』제5권 제1호 (2023), pp. 89-91을 후진타오 시기의 이 같은 상황에 대해서는 박병석, "중국 화평굴기론: 그 전개와 변형에 대한 담론 분석," 『현대중국연구』제10권 제2호 (2009), pp. 73-122 등을 참조 바람.

에 대한 태도는 보수적이라고 평가할 수 있다. 이와 연동되어 가치지향 측면에서 개혁·개방 시기는 이전 시기에 비해 친자본주의적 성향을 보였다고 평가된다. 이 측면에서 후진타오 집권기 경제 정책 정향은 그 이전, 즉 장쩌민 집권기와 비교했을 때 기본적으로 유사한 우-보수적이라고 할 수 있다.

반면 시진핑 집권기는 소유제, 분배제도, 발전전략의 가치 정향 차원에서는 흡사 마오쩌둥 시기를 연상시키며, 기존 개혁·개방 시기와는 차별성이 나타난다고 평가된다. 따라서 좌적인 정향을 보이고 있다고 할 수 있다. 또한 이와 연동되어 기존 정책에 대한 태도에서, 특히 소유제와 발전전략 측면에서 매우 다른 태도를 보이고 있다. 즉 후진타오를 포함한 개혁·개방기와는 사뭇 다른 방향으로 정책을 입안하며 집행하고 있다는 것이다. 물론 분배 문제와 관련되어서는 후진타오 집권기의 경향을 심화한다고 할 수 있다. 따라서 이 시기의 경제 정책에 대한 정향은 '좌-진보'라고 할 있다.

부연하자면, 경제 정책과 관련된 정책 정향은 개혁·개방 이전 시기, 즉 마오쩌둥(毛澤東) 집권기를 초기 형태로 봤을 때 '좌-진보'라고 할 수 있다. 개혁·개방 이후, 덩샤오핑(鄧小平) 시기에는 '우-진보'로 변화하였고, 장쩌민과 후진타오 집권기에는 전반적으로 '우-보수'로 평가할 수 있다. 한편 그 질적인 차이에 있어 마오쩌둥 및 덩샤오핑 집권기와 비교했을 때, 후진타오와 시진핑 집권기는 그 수준이 상대적으로 그리 높지 않다고 평가된다.[33]

---

33) 그 차별성의 심도에 대한 근거는 시진핑 체제가 2021년 발표한 중국 공산당의 역대 3번째 역사결의이다. 즉 중화인민공화국을 세 시기(마오쩌둥 시대, 개혁·개방 시대, 시진핑 집권기)로 구분하고 있으나, 이전 시기에 대한 전면 부정이나 극복보다는 계승과 보완에 그 초점을 맞추고 있다. 이와 관련된 보다 상세한 사항은 조영남, "중국 공산당의 세 개의 '역사결의' 비교 분석," 『중국사회과학논총』 제4권 제1호(2022), pp. 4-30을 참조 바람.

Ⅳ. 결론

본 연구는 엘리트 변동과 정책 변화 간의 연계 관계에 대한 이론화를 위해 기획되었다. 구체적으로 중국 후진타오와 시진핑 집권기를 비교 분석하고 있다. 분석틀은 엘리트 유형에 대한 4차원 분류법과 정책 유형에 대한 4×n 분류법을 활용했다.

분석 결과, 이 두 시기 중국의 엘리트 유형은 '약한 통합 정도와 좁은 분화 정도 그리고 넓은 순환 범위와 점진적인 순환 방식의' 'W-N-W-G'형에서, '강한 통합 정도와 좁은 분화 정도 그리고 넓은 순환 범위와 급진적인 순환 방식' 등을 그 특징으로 하는 'S-N-W-S'형으로 변동되었다. 한편 정책 정향의 유형은 '우파적이고 보수적인' 특징을 가진 유형에서 '좌파적이고 진보적인' 유형으로 변화되었다. 물론 그 질적인 차이에 있어서 엘리트 유형 변동 정도는 아닌 것으로 평가된다. <그림 4>는 이와 같은 내용을 도식화한 것이다.

지금까지, 엘리트 유형 변동과 정책 유형 변화를 중국의 후진타오와 시진핑 집권기 경제 정책을 사례로 살펴보았다. 본 연구에서 제시하고 있는 <그림 4>의 결과는 다음과 같다. 'W-N-W-G'형에서 'S-N-W-S'형으로의 엘리트 유형 변동과 'E(R-C)'형에서 'E(L-P)'로의 정책 유형 변화가 논리적으로 이 모델이 상정할 수 있는 4,096개 경우의 수 중 하나로만 친화성이 있다는 판단 하에서 경험적으로 대응이 된다.

한편 상술한 연구 결과는 다음의 한계를 드러냈고, 이와 연동된 향후 연구 과제를 우리에게 던지고 있다. 첫째, 서론에서 밝힌 바대로 본 연구는 엘리트 변동과 정책 변화를 포착할 수 있는 '사회과학적' 현미경을 구상하는 것이 제일 중요한 목적이다. 4차원적 엘리트 유형법과 4×n 분류법이 이 목적에 부합하는가가 제일 먼저 검토해봐야 할 지점이다.

특히 상대적으로 기존 연구가 부족한 4×n 정책 유형 분류법은 기준의 자의성, 임의성 문제와 더불어 측정 방법에 대한 이론 및 실증 연구 집적을 통한 보완이 필요하다. 더불어 각 유형법의 적실성과 관련되어 향후 보다 많은 양의 사례 연구가 필요할 것이다.

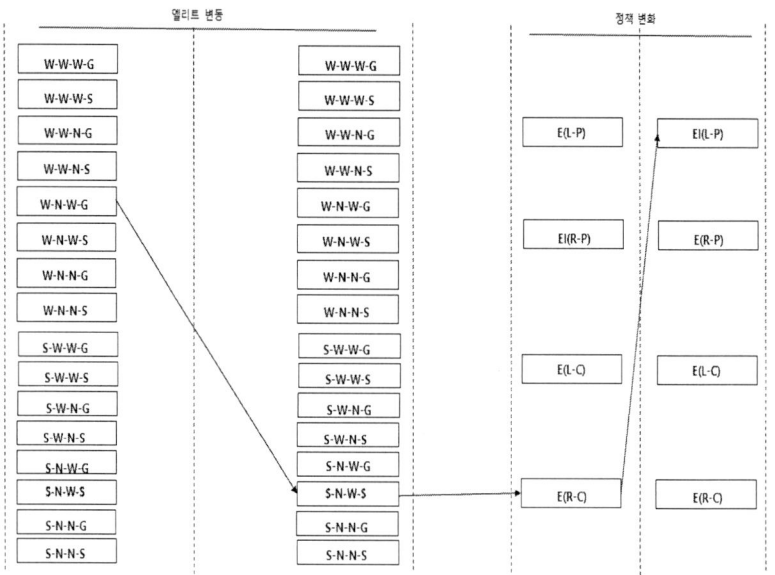

<그림 4> 후진타오와 시진핑 집권기, 엘리트 변동과 경제 정책 변화

그러나 본 연구 수행 과정에서 드러난 중요한 문제점도 존재한다. 바로 이념형으로 설정된 각각 범주의 임계점(Critical Point) 설정, 개별 차원의 범주 측정과 관련된 것이다. 예를 들면, 엘리트 통합 정도를 어느 정도까지 강한 것으로 또는 약한 것으로 볼 것인가이다. 또한 정책의 가치 지향을 어떠한 기준에 근거해 좌와 우로 나누고, 그 임계점을 어디에다 설정할 것인가와 관련된 문제이다. 이와 관련된 보다 세밀한 정련화 작업이 필요하다. 특히 상술한 분석의 정책 정향 변화에서도 일부 드러났

듯이, 한 차원의 여러 측정 범주에서 엇갈린 결과가 나왔을 때 이 문제점은 심각해진다. 이의 보완과 관련된 향후 연구가 시급한 상황이다. 잠정적으로 이와 관련되어 방법론적으로 매 차원을 정량적으로 측정할 수 있는 지수를 개발하고, 이를 기준으로 임계점을 설정하는 것을 대안으로 제출할 수 있을 것이다.

둘째, 엘리트 변동과 정책 변화 간 관계에 대해 향후 지속적인 사례 연구 축적이 필요하다. 상술했다시피, 본 연구는 4,906개 중 하나의 사례를 모은 것에 불과하다. 향후 축적 과정에서의 연구는 역으로 이 유형법의 수정과 보완에도 기여할 것이다. 통시와 공시적으로 동일한 엘리트 유형 변동으로 상이한 정책 유형 변화가 발생하거나 또는 그 역일 가능성은 얼마든지 존재하기 때문이다. 만약 이러한 경우가 발생한다면 유형법 자체의 문제에서 기인했을 가능성도 배제할 수 없다.[34] 따라서 향후 사례 연구의 집적을 통해, 유형법에 대한 수정 및 개선을 진행하고, 그 이후 다양한 사례에 대한 '친화력$^{(Affinity)}$', '상관관계$^{(Correlation)}$' 분석을 진행하면서 이론화 수준을 제고해야 할 것이다. 이러한 측면에서 초기 형태가 유사한 국가, 예를 들면 러시아, 중국, 중앙아시아, 동유럽 등 냉전 시기 동일한 체제 경험을 가진 국가들의 비교 연구가 가장 접근성이 높을 것으로 사료된다.

셋째, 본 연구는 정책 변화의 다양한 요인 중 하나인 엘리트 변동에 착목하고 있다. 물론 상식적으로 정책 변화는 엘리트의 변동 요인만으로 초래되는 것은 아니다. 그렇다고 해서 엘리트 요인에 대한 연구의 소홀로 이어져서는 안 될 것이다. 엘리트 요인에 대한 경험적 연구와 이론화 시도는 특정 국가의 정책 변화를 설명하고, 이에 기반을 둔 예

---

[34] 이런 측면에서 이 연구는 시론(試論)적 성격이 강하다고 할 수 있음. 그러나 향후 사례 집적과 비교 분석을 통한 관련 이론화의 틀을 마련했다는 점에서 그 의미는 매우 높다고 할 수 있음.

상 시나리오를 작성하는 데 있어서 매우 중요하며 필수적인 작업이다. 특히 대의제에 의거한 정권 변화가 정기적이고 제도적으로 진행되지 않는 권위주의형 국가들의 정책 변화 영역에서 이는 더욱 절실하게 요구된다. 예를 들면 현재형인 시진핑 집권기 정책 변화는 엘리트 변동에서부터 출발하여 관찰해야 할 것이다. 엘리트 유형 변화에 따라 유사한 외부 요인에 대응 및 반응하는 사례가 상당수 존재하기 때문이다.

참고문헌

김경미. "진보와 보수, 좌파와 우파에 대한 이론적 좌표설정 모색."『정치·정보 연구』제12권 제1호 (2009).

박병석. "중국 화평굴기론: 그 전개와 변형에 대한 담론 분석."『현대중국연구』제10권 제2호 (2009).

서석흥, 김경환. "중국의 19차 당대회에서 시진핑 사상 당장 삽입의 의미와 평가."『중국지역연구』제5권 1집 (2018).

안대경. "터커의 이론을 통한 김정일·김정은 정치리더십과 북한 핵정책의 변화 분석."『국제정치연구』제26권, 제1호 (2023).

양평섭, 김홍원.『시진핑 3기의 경제체제 개혁 과제와 시사점: '사회주의 시장경제체제' 구축을 중심으로』. 세종: 대외경제정책연구원, 2022.

연원호. "시진핑 정부의 공동부유 추진 배경: 중국 사회의 경제적 불평등 분석."『중소연구』제47권 제2호 (2023).

유은하. "중국 시진핑 시기 엘리트 정치와 중앙-지방관계."『분석과 대안』제7권 제3호(2023).

윤태희. "시진핑 시기 국유분야 약진의 사영분야 영향에 관한 연구."『아태연구』제30권 제2호 (2023).

이남주. "개혁개방 신시대와 시진핑 사상."『동향과 전망』제103호 (2018).

이인호. "트럼프 및 바이든 행정부의 대북정책 비교분석과 시사점."『전략연구』제30권 제1호 (2023).

이재준. "중국 시진핑 시기 엘리트 정치에서 권력구조 변화: 경쟁적 독재에서 확립된 독재로."『현대중국연구』제23권 제4호 (2022).

이정남. "시진핑시대 중국의 기구개혁과 당의 국각화: 유사-전능주의 정치의 제도화." 『중소연구』 제47권 4호 (2024).

이지용. "중국의 '권위주의 탄력성'요인 변화 분석: 제도적 탄력성에서 제도화된 전체정치로." 『신아세아』 제29권 4집 (2022).

_____. "시진핑 3기 체제의 정치 및 정책적 함의 분석." 『동서연구』 제35권 3호 (2023).

이항우. "보수/우파와 진보/좌파의 진보/좌파와 보수/우파 담론." 『한국사회학대회논문집』 (2016).

이현태. "시진핑 집권 10년, 중국 경제 회고와 전망." 『중국사회과학논총』 제5권 제1호 (2023).

조영남. "중국 공산당의 세 개의 '역사결의' 비교 분석." 『중국사회과학논총』 제4권 제1호(2022).

주장환 외. 『유라시아 엘리트 정치의 변동: 중국, 러시아, 카자흐스탄』. 오산: 한신대 유라시아연구소, 2023.

주장환. "중국 시진핑 시기의 정치변화 분석과 평가: '권력 집중형' 권위주의의 등장." 『국제·지역 연구』 제32권 2호 (2023).

_____. "중국 정치 엘리트 유형 변화에 대한 연구: 제18기 중국 공산당 중앙위원회를 중심으로." 『중소연구』 제37권 제3호 (2013).

_____. "중국 엘리트 정치 동학의 변화? 혹은 지속?: 제19기 중국 공산당 중앙위원회를 중심으로." 『현대중국연구』 제19집 3호 (2017).

_____. "중국 시진핑 체제의 정책 정향: 후진타오 체제와의 비교." 『평화연구』 제29권 제4호 (2021).

_____. "중국 정치 엘리트 유형 변화에 관한 연구: 제19기 중국 공산당 중앙위원회를 중심으로." 『국제지역연구』 제25권 제3호

(2021).

____. "중국 엘리트 정치 동학 변화에 관한 연구: 제20차 공산당 전국대표대회와 제20기 중앙위원회 1차 전체회의를 중심으로." 『21세기 정치학회보』 제32집 4호 (2022).

____. "시진핑 집권 3기 엘리트 정치: 양자도약?" 『아시아문화연구』 제61집 (2023).

____. "정치 엘리트에 대한 4차원적 유형학: 논리와 사례." 『대한정치학회보』 제31권 제3호 (2023).

____. "시진핑 집권기, 중국 정치 엘리트 변화에 관한 연구: 4차원적 유형법의 적용." 『중소연구』 제47권, 제3호 (2023).

____. "엘리트 변동과 정책변화: 중국 후진타오와 시진핑 집권기에 대한 사례연구." 『세계지역연구논총』 제41집 제4호 (2023).

Anckar, Carsten. "On the Applicability of the Most Similar Systems Design and the Most Different System Design in Comparative Research." *International Journal of Social Research Methodology*, Vol. 11, No. 5 (2008).

Blau, Peter. "A Macrosociological Theory of Social Structure." *American Journal of Sociology*, Vol. 83, No. 1 (1977).

Dahrendorf, Ralf. *Society and Democracy in Germany*. New York: W.W. Norton, 1979.

Hermann, Margaret. "How Decision Units Shape Foreign Policy: A Theoretical Framework." *International Studies Review*, Vol. 3, No. 2 (2001).

Higley, John and Lengyel, Gyorgy. Elites after State Socialism.

Lanham: Rowman & Littlefield, 2000.

Higley, John, Hoffmann-Lange, Ursula, Kadushin, Charles and Moore, Gwen. "Elite Integration in Stable Democracies: A Reconsideration." European Sociological Review, Vol. 7, No. 1 (1991).

Joo, Jang Hwan. "A Typology of Political Elites and Its Transformation in China: From Ideocratic/Replacement to Fragmented/Reproductive Elites." *Asian Perspective*, Vol. 37, No.2 (2013).

King, Gary, Keohane, Robert and Verba, Sidney. *Designing Social Inquiry: Scientific Inference in Qualitative Research*. Princeton: Princeton University Press, 1994.

Li, Cheng(ed.). *China's Changing Political Landscape*. Washington, DC: Brookings Institution Press, 2008.

Mills, C. Wright. *The Power Elite*. New York: Oxford University Press, 1956.

Naughton, Barry and Boland, Briana. *China Inc.: The Reshaping of China's State Capitalist System*. Washington DC: Center for Strategic and International Studies, 2023.

Pareto, Vilfredo. *The Mind and Society: A Treatise on General Sociology*. New York: Harcourt, Brace and Company, 1935.

Pearson, Margaret, Rithmire, Meg and Tsai, Kellee. "China's Party-State Capitalism and International Backlash: From Interdependence to Insecurity." *International Security*, Vol. 47, No. 2 (2022).

Przeworski, Adam, Teune, Henry. *The Logic of Comparative Social*

Inquiry. Malabar: Krieger Publishing Co., 1982.

Ruostetsaari, Ilkka. "Opening the Inner Circle of Power Circulation among the Finnish Elites in the Context of Major Societal Changes 1991–2011." *Comparative Sociology*, Vol. 12, No. 2 (2013).

Zhang, Lin, Lan, Tu. "The new whole system: Reinventing the Chinese State to promote innovation." *EPA: Economy and Space*, Vol. 55, No. 1 (2023). :

賈根良. 『國內大循環: 經濟發展新戰略與政策選擇』. 北京: 中國人民大學出版社, 2020.

李錦, "破除12個國企民企對立思維怪圈." 『人才資源開發』 第9期 (2018).

何召鵬, ""國民共進"的政治經濟學分析." 『政治經濟學評論』 第13卷 第2期 (2022).

제1부

제3장

러시아 엘리트 변동과 국가안보전략 변화*

연담린
(한신대학교 유라시아연구소)

I. 서론
II. 선행연구 및 연구방법
III. 푸틴 집권기 엘리트와 국가안보전략의 변화
IV. 결론

* 이 글은 국제정치논총(한국국제정치학회) 제65집 1호(2025)의 글을 일부 수정 및 보완한 것임.

I. 서론

러시아의 국가안보전략은 국제적 위상 강화와 국내 안정 유지라는 두 가지 목표를 중심으로 발전해 왔다. 푸틴 집권기 동안 발표된 국가안보전략 문서들은 러시아의 외교·안보 정책을 구체화하며, 이를 통해 러시아는 다극적 세계질서 구축, 유라시아 강대국 지위 확보, 경제적 자립을 위한 노력을 지속해 왔다. 이러한 국가안보전략의 발전은 정치엘리트의 구성과 그들의 정책결정 방식과 밀접한 관계를 맺고 있다. 푸틴 집권기에 주목할 점은 정치엘리트의 구조가 단순히 내부 권력 다툼의 결과를 넘어, 국가 정책 방향에 직접적인 영향을 미쳤다는 것이다. 예를 들어, 실로비키(Siloviki) 집단은 러시아의 군사·안보 정책을 주도했고, 실로바르히(Silovarkhi)와 같은 경제 엘리트는 경제적 자립 및 에너지 안보 강화에서 중요한 역할을 담당했다. 이러한 엘리트의 구성 변화는 러시아의 외교정책 결정 과정에서 지속적으로 중요한 변수로 작용해 왔다. 한편, 국제적 맥락에서도 러시아의 정책결정에 영향을 미치는 외생적 변수들이 존재했다. 냉전 이후 단극체제에서 다극체제로 전환되는 과정에서 러시아는 서방과의 갈등 속에서 독자적인 외교 전략과 안보 개념을 개발해 왔다. 서방의 제재, 나토의 확장, 우크라이나 사태 등은 러시아의 정치엘리트에게 새로운 도전 과제를 제시했으며, 이는 국가안보전략의 내용과 방향성을 재조정하게 했다. 이처럼, 러시아의 정치엘리트와 국가안보전략 간의 관계를 분석하는 것은 러시아 외교정책의 본질을 이해하는 데 필수적이다. 특히, 푸틴 집권기 동안의 엘리트유형 변화와 국가안보전략의 상호작용은 러시아의 대외정책 및 국제 질서에서 그들의 입지를 이해하는 데 중요한 단서를 제공한다.

기실 기존 연구들은 러시아 엘리트의 유형화나 정책결정 과정을 개별적으로 분석하는 데 그쳤으나, 두 요인 간의 연관성을 체계적으로 규명하는 시도는 부족했다. 가령, 엘리트 유형화와 관련한 연구로는 연담린의 연구를 꼽을 수 있다. 이 연구에서는 러시아 의회엘리트를 대상으로 푸틴 집권기 정치엘리트 유형의 변화만을 분석하고 있다. 또한 김선래는 러시아의 우크라이나 전쟁 정책결정 과정을 국가안보회의를 중심으로 분석하고 있다. 따라서 엘리트 구성의 변화가 국가안보전략의 방향성 및 구체적 내용에 어떤 영향을 미쳤는지에 대한 연구는 제한적이었다고 할 수 있다. 이러한 연구 공백은 러시아의 정책결정 메커니즘을 종합적으로 이해하는 데 장애가 된다.

따라서 본 연구는 러시아 정치엘리트의 변화가 국가안보전략에 미친 영향을 분석하기 위하여 다음의 연구 질문을 다루고 있다. 첫째, 푸틴 집권기 동안 정치엘리트의 유형 변화는 국가안보전략에 어떤 영향을 미쳤는가. 둘째, 이러한 변화는 러시아의 정책결정 과정에서 어떻게 나타났는가. 이를 통해 엘리트와 정책 간의 관계를 설명하는 이론적 틀을 구축하고자 한다.

본 연구는 연구방법으로서 엘리트유형 분석과 합리적 정책결정모델을 결합한 새로운 분석틀을 활용하고 있다. 구체적으로, 푸틴 집권기 발표된 국가안보전략 문서를 중심으로 사례 연구와 정량·정성적 분석을 병행한다. 이를 통해 정치엘리트의 구조적 변화와 국가안보전략 간의 인과관계를 도출한다.

이러한 연구방법과 연구목적에 기반하여 본 연구는 기존 연구에서 간과된 엘리트 구조와 국가 정책 간의 연관성을 규명하며, 러시아 정책결정 연구에 기여하고자 한다. 특히, 본 연구에서 제시하는 분석틀은 엘리트 변동이 정책 변화로 이어지는 메커니즘을 설명하는 데 유용한 도구로 활용될 수 있다. 또한, 이는 국제관계 및 안보 정책 연구에서 새로운 이론적 기여를 제공할 것으로 기대된다.

마지막으로 본 논문은 다음과 같은 구조로 진행된다. 2장에서는 기존 문헌 검토와 연구방법론을 다루며, 엘리트유형 분석 및 합리적 정책결정모델을 상세히 설명한다. 3장에서는 푸틴 집권기 국가안보전략 문서를 분석하며, 엘리트유형 변화와 정책결정 간의 상관관계를 규명한다. 4장에서는 연구 결과를 바탕으로 정책결정 메커니즘에 대한 이론적 시사점을 제시한다. 결론으로서 5장에서는 본 연구를 요약·정리하고, 연구의 함의와 한계, 향후 연구 방향을 논의한다.

II. 선행연구 및 연구방법

1. 선행연구 검토

본 연구에서는 우선 '엘리트유형 분석모델$^{(elite\ typology\ analysis\ model)}$'을 제시하고 있다. 기실 엘리트유형 분석모델이라는 용어는 학문적 문헌에서 특정한 표준화된 모델로 널리 알려지지 않았다. 하지만 엘리트 구조와 유형을 분석하는 여러 연구와 이론적 틀에 대한 연구가 꾸준히 수행되어 온 것이 사실이다. 로페즈$^{(Matias\ López)}$는 '엘리트 이론$^{(Elite\ theory)}$'에서 현대 엘리트 이론을 검토하며, 엘리트 불가피성 및 순환성과 같은 고전적 개념을 다루고 현대적 도전과 경향을 논의하고 있다. 호프만$^{(Ursula\ Hoffmann-Lange)}$은 엘리트 속성과 정권 특성 간의 관계에 대해 명시적인 가정을 하는 엘리트 유형론을 논의하였으며, 엘리트 통합과 엘리트-시민 연계와 같은 차원에 초점을 맞춰 연구를 진행했다. 데노드$^{(François\ Denord)}$

는 엘리트와 권력을 연구하기 위한 사회과학적 방법론의 전반적인 내용을 다루고 있으며, 다양한 영역의 엘리트와 권력에 이론과 방법을 적용하고 엘리트 연구의 전통적 분류를 논의한다. 하일리(John Higley)는 '엘리트 이론과 엘리트(Elite Theory and Elites)'에서 엘리트 이론 개요를 제공하고 있으며, 엘리트를 주요 정치적 규칙성과 인과적으로 연결하는 데 있어서 도전, 엘리트 유형론의 부족, 그리고 엘리트와 비엘리트 간의 정치적 상호작용의 복잡성을 논의하고 있다. 로트피카차키(Behnam Lotfikhachaki)는 Q 방법론(Q methodology)의 틀 안에서 젊은 엘리트의 필요를 식별하고 우선순위를 매기며, 이 그룹의 유형론을 제공하고 있다. 이러한 연구들은 엘리트 구조, 유형, 그리고 사회에서의 역할에 관한 다양한 관점을 제공하고 있다. 한편, 러시아 정치엘리트의 유형을 연구한 국내 논문도 다수 발표되었다. 가령, 연담린은 푸틴 집권기 동안 러시아 의회 엘리트의 역학 관계를 분석하는 연구를 진행하였다. 이 연구는 러시아 의회 엘리트(국가두마 의원)가 정치체제 변화에 어떻게 기여했는지 조사하고 있으며, 통합-분화-순환이라는 상호작용 모델을 통해 권위주의화를 측정하고 있다. 특히, 엘리트 변화를 보여주는 실증적 데이터를 제공하고 있으며, 권위주의체제 특성과의 관계를 설명한다는 특징적 모습을 보여주고 있다.

다음으로 본 연구에서 중요한 분석 대상으로 삼는 것은 '합리적 정책 결정모델(Rational Policy Decision-Making Model)'과 관련한 것이다. 이와 관련한 연구들은 다음의 다섯 가지로 분류할 수 있다. 첫째, 대외정책 결정과 관련한 것이다. 엘리슨(Graham Allison)은 1969년 연구에서 쿠바 미사일 위기를 분석하기 위해 세 가지 개념적 모델을 제시한다. 즉, 합리적 행위자 모델(Model I), 조직적 과정 모델(Model II), 관료적 정치 모델(Model III)이다. 이 모델들은 외교정책 결정 과정을 해석하는 독특한 관점을 제공하고 있다. 그는 이 논문에서 단일 모델로는 외교정책 결정의 복잡성을 완전히 설명할 수 없다고 주장한다. 대신, 이 세 가지 개념적 모델을 결합하면 쿠바 미사일 위기와 같은 사건을 더 포괄적으로 이해할 수 있다고 강조한다. 나아가 엘리슨은 1999년 젤리코프(Philip Zelikow)와의 공동연구에서 쿠바 미사일 위기를 넘어 복잡한 의사결정 시나리오를 분석하기 위한 프레임워크를 제공한다. 이를 위해 합리적 행위자 모델(Model I), 조직적 행동 모델(Model II), 정부 정치 모델(Model III) 등 세 가지 모델을 제시하고 있다. 이 모델들은 결정이 어떻게 그리고 왜 내려지는지에 대한 상호 보완적인 통찰력을 제공하며, 국가가 단일한 합리적 실체로 행동한다는 단순한 관점에 도전한다. 이 연구는 외교정책 분석 및 의사결정 연구 분야의 초석으로 남아 있다. 민츠와 드루엔(Alex Mintz and Karl DeRouen)은 세 가지 의사결정 과정을 소개하고 있다. 즉, 합리적 선택, 제한된 합리성, 휴리스틱(Heuristics) 및 편향이다. 이를 통해 합리적 분석, 심리적 영향, 집단 역학, 외부 압력의 복잡한 상호작용에서 외교정책 결정이 어떻게 이루어지는지에 대한 세밀한 관점을 제공하고 있다. 허드슨(Valerie Hudson)은 외교정책분석(FPA) 분야의 발전 과정을 다루며, 전통 이론과 현대적 접근법을 종합적으로 탐구하고 있다. 특히, 행위자 중심 접근을 통해 의사 결정자와 소규모 그룹의 역할을 강조하며, 국가를 단일 행위자로 보는 국제관계 이론과 대조를 이루고 있다. 또한 사례 연구, 시뮬레이션, 계산 모델을 포함한 정성적·정량적 방법론의 발전이 외교정책분석 연구를 풍성하게 만들고 있다. 더욱이 개인, 국내, 국제 요인 간의 역동적인 상호작용이 외교정책 결정을 형성하는 방식을 보여준다는 데 강점이 있다.

두 번째 범주는 심리적 영향 및 그룹 역학과 관련한 연구들이다. 우선, 제니스(Irving Janis)는 집단사고라는 심리적 현상을 탐구하며, 특히 고

위험 정책결정 상황에서 집단 역학이 어떻게 잘못된 의사결정을 초래할 수 있는지 분석한다. 특히, 의사결정 그룹에서 동조와 응집력이 가져오는 위험을 강조한다. 이 연구에서 증상, 원인, 해결책을 통해 집단 의사결정 과정을 개선하고 정책 실패를 방지하기 위한 틀도 함께 제공하고 있다. 페이지(Benjamin Page)는 50년에 걸친 미국의 대중 여론 변화를 분석하며, 특히 외교정책에서 여론이 정책 결정에 미치는 영향을 평가하고 있다. 그는 이 연구에서 대중 여론이 비합리적이거나 정보가 부족하다는 고정 관념에 도전하며, 집합적 대중이 민주주의에서 합리적 행위자로 작동할 수 있음을 보여준다. 따라서 외교정책을 포함한 정책을 민주적으로 반응하고 책임 있게 수립하기 위해 대중 여론을 이해하는 것이 중요함을 강조하고 있다. 이를 위해 수십 년 동안 축적된 광범위한 설문 조사 데이터를 활용해 추세를 분석하고 있다.

세 번째는 관료 및 국내 정치와 관련한 연구이다. 대표적으로 할페린(Morton Halperin)은 외교정책은 단일 행위자의 결과물이 아니라, 정부 내부의 다양한 행위자들(부처, 조직, 개인)의 상호작용과 협상 결과라고 주장한다. 따라서 각 행위자는 고유한 권한, 자원, 목표를 가지고 있으며, 이들 간의 경쟁과 협력이 정책 결과를 형성하게 된다고 보고 있다. 이 과정에서 타협과 거래, 표준운영절차(SOP) 등을 통해 의사결정의 특징을 설명하고 있다. 하지만 관료 간 갈등과 협상은 때로는 비효율적이거나 예측하지 못한 결과를 초래할 수 있다고 분석하고 있다. 결국 정책결정 과정에서 투명성과 책임성을 높이고, 관료적 제약을 완화함으로써 더 나은 정책 결과를 도출할 수 있다는 점을 강조하고 있다. 네 번째는 의사결정 사례 연구이다. 휴스턴(David Houghton)은 미국 외교정책 결정 과정을 분석하며, 6가지 주요 사례를 통해 의사결정이 이루어진 방식과 그 결과를 탐구하고 있다. 6가지 사례 연구로는 이란 혁명과 인질 위기

(1979-1981), 이라크 침공(2003), 쿠바 미사일 위기(1962), 소말리아 개입(1992-1993), 베트남 전쟁 확전(1965), 코소보 공습(1999)을 들고 있다. 이 과정에서 의사결정 과정의 특징을 리더십 역할, 정보와 오판, 조직적 제약으로 꼽고 있다. 결국 그는 의사결정 과정에서 대안 검토와 반대 의견을 수렴해야 하며, 기존 관료적 장애물을 줄이고 더 나은 정보 흐름을 촉진해야 한다고 강조하고 있다. 마지막은 국내-국제적 상호작용과 관련한 연구이다. 퍼트남(Robert Putnam)은 외교 협상이 국내 정치와 국제관계라는 두 가지 수준에서 동시에 이루어지는 '양면게임(Two-Level Games)' 이론을 제시하고 있다. 양면게임 이론은 국내 수준(Level I)과 국제 수준(Level II)으로 나뉘며, 국내 수준은 협상 대표자가 국내 정치적 제약과 이해관계자(정치인, 유권자, 이익 집단)들의 요구를 고려하는 상황이며, 국제 수준은 국가 간 협상에서 타국 대표와의 합의 도출이 필요한 상황을 의미한다. 결국 외교정책 결정은 이 두 수준에서의 상호작용에 의해 형성된다는 것이다. 결국 외교 협상 당사자는 승리 가능성의 영역(Win-Set)을 고려하여야 한다. 만약 Win-Set이 클수록 국제 협상에서 유연성이 높아지지만, 협상 상대국에 의해 착취당할 위험이 커진다. 반면에 Win-Set이 작을수록 협상 조건이 제한되지만, 상대국에 더 많은 양보를 요구할 수 있다. 퍼트남은 이론을 현실 세계 외교 협상에 적용하며, 양면게임이 외교정책 결과를 형성하는 방식을 보여준다. 예를 들어, 무역 협상, 군축 협정, 환경 협정 등이 양면게임의 대표적 사례로 언급되고 있다.

2. 연구방법과 분석틀

1) 엘리트유형 분석틀과 합리적 정책결정모델

이번 절에서는 푸틴 집권기 정책결정에 참여한 핵심 엘리트를 4가지 유형으로 분류하여 제시하고 있다. 구체적으로, 푸틴 집권기에 발표된 국가안보전략(개념)의 시기에 따라 어떤 엘리트들이 정책결정에 참여했는지 규명하고, 시기별 국가안보전략이 수립될 당시에 어떤 유형의 엘리트들이 주도했는지 분석하고 있다. 4가지 엘리트유형은 실로비키(Siloviki), 전문관료(정치·행정 엘리트), 실로바르히(Silovarkhi), 페테르부르크 그룹(푸틴의 이너서클)이다. 우선 실로비키는 '파워 집단(силовые структуры)'을 의미하며, 푸틴 집권기 러시아 정치에서 핵심적인 역할을 담당한 집단을 가리킨다. 이들은 군대, 정보기관(FSB/KGB), 경찰, 보안 서비스와 같은 강압적 권력 구조에서 경력을 쌓은 인물들로, 푸틴의 정책을 실행하고 권력을 공고히 하는 데 중요한 역할을 했다. 이들은 대부분 소비에트 시절 KGB, 군사조직, 경찰, 정보기관 등에서 경력을 시작했으며, 푸틴과 유사한 경로의 성장 배경을 지니고 있다. 푸틴 자신이 KGB 출신이기 때문에 실로비키에 대해 높은 신뢰를 보이고 있으며, 이들을 주요 권력 기구에 배치했다. 이들이 내세우는 이념적 기초는 '국가안보 우선주의'로서, 러시아의 주권과 안보를 강화하는 것을 가장 중요한 목표로 삼고 있다. 또한 강력한 국가 통제와 반서방주의를 추구하고 있다. 강력한 국가 통제는 경제, 정치, 사회 전반에서 국가가 주도적 역할을 해야 한다는 믿음을 의미하며, 반서방주의는 서방의 영향력을 제한하고 러시아의 독립적 위치를 강화해야 한다는 의미이다. 이들은 정책결정, 특히 안보, 국방, 외교와 관련된 주요 정책에 대한 영향력을 행사하고 있다. 또한 에너지, 방위산업, 주요 국영/국유기업 등을 직접 혹은 간접적으로 관리함으로써 경제 통제를 강화하고 있다. 권력 공고화 차원에서 이들은 푸틴의 장기 집권을 보장하기 위해 정치적 반대 세력을 억압하고 있다.

다음으로 전문관료(정치·행정 엘리트)는 주로 러시아의 정치 및 행정 체계에서 주요 직책을 맡고, 푸틴의 정책을 실행하거나 정당화하는 역할을 담당한 인물들을 의미한다. 이들은 입법부, 행정부, 지방정부에서 활동하며, 푸틴의 권력 공고화와 정책 실행에 중요한 기여를 했다. 이들 대부분은 푸틴과 오랜 신뢰 관계를 맺고 있거나, 푸틴의 정치적 네트워크(상트페테르부르크 시절. KGB 또는 정부 내 경력)에서 출발한 경우이다. 이들은 푸틴의 정책을 충실히 수행하며 그의 권력을 강화하는 데 협력하고 있다. 한편, 실로비키와는 달리, 정치 및 행정 엘리트는 법률, 경제, 행정 분야의 전문성을 갖춘 경우가 많으며, 정부의 기술적 운영, 법적 정당성 확보, 국제적 대외 이미지 개선 등을 담당하고 있다. 이들 중 상당수는 여당인 통합러시아당 소속으로, 입법부에서 푸틴의 법안을 지지하고 반대 세력을 억압하는 데 중요한 역할을 하고 있다. 중요하게도 이들은 사회안정 유지 및 행정체계 강화에 초점을 맞추고 있으며, 주로 국내정책(경제, 사회)과 대외협력(외교, 무역 등)에서 푸틴의 비전을 구현하고 있다.

　세 번째 그룹인 실로바르히는 러시아의 경제정책과 주요 산업분야에서 중요한 역할을 담당하는 인물들로, 국유기업, 금융기관, 에너지 및 천연자원 산업 등 러시아 경제의 핵심 부문을 통제하거나 관리하는 역할을 수행한다. 이들은 푸틴의 경제정책을 실행하고, 서방 제재에 대응하며, 러시아의 경제적 자립과 세계 시장에서의 영향력을 강화하는 데 중추적인 역할을 한다. 실로바르히는 국가 경제에 전략적 영향을 미치는 분야에서 활동하며, 크게 다음과 같은 역할로 분류할 수 있다. 첫째, 국영/국유기업 경영자이다. 이들은 러시아의 국영/국유기업(가스프롬, 로스네프트. 스베르방크)의 최고 경영진을 구성한다. 이들 기업은 에너지와 금융 같은 주요 산업을 통제하며, 러시아 경제의 중추를 담당하고 있다. 둘째, 정부 관료와 정책 설계자이다. 이들은 경제부, 재무부, 중앙은행 등 정부 기관에서 경제정책을 설계하고 집행하는 인물들이다. 또한 국가 재정 안정화, 서방 제재에 대한 대응, 러시아 경제의 현대화 추진을 주도하고 있다. 셋째, 산업 및 금융계 주요 인물이다. 민간 기업에서 활동하지만, 푸틴 정부와 밀접한 관계를 유지하며 정책적 우대와 지원을 받는 국가올리가르히(state oligarch)들이다.

마지막으로, 페테르부르크 그룹은 푸틴이 상트페테르부르크시 정부에서 활동하던 시절부터 신뢰 관계를 형성한 인물들로 구성된 핵심 엘리트 집단을 의미한다. 이들은 푸틴과의 오랜 관계와 충성심을 바탕으로 러시아 정치, 경제, 안보 등 주요 영역에서 중추적인 역할을 담당하며, 푸틴의 권력 공고화와 정책 실행에서 중요한 축을 이룬다. 이들의 충성심은 단순한 정치적 동맹을 넘어, 개인적이고 장기적인 유대에 기반하고 있다. 또한 푸틴 집권 이후 중앙정부에서 고위직을 차지하며, 정치적, 경제적 영향력을 행사하고 있다. 국영/국유기업, 금융기관, 지방정부 등의 요직을 통해 푸틴의 정책을 직접 실행하고 있다. 따라서 페테르부르크 그룹의 인물들은 러시아의 주요 산업과 정치 권력을 통제하며, 푸틴의 권력을 유지하는 데 필수적이다.

다음으로, 본 연구에서 제시하는 두 번째 분석틀은 '합리적 정책결정 모델'이다. 이 모델의 기본적 논리구조는 구조적 조건화(structural conditioning), 행위전략(action strategy), 구조적 정교화(structural elaboration)로 이루어져 있다. 구체적으로 살펴보면, 구조적 조건화(T1)에는 외생적 변수와 내생적 변수가 정책 목표를 설정하는 데 영향을 미치고 있다. 외생적 변수는 세계질서 변화나 국제체제 등 외부 요인을 의미하며, 내생적 변수를 이끄는 핵심적 행위자는 '정치엘리트'이다. 여기서 엘리트 요인은 구조와 행위자로 구분되며, 정책결정의 초기 틀을 구축하게 된다. 이러한 엘리트 요인은 결국 '합리성(rationality)'과 결합되어 기회비용과 지배가치를 고려한 합리적 정책을 수립하게 된다. 다음으로 행위전략(T2)에서는 전략적 목표와 전술적 목표가 결합되어 정책 목표를 구체화하게 된다.

특히 전략적 목표 차원에서는 대외정책의 목표와 핵심이익을 고려하게 되며, 전술적 목표 차원에서는 정치·경제적 자원을 어떻게 활용할 것인지, 그리고 이러한 자원이 정책 목표를 달성하는데 어떻게 유용하게 사용될 수 있는지 고려하게 된다. 마지막으로 구조적 정교화$^{(T3)}$는 최종 정책결정이 이루어지는 단계이다. 행위자는 기존 전략을 수정하거나 완성된 정책을 산출하게 된다. 이 과정에서 구조적 조건화와 행위전략의 결과물이 반영된다. 이 단계의 행위자는 정치엘리트이지만, 결국 정책결정을 최종적으로 공포하는 권한을 지닌다는 특성으로 인해 행위자는 최종 정책결정권자, 즉 주체적 행위자$^{(Subjective\ Agency)}$라고 할 수 있다. 결국 정책의 유지 또는 변경 여부는 위 세 단계를 통해 평가되고, 다음 주기에 영향을 미치게 된다. 중요한 것은 이 모델은 합리성을 중심으로 정책결정 과정에서 정치엘리트의 역할을 분석하며, 정책 변화 메커니즘을 명확히 설명하는 데 초점을 두고 있다. 위의 내용을 요약하면 <그림 1>과 같다.

<그림 1> 합리적 정책결정모델

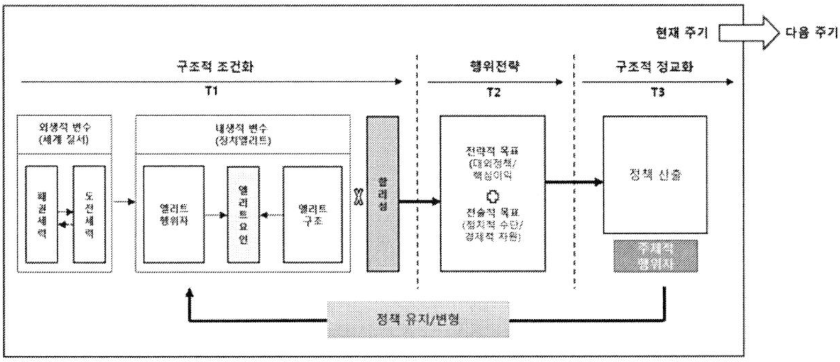

출처: 저자 작성.

2) 합리성 차원에서 엘리트 요인과 정책결정의 인과성 분석

합리성은 국가의 행동을 어느 정도 예측 가능하게 만들며, 이러한 행동은 안보와 권력을 강화하려는 명확한 논리에 의해 이끌리게 된다. 이는 공격적 현실주의를 주장한 미어샤이머(John Mearsheimer)의 국제체제를 설명하는 그의 다섯 가지 핵심 가정 중 '합리성(Rationality)'에 잘 표현되어 있다. 그에 따르면, 국가들은 무정부적인 국제체제에서 생존이라는 1차 목표를 추구하면서 행동의 비용과 이익을 계산하는 합리적 행위자로 간주된다. 구체적으로, 미어샤이머 이론에서 합리성의 핵심 측면은 비용-편익 분석에 있다. 국가는 자신들의 선택지를 신중히 검토하고, 다른 국가들에 비해 자신의 권력을 극대화하면서도 위험과 비용을 최소화하는 방식으로 행동한다. 스스로를 파멸로 이끄는 행동, 예를 들어 '승산 없는 전쟁'을 수행하는 것을 피한다. 또한 국가는 생존 중심의 의사결정을 수행한다. 국제체제는 국가를 잠재적 위협으로부터 보호해 줄 상위 권위가 없기 때문에 국가의 주요 목표는 생존을 보장하는 것이다. 하지만 합리성이 완벽한 의사결정을 의미하지는 않는다. 국가는 여전히 불완전한 정보나 상대에 대한 잘못된 판단으로 인해 실수를 저지를 수 있다. 하지만 이러한 실수조차도 그 환경의 제약 내에서 합리적인 의도에서 비롯된 것이다.

나아가 이 연구에서 사용된 합리성 개념은 정치엘리트 요인과 정책결정 사이의 인과성을 분석하는 데 중심적인 역할을 한다. 합리성은 단순히 논리적 사고를 의미하는 것을 넘어, 정책 목표와 수단 간의 최적화된 관계를 설명하는 구조로 작용한다. 이를 '도구적 합리성(Instrumental Rationality)'이라고 할 수 있다. 도구적 합리성은 특정 목표를 달성하기 위해 가장 효율적이고 효과적인 수단을 선택하고 사용하는 능력과 과정을 의미한다. 이 개념은 위르겐 하버마스(Jürgen Habermas)뿐 아니라 막스 베버$^{(Max\ Weber)}$ 등 여러 사회학자와 철학자들의 이론에서도 중요한 역할을 한다. 하버마스는 도구적 합리성을 목적-수단 관계에서의 합리적 사고로 정의하며, 인간의 행동을 효율성과 계산을 중심으로 이해하려는 접근으로 설명한다. 특히, 목적 중심적 사고와 효율성을 강조하고 있다. 도구적 합리성은 명확히 설정된 목표를 전제로 하며, 이 과정에서 발현되는 행동은 이 목표를 달성하기 위해 선택된 수단과 관련이 있다. 또한 목표를 달성하는 데 있어 최소한의 노력과 자원으로 최대의 효과를 내는 방법을 추구한다. 결론적으로 수단의 적합성과 결과의 성공 가능성은 측정 가능하거나 정량화될 수 있다고 본다. 따라서 본 연구에서 대상으로 삼고 있는 정책결정은 엘리트 요인을 정성적·정량적 방법으로 측정하여 분석할 수 있다고 전제하고 있다.

연구의 맥락에 맞추어 구체적인 정의와 평가 방법을 다음과 같이 정리할 수 있다. 첫째, 합리성의 정의이다. 이 연구에서의 합리성은 다음 세 가지 핵심 요소로 구성된다. ① 기회비용 기반의 판단이다. 합리성은 정치엘리트가 기회비용$^{(Opportunity\ Cost)}$을 고려하여 정책을 선택하는 과정에서 발현된다. 이는 각 선택의 대안적 결과를 비교하고, 가장 적은 비용으로 최대의 이익을 얻는 결정을 의미한다. ② 지배가치의 우선순위화이다. 즉, 정책결정 과정에서 사회적, 국가적 지배가치$^{(국내\ 안정,\ 경제성장,\ 국제적\ 위상,\ 안보\ 등)}$를 고려하여 우선순위를 설정한다. 이는 정책 목표를 명확히 하고, 목표 달성을 위한 수단 선택에 영향을 미치게 된다. ③ 구조와 행위자의 결합이다. 정치엘리트는 구조적 제약$^{(국내외\ 정치,\ 경제\ 상황)}$과 행위적 자유$^{(개별\ 행위자의\ 판단)}$ 사이에서 합리적으로 균형을 맞추는 역할을 수행하도록 요구된다. 결국 합리성은 이 과정에서 구조적 조건화, 행위전략, 구조적 정교화 단계를 통해 단계적으로 구현된다.

두 번째는 합리성 평가 방법이다. 연구의 맥락에서 합리성을 평가하는 방법은 다음과 같은 기준과 도구로 나눌 수 있다. ① 정책 목표와 수단의 일치 여부를 평가한다. 이는 정책 목표가 설정된 수단과 적합하게 연결되는지를 평가한다고 볼 수 있다. 따라서 내생적 변수로서 정치엘리트는 국가안보전략의 주요 목표(국내 안정, 경제 성장, 국제적 위상, 안보 등)를 설정하고, 이를 달성하기 위한 적절한 수단을 선택하는지 평가한다. 예를 들어, 러시아 엘리트가 나토의 확장에 대응해 군사력을 강화하고, 외교 협상을 보완적 수단으로 설정할 수 있다. ② 기회비용 분석이다. 즉, 정치엘리트는 다양한 전략적 옵션(군사적 대응, 경제적 제재 활용 등)의 기회비용을 분석한다. 여기서 국가안보전략은 기회비용을 최적화하기 위한 선택으로 구성된다. 예를 들어, 군사력 증대에 필요한 자금이 다른 국내 정책(경제 성장, 사회 안정)에 미치는 영향을 고려한다. ③ 지배가치와 정책 간의 일치성 평가이다. 여기서 정치엘리트는 국가의 지배 가치(주권 수호, 안보 강화 등)를 우선적으로 고려하여 전략을 설계한다. 즉, 정책 결과가 지배가치를 얼마나 증대시키는지 측정하는 것이다. ④ 정책 산출물의 유효성 평가이다. 즉, 정치엘리트는 국가안보전략의 결과를 통해 목표 달성 여부를 측정한다. 이는 정책의 결과를 측정 가능한 지표로 평가할 수 있다. 예를 들어, 러시아가 전략적 요충지에 군대를 배치함으로써 안보 위협을 완화했는지 분석할 수 있다. ⑤ 단계적 피드백 분석이다. 여기서는 정치엘리트가 정책 실행 후 피드백을 수집하고 전략을 조정한다. 피드백은 정책 산출물(안보 전략)을 개선하고 다음 단계의 목표 설정에 반영한다. 예를 들어, 크림반도 병합 이후 서방 제재에 대응한 새로운 외교적·군사적 전략이 수립되었는지 평가한다.

 이 연구에서 합리성은 정치엘리트가 구조적 요인과 행위적 자유 사이에서 기회비용과 지배가치를 기반으로 최적의 결정을 내리는 과정으로 정의된다. 평가 방법은 단계적 접근법과 정량적·정성적 분석 도구를 결합하여 정책결정의 일관성과 적합성을 평가한다. 이를 통해 합리성은 단순한 이론적 개념이 아니라 실제 정책 변화 메커니즘을 이해하고 분석하는 데 실질적인 도구로 기능한다. 본 연구는 이러한 합리성의 정의와 평가 방법을 토대로 러시아 정치엘리트가 정책을 결정한다는 전제에서 출발한다. 따라서 위에서도 설명했듯이 내생적 변수로서 정치엘리트 요인을 평가하기 위해 정성적·정량적 측량 방법을 활용하고 있다.

III. 푸틴 집권기 엘리트와 국가안보전략의 변화

1. 외생적 변수: 세계질서

외생적 변수는 세계질서 변화, 국제체제, 그리고 그 외의 외부 요인으로, 국가의 정책결정에 중요한 환경적 제약과 기회를 제공한다. 구체적으로, 외생적 변수는 다음과 같은 네 가지 주요 범주로 나눌 수 있다. 첫째, 세계질서 변화이다. 여기서 세계질서 변화는 다시 '다극화와 권력 재분배', '지역적 갈등과 지정학적 변화'로 구분할 수 있다. 다극화와 권력 재분배는 세계질서가 단극적(미국 중심)에서 다극적(미국, 중국, 러시아 등 다수 국가가 주도하는 체제)으로 이동하는 것을 의미한다. 이 과정에서 권력 재분배는 글로벌 정치와 경제 질서의 재편을 요구받게 된다. 러시아는 이러한 변화를 자국의 외교·안보 전략에 반영하여, 다극체제에서 영향력을 증대시키고자 하고 있다. 가령, 브릭스와 같은 다자간 협력체의 활성화로 러시아는 서방 중심 질서에 대항하려는 노력을 경주하고 있다. 지역적 갈등과 지정학적 변화는 세계 주요 지역(유라시아, 유럽, 중동, 동북아)에서 갈등과 협력이 국가 간 관계를 재편하는 것을 의미한다. 예를 들어, 우크라이나 전쟁은 러시아와 서방 간 갈등을 심화시키고 있다. 러시아는 이러한 갈등을 자국의 외교정책 정당화와 안보 강화의 근거로 활용하고 있다. 더욱이 크림반도 병합 이후 나토의 확장에 대한 강경 대응을 고수하고 있다. 두 번째로 국제체제이다. 여기서 국제체제는 '국제규범과 법체계', '국제기구와 다자간 협력'으로 세분화할 수 있다. 국제규범과 법체계란 국제법, 유엔헌장, 무역 규범 등 국가 행동을 제약하는 중요한 외부 요인을 의미한다. 러시아는 서방 중심의 규범 체계를 종종 부정하며, 독자적 규범 체계를 주장해 왔다. 이런 상황에서 국제 제재에 대응하기 위해 새로운 경제 협력체(중국, 인도, 이란, 사우디아라비아, 튀르키예 등)와의 관계를 강화해 왔다. 이로써 유엔에서 서방 국가의 제재 결의안을 비토하거나, 새로운 국제질서를 지향하는 외교적 담론을 구축했다고 할 수 있다. 국제기구와 다자간 협력 차원에서 보면 유엔, 나토, WTO 등 국제기구는 국제체제의 안정성과 협력의 기반을 제공하고 있다. 하지만 러시아는 나토의 군사 확장을 자국 안보에 위협으로 간주하고 있다. 이런 상황에서 다자간 협력체(SCO, CSTO)와 같은 독자적 기구를 활용해 국제체제 내 러시아의 지위를 강화하고 있다.

　세 번째는 글로벌 경제와 기술 변화라고 할 수 있으며, '경제제재와 에너지 시장', '기술 패권 경쟁'으로 구분할 수 있다. 기실, 서방 국가들의 경제제재는 러시아 경제에 직접적인 압력을 가하고 있으며, 반면 에너지(석유, 가스)는 러시아의 주요 외교 및 경제적 자산으로 작용하고 있다. 결국 러시아는 제재에 대응하기 위해 아시아 시장으로 에너지 수출 다변화를 꾀하고 있다. 가령, 시베리아의 힘(Power of Siberia) 가스 파이프라인 건설을 통해 중국과의 경제협력을 강화하고 있다. 또한 국제남북운송회랑(International North-South Transport Corridor)을 통해 인도와의 협력도 강화되고 있다. 한편, 인공지능, 사이버 보안 등 첨단기술이 국제 경쟁의 주요 요소로 부상하고 있다. 러시아는 기술 발전을 국가안보와 국제적 위상 강화의 핵심으로 간주하고 있다. 따라서 서방의 기술 제재에 대응하여 자국 내 기술 개발 강화를 시도하고 있다. 가령, 러시아는 자체 인터넷 시스템(Runet) 구축을 통해 서방의 사이버 공격 위협에 대비하고 있다.

마지막으로 군사·안보적 변수를 들 수 있다. 이는 '군사 동맹과 확장'과 '비전통적 안보 위협'으로 구분할 수 있다. 러시아의 입장에서 보면 나토의 동진과 미군의 동북아 및 유럽 주둔 증가는 안보 위협 요인으로 작용하고 있다. 그렇기 때문에 러시아는 국방력 증강과 군사 동맹(CSTO)을 통해 대응하려고 하고 있다. 예를 들어, 칼리닌그라드 지역에 군사 배치를 강화하거나, 핵무기 현대화 프로젝트를 추진하고 있다. 더욱이 최근에는 비전통적 안보 위협이 증가하고 있다. 가령, 테러리즘, 사이버 공격, 우주안보, 팬데믹 등 새로운 안보 위협이 등장하고 있다. 이러한 비전통적 요인은 국가의 정책 우선순위에 영향을 미칠 수밖에 없다. 결국 러시아는 비전통적 위협에 대한 대응 전략을 강화하며 국제 협력을 활용하고 있다.

종합해 보면, 외생적 변수는 러시아의 정책결정에서 중요한 배경 역할을 한다. 세계질서 변화와 국제체제의 동향은 정치엘리트(내생적 변수)가 국가안보, 경제 안정, 외교적 영향력 강화를 위한 정책을 수립하도록 유도한다. 러시아는 이러한 외부 요인을 기회로 활용하거나 위협으로 간주해 대응 정책(국가안보전략, 에너지 외교, 군사력 강화)을 수립하며, 이는 구조적 조건화(T1)의 주요 요소로 작동하게 된다.

2. 내생적 변수: 정치엘리트

이번 절에서는 위에서 설명한 바와 같이, 푸틴 집권기에 발표된 국가안보전략(개념)의 시기에 따라 정치엘리트의 유형을 분석한다.

우선, 푸틴 1, 2기(2000년-2008년)의 파워엘리트 유형이다. 2000년 1월에 발표된 국가안보개념(Национальная концепция безопасности)은 푸틴 대통령의 초반 집권기에 중요한 외교 및 안보 방향성을 설정한 문서이다. 기실 이 문서의 수립에는 여러 핵심 정치엘리트가 관여되었다고 할 수 있다. 대표적으로 당시 대통령 권한대행(1999년 12월-2000년 5월)이었던 푸틴을 들 수 있다. 푸틴은 이 문서의 최종 방향성을 설정한 핵심 인물이다. 당시 그는 강력한 국가 중심의 안보 정책을 강조하며 러시아의 주권 보호와 국제적 위상을 회복하려는 입장이었다. 다음으로 세르게이 이바노프(Sergei Ivanov)는 2001년에 국방장관이 되었지만 2000년에는 국가안보회의(Совет безопасности РФ)에서 중요한 역할을 했다. 당시 이바노프는 군사 및 안보 전략에서 푸틴의 핵심 조언자로 활동했다. 니콜라이 파트루셰프(Nikolai Patrushev)는 당시 러시아 연방보안국(FSB) 국장이었으며, 푸틴과 함께 러시아의 국내안보 전략을 주도했다. 그는 이 문서의 초안 작성과 관련해 정보 및 안보 문제에 대한 방향을 제시하면서 중요한 역할을 수행했다. 이를 종합하면 푸틴 집권 1, 2기는 실로비키가 주도한 것처럼 보인다. 하지만 당시 국내정치에서는 여전히 친서방적 노선을 선호하는 자유주의자 그룹들이 주도하고 있는 것을 확인할 수 있다. 실질적으로 <표 3>에 따르면, 전문관료(45%)와 실로바르히(19%)를 합치면 64%의 높은 비중을 차지하고 있다.

가령, 푸틴 집권 1, 2기 행정부 차원의 엘리트유형을 살펴보면, 실로비키 비율은 12.50%(6명)였던 반면에 전문관료와 실로바르히, 페테르부르크 그룹은 각각 47.92%^(23명), 20.83%^(10명), 18.75%^(9명)였다. 이 시기의 총리였던 미하일 카샤노프^(Mikhail Kasyanov, 2000-2004), 미하일 프라드코프^(Mikhail Fradkov, 2004-2007), 빅토르 주브코프^(Viktor Zubkov, 2007-2008) 모두 전문관료로 분류되었으며, 주브코프 총리의 경우 페테르부르크 그룹으로도 분류되었다. 이 시기의 대표적 경제관료였던 알렉세이 쿠드린^(Alexei Kudrin, 2000-2011), 게르만 그레프^(German Gref, 2000-2007), 엘비라 나비울리나^(Elvira Nabiullina, 2007-2012) 등은 실로바르히로 분류되었다.

대통령 행정실 차원에서는 지도부^(Руководство)를 분석한 결과 실로비키가 14%였고, 이어서 전문관료는 48%, 실로바르히 19%, 페테르부르크 그룹 19%로 나타났다. 이 시기의 대표적 인물은 행정실장 드미트리 메드베데프^(Dmitry Medvedev, 2003-2005)와 세르게이 소뱌닌^(Sergei Sobyanin, 2005-2008), 부실장 블라디슬라프 수르코프^(Vladislav Surkov, 1999-2011)라고 할 수 있다. 이들 모두 전문관료로 분류되었다. 특히, 수르코프는 정치 전략 및 국내 정책에서 중요한 역할 수행한 것으로 알려지고 있다.

종합해 보면, 푸틴 집권 1, 2기의 전반적인 정책은 친서방 정책, 국내 정치 안정, 경제 성장, 다극화된 세계질서 구축으로 요약할 수 있다. 2000년 국가안보개념 문서에서도 이러한 기조가 나타나고 있다. 특히, 다극화 세계질서 구축을 위한 국제 협력 중요성이 담겨져 있다. 결론적으로 이 문서는 푸틴의 권위주의적 정책과 강한 국가 통제 중심의 안보 개념이 러시아 외교정책의 근간이 되는 과정을 보여주고 있다. 이러한 분석은 위에서도 설명한 바와 같이 전문관료 및 경제관료로 분류되는 실로바르히들이 높은 비중을 차지했기 때문에 가능하다.

다음으로 푸틴의 총리시기^(2008년-2012년)를 분석한다. 2009년 6월에 국가안보전략 문서가 발표되었다. 그렇다면 이 문서에는 어떠한 정치엘리트들이 관여되었는가. 당시 메드베데프는 대통령으로 최종 결정권자의 자리에 있었다. 그는 2009년 국가안보전략을 승인하고 이를 국가정책으로 최종 채택했다. 임기 중 이 전략은 러시아의 장기적 이익과 우선순위를 정의했다. 세르게이 라브로프(Sergey Lavrov) 외무장관은 국가안보전략의 외교정책 측면을 주도했으며, 아나톨리 세르듀코프(Anatoly Serdyukov) 국방장관은 군사 전략 및 국방 우선순위를 강조하는 데 중요한 역할을 했다. 또한 이 문서에서도 강조하고 있듯이 에너지 안보와 경제적 지속 가능성이 국가안보전략의 핵심 요소였기 때문에 당시 경제개발부 장관인 엘비라 나비울리나(Elvira Nabiulina)와 에너지부 장관인 세르게이 슈마트코(Sergey Shmatko)도 중요한 역할을 수행했다. 이들은 대부분 전문관료와 실로바르히들이다. <표 3>에서 보는 바와 같이, 전문관료(35%)와 실로바르히(20%) 비중이 여전히 높은 것을 알 수 있다.

이 시기의 행정부 관료들도 전문관료(23.53%)와 실로바르히(35.29%) 비중이 높은 것으로 나타났다. 특히, 친서방적 자유주의자 그룹이라고 할 수 있는 실로바르히 비중이 급격히 상승했다. 이는 메드베데프의 정치적 성향과 궤를 같이하는 모습이라고 할 수 있다. 당시 부총리는 8명이었으며, 그중에 실로바르히는 5명으로 분석되었다. 대표적으로 제1부총리인 빅토르 주브코프(Viktor Zubkov)와 부총리 겸 재무부 장관인 알렉세이 쿠드린을 꼽을 수 있다. 또한 쿠드린 이후에 재무부 장관직을 수행하고 있는 안톤 실루아노프(Anton Siluanov)도 실로바르히로 분류되었다.

메드베데프 집권기 대통령 행정실 차원에서는 흥미로운 결과가 도출되었다. 즉, 실로비키(12.5%)와 페테르부르크 그룹(12.5%)의 비율이 현저하게 낮은 것을 확인할 수 있다. 이러한 원인은 메드베데프의 리더십 스타일, 당시의 정치적 맥락, 푸틴과의 이중 권력구조(dual-power dynamic)와 관련된 여러 요인을 반영한 결과라고 할 수 있다. 특히, 메드베데프는 대통령 재임 기간 동안 현대화, 법 개혁, 그리고 혁신을 강조했다. 그의 리더십 스타일은 안보 및 정보 분야 출신보다는 기술 관료, 경제학자, 법률 전문가를 선호했다. 그의 정책, 예를 들어 '스콜코보 혁신센터(Skolkovo Innovation Center)' 설립과 부패 축소 촉구 등은 전통적으로 안보 지향적인 실로비키보다 민간 및 행정 엘리트를 선호한다는 점을 부각시켰다. 결국 이러한 정책은 2009년 국가안보전략에서 러시아의 다극화된 세계질서 추구, 경제적 자립, 에너지 안보 등에 초점을 맞춘 문서의 작성을 가능하게 했다.

세 번째로, 푸틴 집권 3기(2012년-2018년)를 분석한다. 이 시기의 국가안보전략은 2015년 12월에 발표되었으며, 푸틴 집권 중반기를 결정하는 핵심 문서라고 할 수 있다. 2015년 국가안보전략은 푸틴 대통령의 주도로 작성된 러시아의 안보 및 외교정책 방향을 체계화한 중요한 문서이다. 푸틴 대통령은 국가안보전략의 최종 승인권자로서 전략의 기조와 방향성을 결정했으며, 특히 러시아의 '주권 방어'와 '전통적 가치' 강화를 강조했다. 국가안보회의 서기인 파트루셰프는 전략 문서의 작성과 조율 과정에서 핵심 역할을 수행했다. 특히 서방과의 관계 악화에 대한 강경 대응을 주장한 인물로 알려져 있다. 라브로프 외무장관은 외교 정책 관련 내용을 전략에 반영하는 데 중요한 기여를 했으며, 러시아의 국제적 입지를 강화하고 다극화된 세계질서를 구축하려는 방향성을 지원했다. 세르게이 쇼이구(Sergey Shoigu) 국방장관은 군사 전략 및 안보 강화와 관련된 내용을 문서에 반영하는 데 관여했으며, 특히 군사력 현대화와 나토의 확장에 대한 대응 방안에 중점을 두었다. 이 시기의 국가안보전략이 반서방적, 군사력 강화 기조를 강조하고 있다면, 그것은 쇼이구의 역할과 깊이 관련이 있다. 알렉산드르 보르트니코프(Alexandr Bortnikov) 연방보안국(FSB) 국장은 국내 안보와 테러 방지 관련 내용을 전략에 포함시키는 데 중요한 역할을 했다. 한편, 당시 총리였던 메드베데프는 경제 및 에너지 안보를 국가안보전략에 반영하는 데 중요한 역할을 했다. 결국 이 시기부터 실로비키의 국내정치 영향력은 강화된 것을 확인할 수 있다. 큰 변화는 아니지만 파워엘리트들 중 실로비키의 비중도 28%로 상승한 것을 알 수 있다.

이 시기 행정부 관료들 중 실로비키의 비율은 18.75%로, 이는 푸틴 집권 1,2기에 비해 실로비키의 비중이 늘어났음을 나타낸다. 전문관료와 실로바르히 비중은 40.63%와 28.12%로 푸틴 집권 1, 2기와 비교하면 전체적인 비중에서 비슷한 경향을 보이고 있다. 결국 행정부 차원에서도 실로비키의 비중 상승으로 러시아의 정책 결정에 영향을 미칠 수 있는 강경한 입장의 정치엘리트들이 증가했음을 보여준다. 그럼에도 여전히 전문관료와 실로바르히들의 높은 비중은 푸틴 대통령의 전문성을 지닌 엘리트를 선호하는 결과라고 할 수 있다.

푸틴 3기 대통령 행정실은 실로비키의 비중이 30%를 차지함으로써 역대 가장 높은 비율을 보이고 있다. 푸틴 3기 대통령 행정실에서 실로비키의 부상은 내부 및 외부 압력에 대응하여 보안, 통제, 충성을 우선시하려는 의도적인 전략을 반영한 것이라고 할 수 있다. 이들의 비중 증가로 인해 정부가 더욱 안보화와 권위주의로 전환했음을 보여주며, 이는 중앙집권적이고 안정적인 권력 구조를 추구하는 푸틴의 비전에 부합하는 결과이다.

마지막으로, 푸틴 집권 4기(2018년-2024년)를 분석한다. 이 시기의 국가안보전략은 푸틴 대통령이 집권한지 3년 만인 2021년 7월에 발표되었다. 기존 국가안보전략과 마찬가지로 푸틴 대통령은 러시아의 국내외 우선순위를 반영한 전반적인 지침을 제공하는 데 핵심적인 역할을 했다. 파트루셰프 또한 서방의 위협에 대응하고 내부 안정성을 확보하는 데 초점을 맞춘 국가안보 정책 수립에 영향을 미쳤다. 라브로프는 국제관계와 외교에 대한 통찰력을 기반으로 외부 위협과 세계적 입지와 관련된 전략 요소에 기여했다. 쇼이구는 방위 현대화 및 전략적 억지력과 관련된 군사적 고려 사항을 통합하는 데 중요한 역할을 했다. 이 외에도 경제관료와 기술관료들도 이 전략이 경제적 회복력과 기술적 자주성에 중점을 둔 만큼 경제와 기술 분야에서 상당한 기여를 했을 것이다. 또한 연방보안국$^{(FSB)}$ 및 해외정보국$^{(SVR)}$과 같은 주요 정보기관의 수장은 국가 안보에 대한 외부 및 내부 위협을 평가하는 데 기여했을 것으로 보인다.

4기 푸틴 행정부의 특징은 3기에 비해 실로비키의 비중$^{(10.34\%/11.54\%)}$이 현저히 감소했다는 것이다. 실로비키의 비중 감소와 관련해 다양한 해석이 가능하겠지만, 무엇보다도 경제, 기술, 외교적 요구에 따라 정부 구조와 우선순위를 조정한 결과라고 할 수 있다. 특히, 4기 행정부에서는 권력 중심이 기존의 실로비키 그룹에서 전문관료$^{(51.72\%/57.69\%)}$ 및 실로바르히$^{(24.13\%/19.23\%)}$ 그룹으로 이동했다. 가령, 디지털 기술 및 경제 개발이 국가 전략의 핵심으로 떠오르면서 관련 전문가들이 실로비키를 대체하는 경우가 많아졌다. 예를 들어, 막수트 샤다예프$^{(Maxut\ Shadayev)}$ 디지털개발부 장관의 발탁은 이러한 변화를 반영한 결과이다. 하지만 실로비키의 비중이 감소했다고 해서 그들의 영향력이 사라진 것은 아니다. 주요 안보 및 국방 정책에서는 여전히 강력한 영향력을 행사하고 있다. 특히, 쇼이구, 블라디미르 콜로콜체프$^{(Vladimir\ Kolokoltsev)}$, 보르트니코프는 당시 정책 결정에 많은 영향력을 행사했다.

또한 대통령 행정실 차원에서는 푸틴 4기에서도 큰 변화가 없었으며, 여전히 실로비키의 비중$^{(26\%)}$이 높게 나타나고 있다. 실질적으로 실로비키는 연방보안국$^{(FSB)}$, 국가방위군$^{(National\ Guard)}$, 군산복합체 등 주요 기관에 뿌리를 내렸다. 이러한 제도화는 네 번의 임기 동안 실로비키의 지속적인 지배를 거의 필연적으로 만들었다. 결국 푸틴 4기 동안 실로비키의 높은 비중은 정권의 안정성을 유지하고, 국내외 도전에 대응하며, 푸틴의 통치 스타일을 지원하는 데 있어 그들의 전략적 중요성을 반영한다. 실로비키의 영향력 증가는 '정치의 안보화'와 푸틴의 권위를 유지하려는 신뢰할 수 있는 네트워크 의존성을 보여준다.

<표 1> 푸틴 집권기 파워엘리트, 행정부, 대통령 행정실의 엘리트유형 및 비율(%)

유형	파워엘리트				행정부				대통령 행정실			
	1,2기	총리기	3기	4기	1,2기	총리기	3기	4기	1,2기	총리기	3기	4기
실로비키	24	25	28	25	12.50	20.59	18.75	10.34/11.54[a]	14	12.50	30	26
전문관료	45	35	37	40	47.92	23.53	40.63	51.72/57.69	48	56.25	39	43
실로바르히	19	20	20	20.29	20.83	35.29	28.12	24.13/19.23	19	18.75	9	9
페테르부르크 그룹	12	20	15	14.71	18.75	20.59	12.50	13.79/11.54	19	12.50	22	22
총합	100	100	100	100	100	100	100	100/100	100	100	100	100

[a] 앞의 비율은 푸틴 4기 전반기 행정부(2018.05.07.-2020.01.21.)를, 뒤의 비율은 후반기 행정부(2020.01.21-2024.05.06)를 의미함.

Notice: 행정부 엘리트유형의 총합은 푸틴 집권 1, 2기에는 48명이며, 총리기는 34명, 3기는 32명, 4기는 전기 29명/후기 26명임. 행정실 엘리트유형 총합은 푸틴 집권 1, 2기에는 21명, 총리기는 16명, 3기는 23명, 4기는 23명임. 파워엘리트는 Nezavisimaya Gazeta에서 제공하는 각 년도별 '100명의 주요 러시아 정치인' 중 2000년부터 2024년까지 목록을 참고하여 저자 작성.

3. 행위전략과 정책 산출: 국가안보전략의 변화

이번 장에서는 러시아 국가안보전략이 지닌 핵심적 국가 목표를 세 가지 관점에서 분석한다. 푸틴 집권 이후 국가안보전략(개념) 문서는 네 번에 걸쳐 발전해 왔다. 이러한 전략 문서를 관통하는 핵심 키워드를 본 연구에서는 세 가지로 설정하고 있다. 바로 ① 다극적 세계질서 창출 및 유라시아 강대국 전략, ② 정치·군사적 영향력 강화, ③ 자립적 경제안보이다. 이는 본 연구의 분석틀에서 행위전략(T2)을 분석하기 위한 핵심 요인인 전략적 목표와 전술적 목표와 일치한다. 따라서 이번 장에서는 전략적 목표로서 대외정책과 핵심이익을, 전술적 목표로서 정치적 수단과 경제적 자원을 분석한다.

1) 전략적 목표: 다극적 세계질서 창출 및 유라시아 강대국 전략

러시아의 국가안보전략과 관련된 주요 방향 중 하나인 '다극적 세계질서 창출'은 핵심적 지위를 차지하고 있다. 또한, 러시아가 유라시아 지역에서 영향력을 강화하고 '위대한 강대국 전략'을 실현하려는 의지가 반영되어 있다. 구체적으로, 푸틴 집권기 발표된 국가안보전략(개념) 문서에 전략적 목표로서 다극적 세계질서 및 강대국 전략과 관련한 내용을 살펴보도록 한다. 2000년 국가안보개념 문서를 보면, 러시아는 다극적 세계를 형성하려는 의지를 강조하고 있다. 즉, 이 문서에서 냉전 이후 양극체제가 끝난 후, 두 가지 상반된 경향이 나타났다고 주장하고 있다. 한쪽에서는 일부 국가의 경제 및 정치적 입지가 강화되고, 다른 한쪽에서는 미국을 중심으로 한 서방 선진국들의 지배 시도가 증가했다고 보고 있다. 이런 상황에서 러시아는 국제법을 존중하고 평등한 협력을 기반으로 한 다극적 세계의 이념을 형성하는데 기여할 의향이 있음을 명확히 하고 있다. 한편, 러시아는 경제적, 과학기술적, 군사적 잠재력을 보유하고 있으며, 유라시아 대륙에서 독특한 전략적 위치를 지니고 있어 세계적인 과정에서 중요한 역할을 계속 수행하고 있다고 강조하고 있다.

2009년 국가안보전략 문서에서는 러시아가 20세기 말 체제적 위기를 극복하고 다극적 국제관계의 주요 주체로서 국가이익을 옹호할 능력을 회복했음을 강조하고 있다. 세계화와 새로운 도전에 직면하여 러시아는 다극적 세계에서의 입지를 강화하기 위한 새로운 국가 안보 정책을 추진하고 있다고 언급하고 있다. 더불어, 러시아가 20세기 말의 체제적 위기를 극복하고, 다극적 국제관계의 주요 주체로서 국가이익을 옹호할 능력을 회복했음을 언급하고 있다. 또한 러시아는 세계 경제의 선도 국가 중 하나로 자리 잡기 위해 충분한 잠재력을 보유하고 있으며, 글로벌 경쟁력을 높이고 세계 노동 분업에 효과적으로 참여함으로써 이를 실현하려 한다고 명시하고 있다.

2015년 국가안보전략 문서에서는 새로운 경제 성장과 정치적 영향력의 중심지가 강화됨으로써 다극적 세계 형성에 기여하는 새로운 지정학적 상황이 조성되고 있음을 지적한다. 러시아는 다각적 외교와 자원 잠재력의 실용적 활용을 통해 세계 정치 및 경제에서의 역할 강화를 전략적 방향 중 하나로 보고 있다. 한편, 새로운 경제 성장과 정치적 영향력의 중심지가 강화됨에 따라 새로운 지정학적 상황이 형성되고 있으며, 이는 다극적 세계질서의 형성에 기여하고 있다고 언급하고 있다. 특별히 현재의 국제사회를 '다중심 세계(полицентричный мир)'로 명명하고 있다. 즉, 다극화된 세계질서에는 다수의 중심 국가들이 존재하며, 그중에 러시아도 유라시아 지역에서 하나의 중심극(центричный полюс)으로서 역할을 하고 있다는 인식을 반영하고 있다.

2021년 국가안보전략에서는 러시아가 형성 중인 다극적 세계에서 자신의 입지를 강화하려고 노력하고 있음을 강조한다. 글로벌 경쟁과 갈등이 심화되는 상황에서 러시아는 평등과 모든 국가의 주권 존중에 기반한 공정하고 지속 가능한 세계질서를 형성하기 위해 자국의 국가이익을 옹호할 것이라고 명시하고 있다. 한편, 현재의 세계질서는 변화의 시기를 겪고 있으며 정치·경제적 발전을 이룬 '중심극'이 증가하고 있다고 피력하고 있다. 이런 상황에서 새로운 지역 선도국가의 지위 강화는 세계질서의 구조 변화와 새로운 세계질서의 규칙 변화로 이어질 것이라고 주장하고 있다. 결국 러시아는 내부의 안정성을 높이고 정치·경제·군사·정신적 잠재력을 구축하여 세계질서에서 영향력 있는 중심극 중 하나로서 역할을 강화할 것을 천명하고 있다. 결론적으로 위에서 언급된 모든 전략 문서에서 러시아는 다극적 세계질서의 창출과 강화를 지속적으로 추구하고 있음을 확인할 수 있다. 또한 유라시아에서 영향력을 강화하고 '위대한 강대국 전략'을 실현하려는 의지를 지속적으로 보여주고 있다. 이는 국가안보와 지속 가능한 발전을 보장하기 위한 핵심 요소로 간주된다.

기실 러시아의 '다극적 세계질서 창출'과 '유라시아 강대국 전략'이라는 전략적 목표는 대외 정책과 핵심 국가이익을 강조하는 합리적 정책결정모델과 일치한다. 러시아는 권력이 여러 중심지에 분산되는 다극적 세계를 옹호하며, 미국과 그 동맹국의 단극적 지배에 도전한다. 이는 다양한 공식 성명과 국제 협력에서 반영되어 있다. 가령, 발다이 토론클럽(Valdai Discussion Club)에서 러시아 엘리트들은 단극적 세계의 종말과 러시아, 중국, 인도 등 여러 강대국의 부상을 강조했다. 이들은 강압이나 무력 사용 없이 문화와 문명을 상호 존중하는 세계질서를 주장한다. 또한 러시아의 브릭스 참여는 보다 공정하고 민주적인 다극적 세계질서를 향한 의지를 보여주려는 노력의 일환이라고 할 수 있다. 브릭스 국가들은 새로운 권력 중심, 정책결정, 경제 성장에 대한 어젠다를 주로 다루고 있다. 한편, 러시아의 유라시아 강대국 전략은 경제적, 군사적, 정치적 수단을 통해 지역 동맹을 강화하고 영향력을 확립하는 데 중점을 두고 있다. 특히, 유라시아경제연합(EAEU)을 통해 러시아는 포스트소비에트 국가 간 경제 통합 촉진을 주도하며, 지역 협력을 강화하고 서방의 경제적 영향력에 대항하고 있다. 또한 집단안보조약기구(CSTO)를 통해 여러 유라시아 국가들과 군사 동맹을 유지하며, 지역 안보를 보장하고 전략적 영향력을 확대하고 있다. 더욱이 러시아는 중국 및 기타 아시아 국가들과 상하이협력기구(SCO) 내에서 협력하며, 안보 문제를 해결하고 경제적 유대를 강화해 유라시아의 주요 강대국으로서 역할을 재확인하려 하고 있다.

2) 전술적 목표: 정치·군사적 영향력 강화

푸틴 집권기에 수립된 국가안보전략 문서들은 러시아가 정치적 및 군사적 영향력을 강화하려는 지속적이고 발전하는 체계를 보여준다. 특히, 러시아의 핵무력 강화와 관련된 문서를 분석하면, 핵 역량을 억지, 지정학적 영향력 강화, 그리고 국가안보 보장을 위한 도구로 활용하는 일관된 주제가 드러나고 있다. 이러한 전략의 핵심 측면들을 시간순으로 분석하면 다음과 같다. 2000년 국가안보개념 문서에서 러시아는 국내 안정을 외부 영향력 확대의 기초라고 강조하고 있다. 이는 냉전 이후 감소한 군사력을 복원해야 한다는 인식과 궤를 같이 하고 있다. 또한 경제 회복을 통해 러시아의 지정학적 입지를 되살리려는 노력도 담겨 있다. 중요한 것은 나토의 동진 확대에 대응하기 위한 초기 시도에 해당하는 내용도 포함되어 있다는 것이다. 이러한 맥락에서 핵무기를 러시아 방어 및 억지 전략의 핵심으로 인정하고 있다. 특히 나토 확장에 대응하기 위해 전략적 핵전력의 전투 준비 태세 유지 강조하고 있다. 더불어 주권 보장과 잠재적 공격 억지를 위한 도구로서 핵무기를 인정하고 있다.

2009년 국가안보전략 문서에서는 집단안보조약기구, 상하이협력기구, 브릭스와 같은 지역 기구를 통한 다자주의 강화를 강조하고 있다. 또한 나토 위협에 대응하고 국경을 확보하기 위한 군 현대화를 강조하고 있다. 특히, 새로운 위협에 대응하기 위한 핵억지 전력의 현대화에 집중해야 한다고 피력하고 있다. 이는 글로벌 군비 통제 역학 속에서 전략적 안정성을 인식한 결과라고 할 수 있다. 그렇기 때문에 핵전략을 재래식 전력과 통합하여 지역 및 글로벌 갈등에 유연하게 대응할 수 있도록 강화하려는 노력을 하고 있는 것이다. 그런 차원에서 러시아는 명확하게 실존적 위협에 대응하여 핵무기 사용 준비태세 유지, 억지 정책으로서의 선제 사용 교리를 유지하고 있다. 2015년 국가안보전략은 크림반도 병합(2014년) 이후 및 서방과의 긴장이 고조된 시점에서 발표되었다. 이 문서에서는 공격적 민족주의(aggressive nationalism)와 방어적 입장으로의 뚜렷한 전환이 눈에 띤다. 특히 영향력 도구로서 하이브리드 전쟁 방법을 인정하고 있다. 결국 러시아는 서방의 단극적 지배체제에 도전할 수 있는 강대국으로서 러시아의 위상을 재확인하려는 노력을 보이고 있다. 더욱이 핵억지력과 현대화된 무기 체계를 포함한 군사력 강화를 피력하고 있다. 연장선상에서 미사일, 잠수함 등 이동 플랫폼(delivery platforms)을 포함하여 핵무기 시스템 현대화에 대한 투자를 우선시하고 있다. 또한 유럽 내 미국과 나토의 미사일 방어시스템 위협에 대응하기 위한 핵억지 역량을 확장하고 있다. 극초음속 무기 시스템 등 핵전력을 위한 첨단기술 개발도 촉진하고 있다. 이는 복합 위협 대응 및 글로벌 강대국 지위를 보장하는 핵전력의 중요성을 인정한 결과라고 할 수 있다.

2021년 국가안보전략 문서에서는 군사화 지속 및 북극과 유라시아와 같은 전략적 지역에서의 지배력 확보에 초점이 맞춰져 있다. 예를 들어, 중국, 인도, 중동 우방국 등 비서방 국가와의 협력 확대를 강조하고 있다. 특히 군사 및 에너지 분야에서 기술적 자급자족 강조하고 있으며, 사이버 공격과 정보전을 포함한 비전통적 안보 위협에 대한 인식도 드러나고 있다. 이 시기는 미-러 긴장이 심화되고 전략적 경쟁에 초점이 맞춰진 상황이었기 때문에 러시아는 신뢰할 수 있는 대응 역량을 보장하기 위한 핵 지휘 및 통제 시스템을 강화하고 있다. 특히, 생존 가능성과 첨단기술에 초점을 맞춘 핵 3축 전력의 지속적 현대화를 강조하고 있다. 이는 글로벌 전략적 안정성 유지 및 서방의 영향력 대응의 핵심으로 핵무기를 바라보고 있음을 확인시켜주고 있다. 그렇기 때문에 지역 분쟁에서의 사용 가능성을 고려한 비전략적 핵무기 개발도 추진하고 있다. 최근 러시아의 핵무력 강화와 관련한 주요 경향을 살펴보면 다음과 같다. 우선 대륙간 탄도미사일$^{(ICBM)}$, 잠수함 발사 탄도미사일$^{(SLBM)}$, 폭격기 등 핵무기 배치 시스템의 꾸준한 업그레이드를 시도하고 있다. 특히, 아방가르드$^{(Avangard)}$, 킨잘$^{(Kinzhal)}$과 같은 극초음속 미사일 등 차세대 무기 개발에 박차를 가하고 있다. 이러한 핵무력 강화는 방위정책과 통합되는 경향성을 나타내고 있다. 즉, 핵무기가 재래식 전력 및 사이버 전쟁과 같은 비대칭 역량을 보완하는 러시아의 군사 전략에 포함되고 있다는 것이다. 결국 나토 확장, 미국의 미사일방어시스템, 잠재적 지역 갈등 억지를 위한 핵무기 의존 등과 같은 전략적 억지력에 의존하는 경향성을 보이고 있다. 이러한 전략들은 핵무기가 여전히 러시아 국가안보 체계의 중심에 있음을 강조하는 것이다. 따라서 각 문서들은 변화하는 지정학적 현실에 맞춰 조정을 거치면서도 러시아의 핵 역량을 보존하고 강화하려는 일관된 의지를 보여주고 있다.

3) 전술적 목표: 경제안보로서 에너지 자원과 자립적 경제 건설

이번 절에서는 전술적 목표로서 경제자원을 분석한다. 푸틴 집권기에 수립된 국가안보전략은 각기 다른 시기 동안 에너지 자원을 국가안보의 핵심 요소로 간주하는 러시아의 전략적 관점의 발전을 반영한다. 또한 러시아 경제안보의 핵심 요소로서 자립적 경제 개념을 분석하면 외부 취약성을 줄이고 주권을 강화하려는 정책의 발전을 확인할 수 있다. 따라서 경제안보가 어떻게 구체화되고 우선시되는지 이해하기 위해 각 문서들을 맥락에 따라 분석한다. 2000년 국가안보개념이 발표될 시기에 러시아는 1990년대 경제 위기에서 회복 중에 있었다. 이 시기에 러시아는 경제 안정을 국가안보의 기반으로 강조했다. 외국 대출 및 수입 의존을 주요 취약점으로 식별했으며, 외부 의존을 줄이기 위해 에너지 및 국방 산업을 포함한 국내 산업 강화를 촉구하게 된다. 이로써 자립성을 국가 안정성과 안보의 중요한 요소로 보는 기반을 확립했다. 특히, 에너지 자원을 경제 안정 회복의 수단으로 간주한 것을 알 수 있다. 그렇기 때문에 석유와 가스 수출의 보호 및 통제가 러시아 경제안보의 핵심으로 부각되었다. 결국 에너지 정책을 국가안보와 통합하면서 에너지 수출·수입에 대한 러시아의 의존도가 강조되었다. 따라서 에너지가 지정학적 영향력으로서 명시적으로 연결되기 시작한 시기라고 할 수 있다.

2009년 국가안보전략은 지정학적 긴장 증가(2008년 조지아 분쟁)와 글로벌 금융 위기 발생 시기에 발표되었다. 이 문서에서 러시아는 원자재 수출 의존도를 줄이기 위한 경제 현대화와 혁신을 주장하고 있다. 또한 에너지 의존도를 넘어 경제를 다각화할 필요성을 강조했으나 실행은 제한적이었다. 외국의 영향력이나 통제로부터 핵심 국내 산업을 보호하는 중요성이 도입되기도 했다. 이 시기는 러시아의 전략적 독립을 저해할 수 있는 구조적 경제 약점을 해결하려는 전환점이었다고 할 수 있다. 그럼에도 에너지가 경제 성장 동력인 동시에 지정학적 영향력의 도구임을 인정하지 않을 수 없었다. 이런 상황에서 에너지 수출 인프라를 보호하고 수출 경로를 다변화하여 외부 압력(유럽의 의존 논의)에 대한 취약성을 줄여야 한다는 점이 강조되었다. 또한 글로벌 시장에서 우위를 유지하기 위한 에너지 산업 현대화 논의도 도입되었다. 결국 경제 성장과 글로벌 영향력을 유지하기 위한 전략 자산으로 에너지를 강조할 수밖에 없었다.

2015년 국가안보전략은 크림반도 병합 이후 서방 제재가 러시아의 금융 및 에너지 부문을 겨냥하며 경제적 도전이 심화된 상황에서 발표되었다. 그렇기 때문에 제재에 대응하여 경제 주권을 명시적으로 우선시하게 되었다. 더욱이 농업, 기술, 국방 분야에서 국내 생산 능력을 개발하기 위한 수입 대체 정책을 가속화하였다. 서방의 금융 시스템(SWIFT 대안, 금 비축량)에 대한 의존도를 줄이며 금융 독립을 강화하기 위한 시도도 이뤄졌다. 결국 자립성이 외부 경제적 압력에 대한 회복력과 직접적으로 연결되며, 자급자족 정책으로 명확히 전환한 계기가 되었다. 한편, 에너지 독립성과 서방 기술 의존도 축소도 강조되었다. 시장 다변화를 위해 비서방 국가들, 특히 아시아와의 파트너십 촉진이 강조되었다. 예를 들어, 러시아 에너지의 주요 구매자로 중국이 부상하게 되었다. 이는 에너지 자원을 제재에 대응하기 위한 국가 방어 및 회복력과 명시적으로 연결되는 계기가 되었다. 따라서 에너지가 경제 전쟁에 대한 방어 메커니즘으로 점차 인식되며, 국가안보에서의 역할이 강화되었다.

2021년 국가안보전략에서는 에너지, 국방, IT와 같은 핵심 부문에서 기술 주권 개념이 발전되었다. 이는 국내 생산을 장려하여 글로벌 공급망에서의 취약성 감소에 집중하겠다는 의지라고 할 수 있다. 동시에 산업 성장과 혁신을 촉진하기 위한 국가 개입의 역할이 강조되었다. 러시아의 입장에서 보면 자립적 성장은 사회적 결속을 위한 중요한 요소로서 경제안보와 내부 안정성을 연결하는 중요한 도구라고 할 수 있다. 따라서 이 문서에서는 자립성을 지정학적 자율성을 유지하고 변화하는 글로벌 경제 트렌드에 적응하기 위한 통합적 전략으로 제시하고 있다. 한편, 에너지 생산에서 기술 주권 강화, 외국 기술 의존도 축소를 반영하고 있다. 에너지를 전략적 경제 자원일 뿐만 아니라 내부 안정 유지 (에너지 수입을 통한 사회 프로그램 자금 지원)의 수단으로 간주하고 있다고 할 수 있다. 또한 전통적인 에너지 우위와 글로벌 에너지 동향에 대한 점진적 적응 사이의 균형을 통해 기후 도전 과제도 해결하겠다는 의지를 보이고 있다. 결국 이는 에너지 강국으로서의 역할을 유지하면서 에너지 정책의 미래 대비를 시도한 전략이라고 할 수 있다.

  이상의 내용을 종합하면 다음과 같은 의의를 발견할 수 있다. 첫째, 외부 의존도 감소이다. 외국으로부터의 수입, 기술, 금융 시스템에 대한 의존도를 줄이는 것이 모든 전략의 중심이라고 할 수 있다. 이러한 경향은 외부 충격 및 제재로부터 스스로를 보호하려는 러시아의 노력을 반영한 결과라고 할 수 있다. 둘째, 수입 대체이다. 이러한 경향성은 2014년 이후 두드러지며 농업, 국방, 기술 등 주요 산업의 국내 역량 개발을 목표로 하고 있다. 셋째, 기술 주권이다. 최근 전략은 특히 글로벌 기술 갈등이 심화됨에 따라 독립적인 기술 역량 개발의 필요성을 강조하고 있다. 더욱이 최근 전략에서 에너지 생산 및 수출에 사용되는 기술에 대한 통제를 보장하는 것이 중요해지고 있다. 넷째, 경제 다각화이다. 반복되는 주제이지만, 실제 진전은 제한적이며 여전히 에너지 수출에 크게 의존하고 있다. 다섯째, 국가 주도의 개발이다. 자립성을 달성하기 위한 경제적 이니셔티브를 지시하고 지원하는 데 있어 국가의 중심적 역할이 지속적으로 나타나고 있다.

4) 정책 산출과 주체적 행위자의 역할

합리적 정책결정모델에서 전략적 목표는 국가의 핵심 이익과 대외정책 목표로 정의된다. 따라서 러시아의 다극적 세계질서 추구와 유라시아 강대국 전략은 서방의 지배를 줄이고 지역 동맹을 구축함으로서 자국의 주권과 지정학적 이익을 보호하는 안보 환경을 조성하려는 국가 안보 강화의 성격이 강하다. 또한 유라시아경제연합과 같은 지역 통합 이니셔티브는 시장과 자원 접근을 용이하게 해 러시아의 경제적 지위를 강화시켜주고 있다. 상하이협력기구와 브릭스 또한 러시아가 국제 규범과 정책을 자국의 전략적 비전에 맞게 조정할 수 있는 정치적 영향력 행사의 도구로 사용되고 있다.

다음으로 합리적 정책결정모델에서 전술적 목표 중 정치적 수단으로서 정치·군사적 영향력과 핵억지 전략은 다음과 같이 결론이 도출되었다. 기실 정치적 수단으로서 정치·군사적 영향력은 국제체제에서 주도권을 확보하거나 유지하려는 목표를 달성하기 위해 설정된다. 핵억지 전략 또한 전략적 목표(국가 생존, 독립 유지)를 보장하는 동시에 전술적 목표(군사적 균형 유지, 위협 억지)를 달성하는 수단으로 활용될 수 있다. 결국 정치·군사적 영향력과 핵억지 전략은 국가의 생존과 자율성을 보장하는 필수 도구라고 할 수 있다. 이 두 가지 전술은 국제관계의 상호의존성 속에서 강대국으로서의 지위를 유지하려는 국가적 목표를 강화시켜 준다. 따라서 합리적 정책결정모델에서 이러한 전술은 외생적 변수와 내생적 변수의 균형을 바탕으로 최적의 결과를 도출하도록 설계되어 있다. 전술적 목표 중 경제적 자원으로서 러시아의 에너지 자원과 자립적 경제 건설은 다음과 같이 결론이 도출되었다. 마찬가지로 경제 자원은 국가 정책의 핵심적인 수단으로 작용하며, 러시아의 에너지 자원과 자립적 경제 건설은 국가의 전술적 목표를 달성하기 위한 중요한 도구라고 할 수 있다. 러시아는 에너지 자원을 국제적 협상에서 강력한 도구로 사용하며, 이는 단순히 경제적 수단을 넘어 정치적 수단으로도 기능하게 된다. 러시아는 세계 에너지 시장에서 주요 공급국으로, 특히 천연가스와 석유는 러시아의 국제적 위상을 강화하는 핵심 자원이다. 그런 차원에서 에너지 자원의 국유화와 국가 통제는 러시아 경제 정책의 중요한 특징이라고 할 수 있다. 연장선상에서 러시아는 서방의 경제제재에 대응하기 위해 국내 에너지 생산과 수요를 자립적으로 충족하려는 전략을 추진하고 있다. 이 과정에서 '아시아 회기$^{(Pivot\ to\ Asia)}$, 전략을 통해 중국, 인도와 같은 아시아 국가들과의 에너지 협력을 강화하고 있는 것이다. 결국 합리적 정책결정모델에서 러시아는 외생적 변수$^{(서방\ 제재,\ 에너지\ 가격\ 변동)}$와 내생적 변수$^{(정치적\ 안정,\ 에너지\ 산업\ 구조)}$를 종합적으로 고려해 에너지와 경제 자원을 전략적으로 활용하고 있다. 이러한 분석은 러시아가 에너지 자원과 자립적 경제 건설을 통해 경제적 안정성을 확보하고, 외교적 영향력을 확대하려는 전략적 접근 방식을 잘 보여주고 있다.

 마지막으로, 합리적 정책결정모델에서 주체적 행위자의 역할을 분석한다. 주체적 행위자는 최종 정책결정권자이기는 하지만 국가의 목표를 설정하고, 외생적·내생적 변수를 분석하며, 최적의 행위전략을 도출하는 핵심적인 역할을 수행하는 과정에 모두 참여한다. 그렇기 때문에 합리성을 설명하는 부분에서도 언급했지만 정책수립 및 정책결정 과정은 정치엘리트들의 '도구적 합리성'과 맥이 닿아 있다. 이는 러시아 정치

엘리트들의 '집단적 지도체제'를 의미하며, 이는 오늘날 푸틴체제를 설명하는 가장 합리적인 규정이라고 할 수 있다. 현재 러시아 정치엘리트들은 권력 유지, 국가이익 증진, 제도적 안정성 확보와 같은 목표를 달성하기 위해 전략적 사고를 활용하고 있다. 이들은 의제를 최선으로 뒷받침하거나 전략적 이점을 강화할 수 있는 정책, 동맹, 결정을 고려한다. 결국 정치엘리트들은 사회적, 경제적, 정치적 변수를 통제하여 안정성과 권력을 유지하는 데 모든 초점을 맞추고 있다. 하지만 최종 정책결정은 결국 주체적 행위자의 몫으로 남는다. 주체적 행위자는 외부 변수를 고려해 최종적으로 정책을 선택하고, 실행 가능한 형태로 정책을 산출한다. 예를 들어, 푸틴은 국제적 비난과 서방 제재에도 불구하고 크림반도 병합이라는 과감한 결정을 통해 지정학적 목표를 달성했다. 또한 주체적 행위자는 정책 실행의 결과를 평가하고, 필요한 경우 보완 조치를 취한다. 이런 과정을 통해 주체적 행위자는 정책 결과에 대한 책임을 지며, 국민과 엘리트의 신뢰를 유지하고 체제를 안정화하는 데 전념하게 된다. 결론적으로, 합리적 정책결정모델에서 주체적 행위자는 단순한 정책 집행자가 아니라, 외적·내적 요인을 분석하고 통합하여 국가 목표를 달성하는 데 핵심적인 역할을 하는 존재이다. 러시아의 사례에서는 푸틴과 같은 강력한 리더가 이러한 역할을 수행하며, 이를 통해 국가의 외교, 경제, 군사 전략을 효과적으로 조율하고 실행하는 모습을 확인할 수 있다.

Ⅳ. 결론

본 연구는 러시아의 국가안보전략 수립 과정에서 정치엘리트의 유형과 변화가 어떻게 영향을 미치는지를 분석하였다. 연구 결과, 푸틴 집권기 동안 정치엘리트의 구성 변화는 국가안보전략의 주요 방향과 구체적 실행 방안에 중요한 영향을 미친 것으로 나타났다. 특히, 실로비키, 전문관료, 실로바르히, 페테르부르크 그룹 등 엘리트유형은 특정 시기의 정책 우선순위와 결정 과정에서 두드러진 역할을 했다. 또한, 합리적 정책결정모델을 통해 엘리트의 행동과 정책결정 간의 인과관계를 규명함으로써, 엘리트 구성의 변화가 러시아의 외교 및 안보 정책을 형성하는 데 중요한 변수임을 확인하였다. 결론적으로 본 연구는 푸틴 집권기의 정치엘리트 유형과 국가안보전략 간의 관계를 심층적으로 분석하였으며, 다음과 같은 구체적인 결과를 도출하였다. 첫째, 푸틴 집권기 엘리트 유형별 주요 역할이다. 우선 실로비키는 군사 및 안보 부문을 주도하며, 강경한 국가 주권 및 안보 강화 기조를 뒷받침하였다. 특히, 2014년 크림반도 병합과 우크라이나 사태 이후 이들의 영향력은 급격히 확대되었으며, 국가안보전략에서 반서방적 접근을 강화하는 데 핵심 역할을 했다. 전문관료는 정책의 기술적 실행과 법적 정당성 확보를 담당하며, 푸틴 집권 초기와 말기에는 특히 경제 및 기술 발전에 초점을 맞추는 역할을 했다. 실로바르히는 에너지 및 경제 자원을 전략적 도구로 활용하며, 서방의 경제제재에 대응하고, 에너지 외교를 통해 러시아의 경제적 자립과 국제적 입지를 강화하는 데 기여하였다. 페테르부르크 그룹은 푸틴의 오랜 측근으로서 권력 공고화에 기여하며, 주요 국영/국유 기업과 행정부의 중추를 차지하며 정책 실행의 실질적 주체로 활동하였다. 둘째, 정책 방향의 변화이다. 연구 결과, 엘리트유형의 변화는 정책 방향에도 영향을 미쳤다. 푸틴 집권 초기$^{(2000-2008년)}$에는 경제적 안정과 다극적 세계질서 구축이 주요 과제였으며, 실로바르히와 전문관료의 비중이 높았다. 그러나 푸틴 집권 3기$^{(2012-2018년)}$부터 실로비키의 비중이 증가하며, 반서방적 군사전략 및 안보 강화 기조가 두드러졌다. 4기$^{(2018-2024년)}$에서는 디지털 및 기술 분야 중심의 전문관료와 실로바르히의 부상이 두드러졌으며, 경제 및 기술적 자주성을 목표로 한 정책 방향이 강화되었다.

셋째, 합리적 정책결정모델의 적용 결과이다. 본 연구는 러시아 정치엘리트와 국가안보전략 간의 관계를 합리적 정책결정모델을 통해 분석함으로써 정책결정의 구조적 메커니즘을 규명하였다. 이 모델은 정책결정 과정을 구조적 조건화$^{(T1)}$, 행위전략$^{(T2)}$, 구조적 정교화$^{(T3)}$의 세 단계로 나누어 분석하였으며, 각 단계에서 정치엘리트의 역할과 영향력을 강조하였다. 우선 정책 목표 설정 단계인 구조적 조건화에서 외생적 변수$^{(나토\ 확장,\ 서방\ 제재)}$와 내생적 변수$^{(엘리트\ 구성\ 변화)}$가 정책 목표 설정 과정에서 중요한 역할을 했다. 예를 들어, 서방 제재가 강화되면서 실로바르히 그룹은 에너지 외교를 중심으로 국제적 자원을 활용하는 방안을 제안하였고, 실로비키는 군사력 강화와 같은 강경 대응 전략을 강조했다. 또한 기회비용 기반의 정책 판단이 이뤄지고 있었다. 즉, 정치엘리트는 외교적, 군사적, 경제적 대안의 기회비용을 분석하여 최적의 정책 목표를 설정했다. 예를 들어, 크림반도 병합 이후 서방과의 협력 대안이 사실상 차단되면서, 군사적 우위를 확보하기 위한 전략 목표가 강조되었다. 정책 실행 방안을 도출하는 행위전략 단계에서는 전략적 목표와 전술적 목표의 결합이 나타났다. 즉, 정책 목표를 실현하기 위한 전략적, 전술적 목표가 구체화되었다. 예를 들어, 실로비키는 군사 현대화와 핵무기 강화 프로그램을 주도하며, 전술적으로 러시아 서부 국경 지역에 병력을 배치하는 등의 행동을 취했다. 실로바르히는 에너지 자원을 활용하여 중국, 인도 등 비서방 국가와의 협력을 강화함으로써 서방 제재의 영향을 완화하려는 전략을 추진했다. 또한 자원의 배분과 활용에서 합리성을 중심으로 정책이 설계되었다. 예를 들어, 국방 예산이 크게 증대되었지만, 실로바르히와 전문관료 그룹은 경제적 안정과 사회적 불안을 최소화하기 위한 대안을 마련하여 균형을 유지했다. 최종 정책결정과 평가 단계인 구조적 정교화에서는 정책 실행 후 결과에 대한 피드백이 수집되었으며, 이 데이터를 기반으로 기존 전략이 수정 또는 강화되었다. 예를 들어, 크림반도 병합 이후 서방 제재에 대응하기 위해 에너지 수출 시장을 다변화한 '시베리아의 힘(Power of Siberia)' 프로젝트는 초기 피드백을 통해 지속적으로 조정되었다. 또한 주체적 행위자(최종 정책결정권자)의 역할이 강화되었다. 최종 정책결정은 푸틴 대통령과 그의 핵심 엘리트 그룹에 의해 이루어졌다. 이는 러시아 정치체제의 집단지도체제로서의 성격을 전형적으로 보여주는 사례였다. 이러한 중앙집권적 구조는 정책결정 과정의 신속성과 일관성을 높이는 데 기여했다. 마지막으로, 정책결정 과정에서의 합리성 평가 부분이다. 우선 정책 목표와 수단의 적합성을 보면, 정책결정이 목표 달성을 위한 효율적 수단과 얼마나 잘 연결되었는지를 평가하였다. 예를 들어, 군사력 증강과 에너지 외교는 각각 국가 안보와 경제 안정이라는 주요 목표와 긴밀히 연계되었다. 또한 정책 결과는 구체적이고 측정 가능한 지표를 통해 평가되었다. 즉, 군사력 강화 이후 러시아의 국가이익은 얼마나 증가되었는지, 에너지 외교를 통한 수출 다변화가 얼마나 실현되었는지 등의 평가가 이루어졌다. 결국 이러한 분석을 통해 러시아의 대외정책 결정에서 정치엘리트의 역할이 얼마나 중요한지와 합리적 정책결정모델이 이를 분석하는 데 효과적임을 보여주었다.

참고문헌

연담린. "통합·분화·순환에 따른 러시아 정치엘리트 유형 변화 분석: 5·6·7·8대 국가두마 의원을 중심으로." 『국제·지역연구』 제33권 1호 (2024a).

연담린. "푸틴 집권기 러시아 의회엘리트의 권위주의화 연구." 『슬라브학보』 제39권 3호 (2024b).

연담린. "러시아 정치엘리트 충원시스템: 주지사와 상원의원을 중심으로." 『슬라브연구』 제40권 1호 (2024c).

Geuss, Raymond. *The Critique of Instrumental Reason from Weber to Habermas.* Harvard University Press, 1981.

Higley, John. "Elite Theory and Elites." in K.T. Leicht and J.C. Jenkins (eds.). *Handbook of Politics. Handbooks of Sociology and Social Research.* New York: Springer, 2010.

Mearsheimer, John. *The Tragedy of Great Power Politics.* New York: W.W. Norton, 2001.

Mearsheimer, John. "Structural Realism." in T. Dunne, M. Kurki & S. Smith (eds.), *International Relations Theory: Discipline and Diversity.* Oxford: Oxford University Press, 2005.

Spracklen, Karl. *The Meaning and Purpose of Leisure: Habermas and Leisure at the End of Modernity.* London: Palgrave Macmillan, 2009.

제1부

나자르바예프와 토카예프 집권기의 정치 제도 변화*

박상운
(서강대학교 사회과학연구소)

I. 들어가며
II. 나자르바예프 집권기의 정치 제도
III. 토카예프 집권기의 정치 제도 변화
IV. 나오며

---

* 이 글은 국제정치연구 제27권 4호(2024, 동아시아국제정치학회)에 게재된 논문을 수정하고 정리한 것임.

I. 들어가며

정치 제도는 "인간이 고안한 공식적 규정과 절차"로서, 정치 행위자 간 권력관계를 조직화하고 행위의 특정 과정을 규제한다.[1] 이러한 정치 제도는 다양한 요인들에 의해 변화를 겪게 되는데, 정치체제에 따라 특정 요인이 큰 영향을 미칠 수 있다. 민주주의 체제는 자유롭고 공정한 선거를 통해 선출된 통치자가 국민을 대표하고 국민의 정책 선호에 반응하며, 선거를 통해 통치자에게 책임을 물을 수 있어서 여러 요인들이 복합적으로 작용해 정치 제도 변화에 영향을 미칠 수 있다.[2] 반면, 권위주의 체제는 자유와 다원성이 제한된 상태에서 지배 엘리트 변동이나 중대 사건이 정치 제도 변화를 불러일으키는 주된 요인으로 작용할 수 있다.[3] 특히, 민주주의 체제는 정책 결정 과정이 분산되어 있고 다양한 행위자들이 서로 경쟁하면서 기존 정책의 변화가 쉽지 않지만, 권위주의 체제는 거부권 행사자(veto player)가 적고 언론의 자유와 시민들의 자발적인 참여를 제한하고 있어서 통치자의 의중이 정책 변화를 좌우할 가능성이 높다.[4] 즉, 권위주의 체제에서 통치자에게 집중된 권력은 기존 정책과 차별화된 새로운 정책을 신속하게 시행할 수 있다.

그렇다면 권위주의 체제인 카자흐스탄은 어떤 조건과 과정을 거쳐

---

[1] Federico Ferrara, *The Development of Political Institutions: Power, Legitimacy, Democracy* (USA: University of Michigan Press, 2022), p. 7.
[2] Kaare Strøm, "Delegation and Accountability in Parliamentary Democracies," *European Journal of Political Research* 37-3 (September, 2000), pp. 261-289.
[3] 이극찬, 『정치학』 (서울: 법문사, 1999), pp. 587-592; Juan J. Linz, *Totalitarian and Authoritarian Regimes* (USA: Lynne Rienner Publishers, 2000), p. 162.
[4] Annemieke van den Dool and Jialin Li, "What do we know about the punctuated equilibrium theory in China? A systematic review and research priorities," *Policy Studies Journal* 51-2 (April, 2013), pp. 283-305.

정치 제도가 변화하였는가? 토카예프 대통령은 정치 개혁을 기치로 내걸고 정치 제도들을 변경해 왔다. 카자흐스탄 정치에 관한 기존 연구들은 주로 나자르바예프와 토카예프 체제의 권력 구조 변화에 중점을 둔 반면에,[5] 카자흐스탄의 정치 제도가 어떤 조건에서 얼마나 바뀌어 왔는지에 대한 분석은 간과해 왔다. 이에 따라 본 글은 1991년 카자흐스탄 초대 대통령인 나자르바예프가 자신의 체제를 구축했던 시기부터 2019년 3월 자진 사임하고 토카예프를 대통령직에 앉혀 상왕의 지위에 머물다가, 2022년 1월 반정부 시위를 기점으로 실각하여 토카예프 대통령이 실권을 장악한 이후의 시기까지 헌법 개정과 하원 선거제도 개편을 중심으로 정치 제도 변화 양상을 비교 분석할 것이다.

II. 나자르바예프 집권기의 정치 제도

1. 나자르바예프 집권기의 헌법 개정

소련 시절, 카자흐 소비에트 사회주의 공화국 공산당 제1서기였던 나자르바예프는 카자흐스탄 독립으로 1991년 12월 1일 첫 대선에서 승리해 카자흐스탄 초대 대통령이 되었다. 나자르바예프 대통령은 자신의 체제를 확립하기 위해 1995년 8월 30일 신헌법을 제정하였다. 신헌법

---

[5] 김소연·제성훈, "2022년 카자흐스탄 정치변동의 내용과 의미: 엘리트 집단 교체와 헌법개정을 통한 권력 구조 개편을 중심으로," 『중소연구』 제47권 제1호 (2023), pp. 281-314; 정선미, "2022년 카자흐스탄 헌법개정의 주요 내용과 특징: 헌법개정 연혁과 권력구조 변화를 중심으로," 『슬라브학보』 제37권 4호 (2022), pp. 187-208.

의 주요 목적은 행정부, 입법부, 사법부에 대한 대통령의 인사권을 강화해 중앙집권화를 추진하고, 의회구조를 개편해 대통령의 의회 장악력을 높이는 것이었다.

신헌법은 내각 구성, 국가안보회의(Security Council)와 카자흐스탄 민족회의(Assembly of People) 의장과 위원, 주지사와 시장에 대한 대통령의 임면권을 보장하였다. 그리고 삼권분립의 취지에 따라 설치되었던 헌법재판소를 폐지하고 헌법위원회(Constitutional Council)를 새로 설치함과 동시에, 대통령이 헌법위원회 위원장을 임명할 수 있게 하였다. 또한, 대통령이 7명의 상원의원을 임명하도록 해서 입법부를 통제하였다.6) 즉, 나자르바예프 대통령은 신헌법을 통해 입법, 사법, 행정, 지방 권력 전반을 통제해서 자신의 체제를 확립하기 위한 제도적 기반을 마련하였다.

이후, 나자르바예프 대통령은 1999년 1월 조기 대선에서 재선에 성공하였고, 2000년 7월 20일 초대 대통령법을 제정해 자신의 지위를 공고화했다. 초대 대통령법은 나자르바예프 대통령을 건국에 기여해 국민들에게 존경받는 지도자인 국가의 아버지와 같다는 뜻의 엘바시(Elbasy)로 부르도록 하였다. 그리고 초대 대통령에 한정해 카자흐스탄 민족회의 의장직과 함께 국가안보회의와 헌법위원회 위원직에 대한 영구적인 지위를 보장하였다. 또한, 초대 대통령의 박물관 설립과 흉상 제작, 대통령과 그 일가에 대한 연금 지급과 면책특권 부여, 비판시 처벌 규정도 두었다.7) 이러한 조치는 나자르바예프 대통령이 퇴임하더라도 군사, 치안, 사법권을 실질적으로 장악해 권력을 영속화하기 위한 것이었다.

2007년 5월 21일 개헌에서는 초대 대통령의 연임 금지 규정을 폐지하고, 대통령이 임명할 수 있는 상원의원 수를 7명에서 15명으로 늘렸

---

6) 이혜정·박지범, "카자흐스탄 권위주의의 길." 『중소연구』 제33권 제2호 (2009), pp. 177-208.
7) 정선미(2022), p. 189.

다. 그리고 2011년 2월 2일 개헌은 대통령에게 조기 대선을 치를 수 있는 재량권을 부여했고, 나자르바예프 대통령은 2011년과 2015년 조기 대선에서 각각 연임에 성공하였다.[8]

2017년 3월 10일 개헌은 대통령의 권한을 전략적으로 축소해 안정적인 권력승계를 준비하는 동시에, 나자르바예프 대통령이 퇴임한 후에도 막후에서 정치적 영향력을 유지하기 위한 도구였다.[9] 나자르바예프는 이전보다 대통령의 인사권을 약화시켜서 의회의 동의하에 장관을 임명 (외교부와 국방부는 예외)하고 의회가 장관을 해임할 수 있게 만들었다. 또한, 대통령의 사법권도 축소해서 대통령이 헌법위원회의 결정에 대해 거부권을 행사할 수 없게 하였고, 헌법위원회의 검토를 거친 후에 채택 여부가 결정되도록 하였다.

2. 나자르바예프 집권기의 하원 선거제도 개편

1995년 신헌법에는 의회구조를 단원제에서 양원제로 개편하는 조항도 포함되어 있었다. 여기서 하원 선거제도는 유권자가 직접 투표를 통해 67명을 선출할 수 있도록 설계되었다. 이러한 조치는 나자르바예프 대통령이 주즈(zhuz)들 간의 정치적 이해관계를 조정하고 상호 견제하는 균형자 역할에서 벗어나,[10] 의회 권력을 장악해 자신의 체제를 확립하

---

8) Венера Касумова, "Что переписали в Конституции Казахстана Назарбаев и Токаев," press.kz (August 30, 2023), https://press.kz/novosti/chto-perepisali-v-konstitucii-kazahstana-nazarbaev-i-tokaev (검색일: 2024. 09. 05).
9) 윤도원, "2019년 카자흐스탄 권력승계 연구: 권력복점의 제도화를 중심으로," 『아시아리뷰』 제10권 제1호 (2020), pp. 197-202.
10) Edward Schatz, "Reconceptualizing clans: Kinship networks and statehood in kazakhstan," Nationalities Papers 33-2 (June, 2018), pp. 231-254.

기 위한 도구였다. 다만, 1995년 구성된 제1대 하원은 총 6개 정당이 총 23석을 확보했으며, 나머지 44석은 무소속 의원이었다.[11] 즉, 제1대 하원 선거는 여러 정당들과 무소속 후보들이 난립하였고, 나자르바예프 대통령과 직접적으로 연계된 정당도 없었다.

이에 따라 나자르바예프 대통령은 친위 세력 양성을 목적으로 하원 선거제도를 점진적으로 개편하여 1999년 오탄(Otan)당을 창당함과 동시에, 기존의 단순 다수제 67석에 정당명부식 비례대표제 10석을 추가하여 혼합형 다수대표제로 하원 선거제도를 변경해 제2대 하원 선거에 적용하였다. 이를 통해 나자르바예프 대통령은 오탄의 창업자이자 당대표로서 지역구와 비례대표 후보자 공천권을 행사하고, 선거 경쟁 구도를 후보자에서 정당 간 대결로 점차 옮겨가게 하여 대통령을 입법적으로 뒷받침할 수 있는 의회 후원 세력을 구축해 나가기 시작했다.[12] 그리고 비례대표 의석 배분 기준은 정당 득표율 7%로 높게 설정해서 군소정당의 원내 진입 가능성을 차단했다. 제2대 하원은 총 5개 정당과 무역노조연맹, 무소속 의원이 의석을 확보했는데, 총 77석 중 오탄이 23석으로 과반 의석을 확보하지는 못했으나 원내 제1당이 되었다.

그리고 2004년 제3대 하원 선거에는 나자르바예프 대통령 측근 집단(inner circle)과 올리가르히 집단(second tier)의 정치·경제적 이해관계를 대표하는 정당들이 등장했다. 나자르바예프 대통령의 장녀 다리가 나자르바예바(Dariga Nazarbayeva)는 아사르(Asar)를 창당했고, 시민당과 농업당은 농업과 산업 노조 선거 연합(AIST Bloc)을 구성했다. 선거 결과, 오탄이 총 77석

---

11) Maral Zhanarstanova and Timur Kanapyanov, "Development of post-communist parliamentarism in Kazakhstan and Romania: a comparative analysis," *Cinq Continents* 1-3 (August, 2011), pp. 198-217.
12) Esther Somfalvy, "The Challenges to De-localising Constituencies through Electoral Reform in Kazakhstan and Kyrgyzstan," *Europe-Asia Studies* 73-3 (November, 2020), pp. 533-558.

중 42석을 획득해 과반 의석을 확보했고, 농업과 산업 노조 선거 연합 11석, 아사르 4석, 카자흐스탄 민주당 1석, 악졸(Ak Zhol) 1석으로 친대통령 정당들이 부상했다.13) 특히, 나자르바예프 대통령의 실질적인 반대 세력인 카자흐스탄 공산당과 민주적 선택이 선거 연합을 통해 의석 확보를 노렸으나, 1석도 얻지 못했다. 이는 나자르바예프 대통령이 오탄을 중심으로 친대통령 정당들과 함께 의회 권력을 장악하기 시작했음을 보여준다.

2007년 제4대 하원 선거를 앞두고는 선거제도를 다시 개편해 정당명부식 비례대표제만으로 의원을 선출하게 만들었고, 총 의석수는 77석에서 107석으로 늘렸으며, 그 중 9석은 나자르바예프 대통령이 의장을 맡고 있는 카자흐스탄 민족회의가 추천하는 간접 선출 제도를 신설하였다.14) 또한, 2007년 이후부터는 무소속 의원 출마와 선거 연합 구성을 불허하고, 특정 정당의 공천을 받아 당선된 의원이더라도 당적을 상실했을 때는 의원직을 박탈하도록 하였다.15) 그 결과, 제4대 하원 선거는 카자흐스탄 민족회의에 할당된 9석을 제외한 98석을 누르오탄이 모두 석권하였다. 이후 2012년 제5대, 2016년 제6대, 2021년 제7대 하원 선거에서도 누르오탄은 각각 83석, 84석, 76석으로 절대다수를 차지했다.

---

13) T. Y. Kanapyanov, "Parliamentary development in Kazakhstan under the new constitution (1995-2007)," *BULLETIN* (2015). https://articlekz.com/en/article/18319 (검색일: 2024. 09. 05).
14) Eric C. C. Chang and Masaaki Higashijima, "The Choice of Electoral Systems in Electoral Autocracies," *Government and Opposition* 58-1 (January, 2023), pp. 106-128.
15) Somfalvy(2020), pp.533-558.

3. 소결

위와 같이 나자르바예프 대통령은 체제의 확립과 안착이라는 목표하에 자신의 권력을 공고화하는 방향으로 헌법과 하원 선거제도를 안정적으로 개편해 나갔다. 이러한 나자르바예프 중심의 정치 시스템 확립 기조는 대통령, 행정부 관료, 의원 등 지배 엘리트 간 이해관계가 일치한 결과물로 볼 수 있다. 이에 따라 카자흐스탄의 지배 엘리트들은 나자르바예프 대통령을 국부로 형상화하면서 체제를 안정적으로 유지하게 만드는 헌법 개정과 하원 선거제도의 점진적 개편에 대해 국민들로 하여금 긍정적인 정책 이미지를 갖게 만들었다. 이를 통해 정권 반대 세력들의 정치 참여를 원천적으로 제한하면서 나자르바예프 체제의 존속이라는 정책 기조가 유지된 것이다.

III. 토카예프 집권기의 정치 제도 변화

앞서 언급한 나자르바예프 체제 유지라는 정책 기조는 2022년 1월 반정부 시위를 계기로 퇴임 이후에도 상왕의 지위에 있었던 나자르바예프가 실각하고 토카예프가 실권을 장악하면서 변화하였다.

2022년 1월 카자흐스탄에서 일어난 반정부 시위는 초기에 국민들의 액화석유가스(LPG) 가격 상한제 폐지 반대로 촉발되었다가 시간이 지나면서 점점 규모가 커지고 정치 개혁 요구로 확대되었다. 당시에 토카예프가 대통령직을 수행하고 있었으나, 나자르바예프 전 대통령이 사임한 이후에도 상왕의 지위에 있으면서 사실상 실권을 쥐고 있었던 상황이었다. 이로 인해 토카예프 대통령은 시위 진압을 위한 공권력 동원에 한계가 있었고, 반정부 시위를 자력으로 해산시키지 못하자 러시아군이 주축인 집단안보조약기구(CSTO)의 지원을 받아 시위를 진압하였다. 이와 동시에, 토카예프 대통령은 나자르바예프 전 대통령의 국가안보회의 의장직, 누르오탄 대표직, 카자흐스탄 민족회의 의장직을 박탈해 실권을 장악하였다.[16]

시위 진압 이후, 토카예프 대통령은 2022년 3월 16일 하원에서 '새로운 카자흐스탄: 재건과 현대화의 경로(New Kazakhstan: Path of Renewal and Modernization)'라는 국정연설을 통해 나자르바예프 체제와 차별화된 정치 개혁 구상을 드러냈다.[17] 특히, 이 연설에서 1월 반정부 시위의 촉발 요인으로 나자르바예프 중심의 정치권력 독점에 대한 빠른 개혁이 단행되지 못한 점을 지목하였다. 이는 토카예프 대통령이 나자르바예프 체제의 유지라는 정책 기조를 전환할 것임을 암시한 것이다. 이에 따라 토카예프 대통령은 헌법과 하원 선거제도 관련 규정들을 개정하여 정부 형태를 기존의 초대통령제(super-presidentialism)에서 강력한 의회가 있는 대통령제(presidentialism with a strong parliament)로 전환해 대통령에게 집중된 권한을 일정 부분 분산함으로써, 국민의 정치 참여를 확대하고 인권을 보호하는 방향으로 정치 현대화(political modernization)를 추진하기 시작했다.

---

16) 정선미, "카자흐스탄 권위주의 체제 성립과 권력승계: 권력의 제도화와 정당성을 중심으로," 『국가전략』 제28권 제3호 (2022), pp. 149-176.
17) Akorda, "Kassym-Jomart Tokayev Delivers State-of-the-Nation Address to the People of Kazakhstan,"
https://www.akorda.kz/en/kassym-jomart-tokayev-delivers-state-of-the-nation-address-to-the-people-of-kazakhstan-1621043 (검색일: 2024. 09. 05).

1. 토카예프 집권기의 헌법 개정

2022년 1월 반정부 시위를 계기로 토카예프 대통령은 앞서 언급한 국정연설에서 발표한 정치 개혁 기조에 따라 두 차례의 개헌을 통해 나자르바예프 전 대통령과의 정책적 차별화를 추진하였다.

먼저, 2022년 6월 8일 개헌의 목적은 강력한 대통령제의 이미지를 희석시키는 데 있었다. 이를 위해 토카예프는 대통령에게 집중되어 있던 권한을 분산하는 조항을 포함시켰다.

첫째, 대통령은 재임 기간 동안 집권당 대표, 중앙선거관리위원회, 감사위원회, 헌법위원회 위원을 겸임하지 못하게 하였다. 그리고 대통령의 친인척을 국가 요직에 배치하는 것도 금지하였다.

둘째, 대통령의 의회 및 지방 통제 권한을 일부 축소하고, 하원의 입법권과 행정부 견제 기능을 일부 강화하였다. 상원의원 총 49명 중 대통령 임명 몫을 15명에서 10명으로 줄이고, 그 중 5명은 카자흐스탄 민족회의에게 추천하게 하였다. 대신, 하원의 카자흐스탄 민족회의 추천 몫인 9명은 폐지하였다. 그리고 하원 통과 법안에 대한 상원의 거부권을 폐지하고 법안 승인권만을 부여해서 하원의 입법권을 강화하였다. 또한, 하원의 예산결산위원회를 최고 감사원(Supreme Audit Chamber)으로 개편해서 감사원장이 매년 2번씩 행정부의 예산 집행 결과를 하원에 보고하도록 해 하원의 행정부 예산 심의 기능도 강화하였다.

지방 차원에서는 대통령의 주지사 및 시장 해임권을 폐지하였고 지방의회 의장직을 도입하였으며, 국가적으로 중요한 지역의 주지사나 시장을 임명할 때는 지방의회로부터 2명 이상의 추천을 받는 규정을 신설해 지방정부와 지방의회의 독립성을 일부 보장하였다.

셋째, 나자르바예프 정권 당시 폐지되었던 헌법재판소를 다시 설치하였다. 헌법재판소의 재도입은 국민이 직접 항소할 수 있는 기회를 부여해서 명목상이긴 하나 기본권을 보장받을 수 있게 하였다. 그리고 헌법재판소의 판결은 최종적인 법적 효력을 가지며, 대통령이라도 국민의 헌법적 권리와 관련된 판결을 임의대로 수정할 수 없게 하였다. 또한, 헌법 개정 사항은 헌법재판소의 의견에 따라 국민투표에 부치거나 의회에 제출하도록 하였다. 헌법재판소의 인적 구성에서도 헌법재판관 11명 중 6명은 의회에서 지명하고, 헌법재판소장은 상원의 동의를 거쳐 대통령이 임명하게 해서 헌법재판소의 독립성을 일정 부분 보장하였다.[18]

다음으로 2022년 9월 27일 개헌은 대통령 임기를 5년 중임제에서 7년 단임제로 변경해 최소한 제도적 차원에서는 표면적으로 장기 집권 가능성을 낮췄다.[19] 이에 앞서 토카예프 대통령은 9월 1일 '공정한 국가. 하나의 국민. 풍요로운 사회(A FAIR STATE. ONE NATION. PROSPEROUS SOCIETY), 국정연설에서 '강한 대통령-영향력 있는 의회-책임감 있는 정부(a strong President-an influential Parliament-an accountable Government)'라는 정치 개혁의 기조 아래 대통령 임기 변경을 통해 나자르바예프처럼 장기 집권하지 않을 것임을 강조하였다.[20] 토카예프 대통령은 한 언론과의 인터뷰에서 자신이 이미 15년 전에 대통령 임기를 5년 중임제에서 7년 단임제

---

18) Akorda, "Factsheet on Human Rights in Kazakhstan."
 https://www.akorda.kz/en/factsheet-on-human-rights-in-kazakhstan-1201910 (검색일: 2024. 09. 10).
19) Akorda, "President Kassym-Jomart Tokayev's State of the Nation Address,"
 https://www.akorda.kz/en/president-kassym-jomart-tokayevs-state-of-the-nation-address-181857 (검색일: 2024. 09. 10).
20) Akorda, "President Kassym-Jomart Tokayev's State of the Nation Address,"
 https://www.akorda.kz/en/president-kassym-jomart-tokayevs-state-of-the-nation-address-181857 (검색일: 2024. 09. 10).

로 변경할 것을 제안한 바 있으며, 차후에도 재선을 위해 헌법 개정 사항인 대통령 단임제를 바꾸지 않을 것이라고 하였다.[21] 그리고 토카예프 대통령은 7년 단임제가 대통령의 권력 독점을 약화시킬 수 있을 뿐만 아니라 정치 현대화 정책을 실행할 수 있는 충분한 기간이며, 최대한 집중력 있게 국정 과제를 해결할 수 있다고도 했다. 실제로, 토카예프가 추가적인 헌법 개정에 나서지 않고 7년 임기를 끝으로 대통령직에서 물러날 것인지는 지켜봐야겠지만, 적어도 국민들에게 장기 집권하지 않고 정치 개혁을 이루어 낼 것이라는 긍정적인 이미지를 심어줬다고 할 수 있다.

2. 토카예프 집권기의 하원 선거제도 개편

토카예프 대통령은 하원 선거제도 관련 규정도 변경해서 나자르바예프 체제보다 대표성과 국민의 정치 참여 확대를 강화하는 방향으로 정치 개혁을 추진하였다.

먼저, 2023년 총선부터 하원 선거제도를 기존의 정당명부식 비례대표제에서 지역구 의원 69명과 비례대표 의원 29명을 선출하는 혼합형 다수대표제로 변경하였다.[22] 이는 나자르바예프 때처럼 정당 득표율에 비례해 정당명부에 등재된 후보자만을 선출하지 않고, 국민이 지역구 후보에게 직접 투표할 수 있게 해서 국민의 정치 참여 확대를 꾀한 것

---

21) press.kz, "окаев пообещал не менять Конституцию ради переизбрания," press.kz (January 3, 2024),
https://press.kz/novosti/tokaev-poobeshhal-ne-menyat-konstitucziyu-radi-pereizbraniya (검색일: 2024. 09. 15).
22) Akorda, "Factsheet on Human Rights in Kazakhstan,"
https://www.akorda.kz/en/factsheet-on-human-rights-in-kazakhstan-1201910 (검색일: 2024. 09. 10).

이다. 그리고 정당의 비례대표 의석 배분 기준인 봉쇄조항을 득표율 7%에서 5%로 변경해서 군소정당의 원내 진입장벽이 이전보다 낮아졌다. 또한, 투표용지에 모두 반대(Against All) 선택지가 포함되어 지역구에서 무소속 후보가 당선될 수 있게 하였다. 각 정당이 후보를 공천할 때도 지역구에는 여성 30%를 할당하고, 정당명부에도 18세-28세 청년 할당제를 도입하였다.

둘째, 토카예프 대통령은 정당 창당 및 등록 기준을 완화하였다. 정당 창당에 필요한 최소 당원수를 1,000명에서 700명으로 줄였고, 정당의 지역 단위에서 필요한 지역 사무원의 최소 인원수도 600명에서 200명으로 3배 낮췄다.[23] 그리고 정당 등록 기준 인원도 20,000명에서 5,000명으로 4배 낮췄다. 그 결과, 공화당(Respublica)과 카자흐스탄 녹색당(Baytaq)과 같은 신생 정당이 등장하였다. 토카예프 대통령의 실권 장악 이후 치러진 2023년 제8대 총선에서 총 98석 중 집권당인 아마나트(AMANAT)가 62석으로 과반 의석을 차지했으나, 2006년 전신인 누르오탄 창당 이후 가장 낮은 의석 점유율을 보였다. 그리고 과거부터 소수 의석을 차지해 왔던 친대통령 정당인 악졸과 인민당 이외에도 처음으로 아우일(Auyl)이 8석, 공화당이 6석, 국가사회민주당(National Social-Democratic Party)이 4석을 확보하였고, 투표 용지에 '모두 반대' 선택지 도입으로 무소속 7석도 추가되었다. 즉, 2022년 1월 반정부 시위로 토카예프 대통령의 실권 장악 이후에도 나자르바예프 체제 때처럼 여전히 집권당인 아마나트(전신은 누르오탄) 중심의 우월지배정당체제가 지속되고 있으나, 정당

---

23) Akorda, "Statement by President Kassym-Jomart Tokayev on calling early election to the Mazhilis of the Parliament and Maslikhats,"
https://www.akorda.kz/en/statement-by-the-president-state-kassym-jomart-tokayev-on-calling-early-election-to-the-mazhilis-of-the-parliament-and-maslikhats-190176 (검색일: 2024. 09. 10).

들이 경쟁을 벌여 의석을 획득했다는 점에서 나자르바예프 체제 때보다는 경쟁 선거가 일부 이루어진 것이 차이점이라고 할 수 있다.

3. 소결

위와 같은 토카예프 대통령의 헌법 개정과 하원 선거제도 개편은 나자르바예프 체제 때의 '초대통령제'에서 '영향력 있는 의회와 책임 있는 정부'로의 전환을 추구하여 나자르바예프 체제의 유지라는 기존의 정책 기조에서 탈피하고 정치 개혁이라는 새로운 정책을 추진한 것으로 볼 수 있다.

특히, 2019년 3월 나자르바예프가 사임하고 토카예프가 대통령으로 취임하여 통치자 교체가 이루어졌음에도 불구하고, 그 당시에는 정치 개혁이 추진되지 않다가 2022년 1월 반정부 시위가 계기가 되어 토카예프가 실권을 장악하면서 정치 현대화 정책이 추진되었다. 대표적으로 2019년 3월 나자르바예프 대통령이 사임하고 그해 6월 대선에서 토카예프 대통령이 당선되자마자 나자르바예프의 업적을 기리기 위해 수도인 아스타나를 누르술탄으로 개명하는 개헌을 단행한 바 있다.[24] 이는 초기에 토카예프가 집권했더라도 국민들에게 전임 나자르바예프의 정책을 승계할 것이라는 신호를 보내는 상징적인 조치였다. 즉, 통치자가 교체되더라도 전임자의 정치적 영향력이 견고한 상황에서는 후임자가 기존의 정책 기조에서 벗어나 새로운 정책을 추진하기 어렵다.

---

24) Венера Касумова, "Что переписали в Конституции Казахстана Назарбаев и Токаев," press.kz (August 30, 2023).
https://press.kz/novosti/chto-perepisali-v-konstitucii-kazahstana-nazarbaev-i-tokaev (검색일: 2024. 09. 05).

그러다가 2022년 1월 반정부 시위가 발단이 되어 실질적인 리더십 교체가 이루어지면서 정책 변화가 이루어짐을 확인할 수 있다. 실제로, 토카예프 대통령은 실권을 장악하자 2019년 당시 자신이 나자르바예프의 업적을 기리기 위해 누르술탄으로 변경했던 수도의 명칭을 다시 아스타나로 되돌렸다.25) 이는 나자르바예프 체제의 존속이라는 이전의 정책 기조와의 단절을 의미하는 동시에, 새로운 정책을 시행할 것임을 암시하는 상징적인 조치였다. 즉, 토카예프 대통령은 정치 개혁을 구호로 내세우면서 나자르바예프 체제 때와는 차별화된 방향으로 헌법과 하원 선거제도를 개편해 과거 정책과 단절하고 정치 현대화라는 새로운 정책을 추진하였다.

IV. 나오며

지금까지 과거의 나자르바예프부터 현재의 토카예프 체제에 이르기까지 카자흐스탄 헌법 개정과 하원 선거제도 개편을 중심으로 정치 제도 변화 양상을 비교 분석하였다. 토카예프 대통령이 정치 개혁으로 추진한 정치 현대화 정책은 나자르바예프 체제 존속이라는 기존 정책과의 단절을 의미한다. 물론 이러한 정치 개혁 노선이 카자흐스탄 정치체제의 성격을 근본적으로 변화시켰다고 보기는 어렵다.

---

25) Венера Касумова, "Что переписали в Конституции Казахстана Назарбаев и Токаев," press.kz (August 30, 2023), https://press.kz/novosti/chto-perepisali-v-konstitucii-kazahstana-nazarbaev-i-tokaev (검색일: 2024. 09. 05).

그럼에도 불구하고 토카예프 대통령이 나자르바예프 체제와 차별화된 정치 개혁을 추진하면서 나자르바예프 체제 유지라는 과거의 정책 기조가 약화된 것은 분명하다. 정치 현대화 정책의 주요 내용은 국민의 민주적 정치 참여를 확대하고 개인의 인권을 보장하는 것이다. 나자르바예프 전 대통령은 자신에게 권력을 집중시키고 친인척을 국가 요직에 등용하여 반대 세력의 정치 참여를 원천적으로 차단하였다. 이에 따라 나자르바예프 체제하에서 헌법 개정은 입법부와 사법부에 대한 대통령의 통제권을 강화했고, 하원 선거제도 개편에서는 누르오탄 중심의 우월지배정당체제를 구축하는데 집중되었다. 이에 비해 토카예프 대통령은 헌법 개정을 통해 대통령 5년 중임제를 7년 단임제로 바꾸고, 입법부와 사법부에 대한 대통령의 인사권을 일부 분산하였다. 그리고 하원 선거제도를 정당명부식 비례대표제에서 혼합형 다수대표제로 변경하여 국민이 지역구 의원을 직접 선출할 수 있게 하였고, 정당 등록과 설립 요건도 일부 완화해서 신생 정당들이 등장할 수 있는 최소한의 여건을 구축해 놓았다.

다만, 이러한 토카예프의 정치 개혁이 외형상의 민주주의 제도를 모방한 것이지, 실제로 헌법과 법률에 따라 자유롭고 공정한 선거를 치르고 개인의 권리와 표현의 자유를 온전히 보장하는 실질적 민주주의를 구현하려는 시도라고 보기 어렵다. 왜냐하면 카자흐스탄과 같은 권위주의 체제에서는 관권 선거를 통해 민의가 충분히 왜곡될 수 있고, 반정부 활동은 억압의 대상이 되기 때문이다. 즉, 토카예프의 정치 개혁이 국민의 정치 참여와 인권 보호를 위한 최소한의 장치들을 마련했다는 점에서, 절차적 차원에서 보면 나자르바예프 체제와 차별성을 가진다고 평가할 수 있다. 다만, 실질적 측면에서 진정한 정치 개혁이 이루어져 선진 민주주의 국가들처럼 국민의 민주적 정치 참여와 인권을 온전히 보장한다고 간주하기는 어렵다. 따라서 토카예프 대통령의 정치 개혁은 민주주의 체제로의 전환을 위한 것이 아니라, 권위주의 체제 내에서 2022년 1월 반정부 시위를 통해 드러난 국민의 불만을 잠재우고 안정적인 국정 운영을 위한 전임자와의 차별화된 정책 수단이라고 할 수 있을 것이다.

참고문헌

김소연·제성훈. "2022년 카자흐스탄 정치변동의 내용과 의미: 엘리트 집단 교체와 헌법개정을 통한 권력 구조 개편을 중심으로." 『중소연구』 제47권 제1호 (2023).

윤도원. "2019년 카자흐스탄 권력승계 연구: 권력복점의 제도화를 중심으로." 『아시아리뷰』 제10권 제1호 (2020).

이극찬. 『정치학』 서울: 법문사, 1999.

이혜정·박지범. "카자흐스탄 권위주의의 길." 『중소연구』 제33권 제2호 (2009).

정선미. "2022년 카자흐스탄 헌법개정의 주요 내용과 특징: 헌법개정 연혁과 권력구조 변화를 중심으로." 『슬라브학보』 제37권 4호 (2022).

_____. "카자흐스탄 권위주의 체제 성립과 권력승계: 권력의 제도화와 정당성을 중심으로." 『국가전략』 제28권 제3호 (2022).

Chang, Eric C. C. and Higashijima, Masaaki. "The Choice of Electoral Systems in Electoral Autocracies." *Government and Opposition* 58-1 (January, 2023).

Ferrara, Federico. *The Development of Political Institutions: Power, Legitimacy, Democracy*. USA: University of Michigan Press, 2022.

Linz, Juan J. *Totalitarian and Authoritarian Regimes*. USA: Lynne Rienner Publishers, 2000.

Schatz, Edward. "Reconceptualizing clans: Kinship networks and statehood in kazakhstan." *Nationalities Papers* 33-2 (June, 2018).

Somfalvy, Esther. "The Challenges to De-localising Constituencies through Electoral Reform in Kazakhstan and Kyrgyzstan." *Europe-Asia Studies* 73-3 (November, 2020).

Strøm, Kaare. "Delegation and Accountability in Parliamentary Democracies." *European Journal of Political Research* 37-3 (September, 2000).

Van den Dool, Annemieke and Li, Jialin. "What do we know about the punctuated equilibrium theory in China? A systematic review and research priorities." *Policy Studies Journal* 51-2 (April, 2013).

Zhanarstanova, Maral and Kanapyanov, Timur. "Development of post-communist parliamentarism in Kazakhstan and Romania: a comparative analysis." *Cinq Continents* 1-3 (August, 2011).

Akorda. "Factsheet on Human Rights in Kazakhstan." https://www.akorda.kz/en/factsheet-on-human-rights-in-kazakhstan-1201910 (검색일: 2024. 09. 10).

_____. "President Kassym-Jomart Tokayev's State of the Nation Address." https://www.akorda.kz/en/president-kassym-jomart-tokayevs-state-of-the-nation-address-181857 (검색일: 2024. 09. 10).

_____. "Statement by President Kassym-Jomart Tokayev on calling early election to the Mazhilis of the Parliament and Maslikhats."

https://www.akorda.kz/en/statement-by-the-president-state-kassym-jomart-tokayev-on-calling-early-election-to-the-mazhilis-of-the-parliament-and-maslikhats-190176 (검색일: 2024. 09. 10).

Kanapyanov, T. Y. "Parliamentary development in Kazakhstan under the new constitution (1995-2007)." BULLETIN Abay Kazakh National Pedagogical University (2015). https://articlekz.com/en/article/18319 (검색일: 2024. 09. 05).

Press.kz. "окаев пообещал не менять Конституцию ради переизбрания." Press.kz (January 3, 2024). https://press.kz/novosti/tokaev-poobeshhal-ne-menyat-konstituczyu-radi-pereizbraniya (검색일: 2024. 09. 15).

Касумова, Венера. "Что переписали в Конституции Казахстана Назарбаев и Токаев." Press.kz (August 30, 2023). https://press.kz/novosti/chto-perepisali-v-konstitucii-kazahstana-nazarbaev-i-tokaev (검색일: 2024. 09. 05).

제2부

시진핑 시기 중국의 대외정책 결정요인:
국내정치 맥락을 중심으로*

임진희
(한신대학교 유라시아연구소)

I. 들어가는 글
II. 중국 정치체제의 변화
III. 중국 정치체제의 위기
IV. 중국 대외정책결정과정의 변화
V. 나가는 글

---

* 이 글은 한국동북아논총 제30집 제1호(통권 114호, 2025. 03)에 게재된 논문을 수정, 정리한 것임.

I. 들어가는 글

현재 한국과 국제사회는 새로운 시대를 맞이하고 있다. 자세히 보자면 우선, 세계가 파편화(Systemic Fragmentation)되고 있다. 제2차 세계대전 이후 교통과 통신 발달로 전 세계는 하나로 묶이며 국제사회로 통합되었다. 그러나 글로벌 경기 침체와 사스, 메르스, 코로나19 등 보건 위기를 연이어 겪으며, 국제사회는 '지정학이 귀환'하고 각자도생과 보호주의의 강대국 경쟁이 부활하였다. 나아가 이러한 과정에 국제질서와 레짐이 훼손, 약화되면서 글로벌 거버넌스도 그 역할과 영향력을 잃어가는 경향이 뚜렷하다.

또한, 2022년 러시아의 우크라이나 침공 이후로 미국과 유럽을 중심으로 국제사회가 단결하여 러시아를 고립시켰다. 그리고 2018년 이래로 미중의 전략 경쟁이 심화되면서 무역전에서 이념, 체제, 가치 등의 헤게모니 경쟁으로 진화하였다. 이러한 상황이 중첩되며 세계는 '러시아와 중국' vs '미국과 유럽' 혹은 '권위주의' vs '민주주의' 구도로 진영이 형성되는 양상이 뚜렷해졌다. 그러자 일각에서는 20세기 미소 냉전 시대를 언급하며 새로운 냉전, 즉 '신냉전'의 시대가 도래했다고 주장하기도 하였다.[1]

상술한 러시아-우크라이나 전쟁뿐 아니라 이스라엘-하마스 전쟁, 타이완 해협과 남중국해 긴장, 한반도 평화 프로세스 붕괴 등으로 국제사

---

[1] 최근 몇 년간 '신냉전'이라는 표현이 언론과 출판계를 중심으로 자주 등장하였다. 이러한 평가에 학계 의견은 나뉜다. 대표적으로 할 브랜즈(Hal Brands) 존스홉킨스대학 교수나 존 미어샤이머(John Joseph Mearsheimer) 시카고대학 교수는 신냉전이라는 표현에 동의하면서 미국은 미소 냉전의 과거로부터 교훈을 얻어야 한다고 주장하였다. 반면에 멜빈 레플러(Melvyn P. Leffler) 버지니아대학 교수는 신냉전이라 표현은 부적절하고 미국이 과거의 전략을 답습한다면 이는 치명적인 실수일 것이라고 주장하였다.

회는 갈등이 빈번해졌고 동시에 복잡하게 연결되며 불확실성이 증가하였다. 이러한 긴장과 갈등은 기후변화, 제4차 산업혁명 도래 등과 만나며 국제사회 미래를 더욱 혼란스럽고 예측 불가한 상황으로 몰아넣고 있다. 특히 한국은 전후 경제 회복과 성장에 매진하였던 지난 70여 년을 넘어 새로이 도약하는 중인데 이러한 불확실성으로 그 임무가 한층 더 어렵고 복잡해졌다.

이러한 상황에서 한국을 생각하면 국제사회와 동북아시아, 한반도까지 영역을 막론하고 막대한 영향력을 자랑하는 중국과 그 대외정책에 대한 이해와 분석이 중요하다. 중국이 개혁개방의 이후로 경제발전을 거듭해 새로운 강대국으로 부상한 상황인 데다, 한반도의 이웃으로 장기간 한반도 정세와 향방에 지대한 영향을 미쳐왔기 때문이다. 특히 한반도가 둘로 나누어져 서로 대치하는 현재, 북한과 중국의 특별하고 긴밀한 관계를 고려하면 중국의 대외인식과 정책 향방을 정확히 파악하는 각계의 노력이 필요하다.

한편으로, 중국의 대외관계와 대외정책의 배경, 의도, 향방을 정확하게 파악하고 전망하기 위해서는 중국의 국내정치적 상황과 맥락에 대한 종합적인 이해가 필요하다. 여느 나라와 같이 중국도 국내정치와 대외정책은 긴밀하게 연결되어 상호작용하며 막대한 영향을 주고받기 때문이다. 그러나 현재 한국에서 대외관계와 대외정책의, 특히 중국의 대외정책, 한중관계 흥망성쇠 배경과 요인에 관련한 연구는 대부분 국제질서, 미중의 강대국 역학관계에 집중되어 있다. 국내정치적 맥락과 요소는 간과되었다.

그러나 중국의 국가정책 결정자 입장에서 본다면 국내문제가 대외문제에 비해서 더욱 중요한 것이 분명한 사실이다. 중국공산당은 신중국 수립에 성공하였지만 동시에 근원적 불안정 요소가 있기에 중국공산당

영도와 정치체제의 안정을 도모하고자 끊임없이 노력해왔다. 기본적으로 중국공산당 최고지도자와 지도자그룹에 있어서 대외관계와 대외정책은 당과 국가의 정치적 목표인 안정과 발전을 달성하는 데에 필요한 보조적, 부수적 존재였다. 대부분은 국내정치에 영향을 미치지 않도록 관리하는 수준이었다.

일반적으로 대외정책은 국경을 넘어서 타국이나 조직과의 관계에 관련되는 정책을 의미한다. 그러나 최근 정보화, 세계화 등으로 한 국가의 국내정책과 대외정책의 경계가 모호해지고 있다. 원론적으로 보아도 대외정책은 국내의 환경과 필요에 좌우되는 경향이 뚜렷하다. 대외정책이 국내와 완전히 분리되어 외적인 상황에 결정되는 경우는 드물며, 마찬가지로 국내의 정책과 이행이 대외적인 이슈와 영향을 초래하는 사례도 빈번하다. 특히 강대국, 국제적 교류가 활발한 국가는 이러한 혼재가 더욱 빈번할 것이다.

중국은 1978년 개혁개방 이후로 급속한 발전을 거듭하여 현재 경제규모 세계 2위 대국으로 성장하였고, 유엔 안전보장이사회 상임이사국이자 대표적인 개발도상국으로 국제사회에서 막대한 영향력을 폭넓게 행사하는 국가이다. 그리고 이러한 중국의 다양한 정책은 국내뿐 아니라 세계의 곳곳에 영향을 미친다. 상술한 것처럼 대외정책뿐 아니라 국내 정치, 경제, 사회, 문화, 교육 등 각종 국내 정책까지 대외에 영향을 미치며 각국 정부와 민간기업, 민간단체, 개인까지 중국의 일거수일투족을 주시하는 상황이다.

이러한 맥락에서 본문은 중국에서 근래에 일어나는 다양한 국내정치 변화를 살펴보고 이러한 변화에서 시작한 대외정책 경향의 가능성을 조심히 짚어보려 하였다. 정치학자 라이훙이(賴洪毅, Hongyi Lai)는 2010년 그의 저작인 "The Domestic Sources of China's Foreign Policy:

Regimes, Leadership, Priorities and Process"2)에서 중국의 대외정책에 영향을 미치는 요인은 다양하지만, 국내적 요인은 '체제유지', '권력정치', '정치과정'의 세 가지 범주로 나누어 정리할 수 있다고 주장, 유용한 프레임을 제시하였다.

본문은 라이홍이 프레임을 활용하여 최근의 국내정치 변화와 맥락을 중심으로 시진핑 시기 중국의 대외정책 변화의 가능성과 향방을 살펴보고자 한다. 구체적으로 I장은 글의 배경과 문제 인식을 서술하고, II장은 '체제유지$^{(Regimes)}$' 관점에서 중국 체제와 지도자 생존, 지도자의 비전을 짚어보며, III장은 '권력정치$^{(Leadership)}$' 측면에서 권력승계, 정책의 우선순위, 내부 논쟁과 위기 등을 고찰하고, IV은 '정책과정$^{(Priorities\ and\ Process)}$' 시각에서 일련의 변화와 영향을 살펴보며, V장은 정리와 함께 시사점을 제시하고자 한다.

II. 체제유지: 중국 정치체제의 변화

중국 국내정치와 대외정책의 관계를 보다 학술적, 분석적으로 고찰하려고 한다면 중국정치 전문가 라이홍이 노팅엄대 교수의 분석 방법을 참고할 수 있다. 그는 2010년 저작을 통해서 중국의 외교정책에 영향을 미치는 국내적 요인은 매우 다양하지만 크게 아래의 세 가지로 정리할 수 있다고 주장하였다. 첫째는 '체제유지$^{(Regimes)}$', 둘째는 '권력정치$^{(Leadership)}$', 셋째는 '정치과정$^{(Priorities\ and\ Process)}$'이다. 이러한 세 가지의

---

2) Lai, Hongyi, *The Domestic Sources of China's Foreign Policy: Regimes, leadership, priorities and process* (New York: Routledge, 2010).

국내정치 요인이 복잡하게 상호작용하면서 중국의 대외정책에 영향을 미친다는 것이다.

이를 자세히 보자면 우선, '체제유지' 경우에는 중국의 지도자들이 국내의 각종 정책을 결정할 때에 가장 기본적이고 우선으로 고려하는 요소이다. 기본적으로 국내의 체제가 안정적인 국가와 불안정한 국가는 대외정책에 쏟는 관심과 자원, 그 내용과 방향에 따른 우선순위도 달라질 것이다. 국내의 체제와 관련한 상황이 안정적이면 불안정한 국가보다 더욱 거시적이고 일관되며 적극적으로 대외정책을 추진할 수 있다는 것이다. 만약에 결과가 실망스럽더라도 국가체제 차원에서 위기가 발생할 가능성은 미미하다.

반면에 체제가 불안정하면 상황은 다르다. 기본적으로 국내의 체제가 불안하기에 대외관계와 대외정책 우선순위는 국내의 그것에 비해서 떨어진다. 국가를 지배하는 이들은 자신들의 생존에 밀접하게 관련된 국내정치 안정에 집중하는 것이다. 따라서 대외관계나 대외정책이 그들의 우선순위인 국내정치 안정에 유의미한 영향을 끼치지 않는다면 그들은 소극적으로 관리라는 차원에서 접근할 것이다. 대외관계나 대외문제에 이슈가 발생해 국내체제에 치명적 위기로 진화하지 않도록 조심스럽게 접근할 따름이다.

1. 새로운 발전 단계로의 전환 가능성

중국의 대외전략, 정책을 가늠하기 위해서 국내정치 맥락을 파악하는 노력이 필요하다. 상술한 것처럼 중요한 국가전략, 정책의 결정자 입장에서 본다면 국내문제가 대외문제에 비해서 더욱 중요한 것이 사실이다. 기본적으로 중국공산당 최고지도자와 지도자그룹에 있어서 대외관계와 대외정책은 당과 국가의 국내정치적 목표인 안정과 발전을 달성하는 데에 필요한 보조적, 부수적 존재였다. 대부분은 국내정치에 부정적 영향이 없도록 관리하는 수준이었다. 따라서 국내정치 상황과 변화를 면밀히 관찰하는 것이다.

1978년 중국이 처음 개혁개방 정책을 시행한 이후로 50년 가까이 지났다. 오랜 기간 중국은 압도적으로 높은 경제 성장을 기록하였고, 상술한 것처럼 세계 2위 규모 경제 대국으로 자리를 잡았다. 이러한 과정에 중국은 신중국 건국과 개혁개방 정책을 시행하며 수립한 중국식 현대화, 즉 소기의 목표인 소강사회(小康社會)3)를 조기에 건설하였고, 이제는 더욱 진보한 목표4)를 설정해 나아가는 중이다. 그리고 중국의 이러한 경제적 성공은 중국의 정치, 대외관계, 사회, 문화 등의 전반에 커다란 변화를 가져왔다.

중국의 대내외 지위와 영향이 제고되었고 중국 사회가 개방되면서 삶의 질까지 향상되었다. 그러나 중국은 사회주의 초급 단계로서 아직 불확실하고 과도기적인 체제의 불안정한 국가이다. 또한 극심해진 도농, 동서, 빈부 등의 다양한 격차, 고령사회 조기 진입, 환경오염, 소수민족 분리 운동, 사회주의 노선갈등 같은 문제가 상존한다. 더불어 시

---

3) 1979년 12월 06일, 덩샤오핑은 일본 수상 오히라 마사요시를 만난 자리에서 '샤오캉(小康)'이라는 단어를 사용하여 중국식 현대화를 설명하였다. 그는 "우리는 4개 현대화를 실현할 것이다, 이는 중국식 현대화. 우리의 4개 현대화 개념은 당신들과는 다른 것이며, '샤오캉의 집(小康之家, 의식주에 문제없는 중산층을 의미)'이다. 이번 세기말에 중국의 4개 현대화는 모종의 목표에 도달할 것이다. 우리 일 인당 GDP 수준은 여전히 낮다. 제 3세계 중에서 비교적 잘사는 국가의 수준이 되려면, 예를 들어 일 인당 GDP 천 달러 수준이 되려면 크게 노력해야 한다. 중국은 그때가 되어도 여전히 샤오캉 상태일 뿐이다"라고 밝혔다. 1984년, 덩샤오핑은 "샤오캉은 이번 세기말에 일 인당 GDP가 800달러 수준이 되는 것을 말한다"고 덧붙여 샤오캉의 의미를 보완했다.
4) 2017년 10월 18일, 시진핑은 "우리는 전면적 소강사회를 건설하여 첫 번째 백 년 분투 목표를 실현해야 하며, 또한 이러한 흐름을 타고 전면적 사회주의현대화국가로의 새로운 길을 개척해, 두 번째 백 년 분투 목표를 향해 나아가야 한다"고 밝혔다.

대와 상황의 변화에 따라서 발생이 가능한, 나아가 예측이 어려운 외부로부터의 도전들, 예를 들면 글로벌 경기 침체, 보건문제 등이 중국공산당 체제안정을 위협하는 상황이다.

일찍이 마오쩌둥 노선이 위기에 처하면서 국가가 대내외 위기에 직면했을 당시에 제2세대 지도자 덩샤오핑은 중국의 현실을 '사회주의 초급단계'[5]로 진단하고, 개혁개방이라는 혁신적인 방향을 제시하여 중국을 부활시키고 성장시켰다. 그러나 이러한 대책은 경제적 성공이라는 빛과 동시에 그에 못지않은 그림자를 동반하였다. 덩샤오핑뿐 아니라 후임인 장쩌민과 후진타오는 이러한 부작용을 완화하거나 해결하기 위해서 다양한 가능성을 탐색하면서 정책을 시행하였다. 그러나 이러한 노력은 유의미한 성과를 거두지 못했다.

2010년대 초반에 시진핑이 취임할 즈음에는 이러한 문제와 부작용이 상당히 심각해 더는 미봉책이나 완화책으로 미루며 버티기 어려운 한계에 이르렀다. 그러자 일각에서는 중국의 과거와 현재를 다시금 돌아보면서 새로운 시각과 판단을 활용해 접근하려는 이들도 등장하였다. 특히 일부에서는 '당시 중국의 중대한 전환, 즉 개혁개방 정책과 시장경제 도입을 끌어냈던 중국이 사회주의 초급단계라는 판단은 현재에도 여전히 적실한가?'라는 문제를 제기하며 새로운 상황 판단과 국가전략의 필요성을 주장하였다.

실제로 시진핑 시기는 이러한 인식과 판단에 근거해 근래 40여 년간 중국을 지배해오던 사회주의 초급단계론 수정과 보완을 시도하였다.[6]

---

[5] 마오쩌둥의 사망 이후 덩샤오핑이 당과 국가 노선을 수정하려고 하자 당의 내외부에서 이에 대한 찬반의 치열한 논의가 진행되었다. 이러한 논의는 논쟁을 넘어서 정치적 갈등을 초래할 위험이 있었다. 이러한 상황에 개혁파는 1981년 역사결의, 1982년 중국공산당 제12차 전국대표대회 정치보고, 1986년 인민일보 사설을 통해서 '사회주의 초급단계론'을 제시, 공식 노선으로 발전시켰고 이로써 당내 노선에 대한 일련의 논의와 논쟁은 일단락되었다.

이러한 시대적 판단과 결단이 드러난 사례가 2017년 중국공산당 장정에 삽입된 '시진핑신시대중국특색사회주의사상'일 것이다. '신시대'를 부각, 변화한 주요 모순을 강조하며 과거와는 다른 노선을 추구할 것이라는 강한 의지를 드러낸 것이었다. 시진핑 초기의 일대일로, 쌍순환, 생태문명건설 등이 새로운 돌파구를 찾으려는 이러한 탐색과 경제사회 전략의 일환이다.

그런데 지금의 현실을 본다면 목적을 달성한 것으로 보기는 어렵다. 물론 외부의 도전과 문제도 컸기에 중앙에 전적인 책임을 묻기가 어렵고, 장기적 문제라 섣불리 결과를 논하기 어려운 측면도 있다. 사실상 이러한 과정에 수반되는 불확실성과 불안정성이 현실적인 문제일 것으로 보인다. 중국공산당 중앙은 이처럼 새로운 도약과 부작용 해결에, 나아가 국가와 정권의 불안정 해소란 근본적 문제에 매진할 것이다. 따라서 특별한 이유나 계기가 없다면 시진핑 초기의 과감한 시도와 다르게 대외적 문제는 다소 신중하고 수동적인 대응 수준에 머무를 것으로 보인다.

2. 시진핑 통치 비전과 연임

신중국 수립 이후에 역대 공산당 최고지도자들은 당시 중국의 대내외 현실과 국가의 지향을 고려하여 국가의 정책 기준인 통치 이념을 제

---

[6] 주장환은 '시진핑신시대중국특색사회주의사상'이 '동일 역사 발전 단계 하에서의 사회 주요 모순 변화 가능성'을 주장하면서 사회주의 초급단계론 시기 구분을 더욱 세분화하고 이로써 새로운 모순, 즉 신시대 모순의 해결을 위해서 새로운 전략과 정책을 추진할 수 있도록 사상적 해석과 토대를 제공했다고 설명하였다. 주장환, "사회주의 초급단계론에 대한 중국의 새로운 인식 '시진핑 신시대 중국특색 사회주의 사상'," 『마르크스주의 연구』 제15권 제3호(경상국립대학교 사회과학연구원, 2018), pp. 179-187.

시해왔다. 그리고 이러한 이념은 중국공산당 장정$^{(章程)}$에 기록, 꾸준히 추가되면서 "중국공산당은 마르크스레닌주의$^{(马克思列宁主义)}$, 마오쩌둥사상$^{(毛泽东思想)}$, 덩샤오핑이론$^{(邓小平理论)}$, "삼개대표"중요사상$^{("三个代表"重要思想)}$, 과학발전관$^{(科学发展观)}$, 시진핑신시대중국특색사회주의사상$^{(习近平新时代中国特色社会主义思想)}$을 그 행동 지침으로 한다"고 명시되었다.7)

중국공산당이 민중을 이끌고 혁명을 통해서 수립한 공산국가로서 마르크스레닌주의가 국가의 주요 지향과 정체성으로 당장에 기록되었고, 역대 공산당의 최고지도자인 마오쩌둥, 덩샤오핑, 장쩌민, 후진타오, 시진핑을 거치면서 마오쩌둥사상, 덩샤오핑이론, "삼개대표"중요사상, 과학발전관, 시진핑신시대중국특색사회주의사상이 각각 제안, 추가되었다. 이러한 배경에는 개인의 권력과 역사에 이름을 남기는 명예도 있겠지만 중국공산당은 시대와 함께 나아가기$^{(与时俱进)}$ 위한 통치 이념의 진화라고 규정하였다.

2012년 새로이 집권한 최고지도자 시진핑 주석의 경우에 '시진핑신시대중국특색사회사상'을 정치적, 대중적 언어로 표현한 국가적 비전이 "중국의 꿈$^{(中國夢)}$"이다. 중국의 꿈은 중국공산당 제18차 전국대표대회 이후 2012년 11월 29일 시진핑 중국공산당 총서기가 공식 제시한 시진핑 시기 중국의 지도 사상이자 집정 이념이다. 시진핑은 이를 '중화민족의 위대한 부흥$^{(中华民族伟大复兴)}$ 실현'이라고, 다시 말해 중화민족의 근대 이래 가장 위대한 꿈이라고 정의했으며, 이 꿈은 반드시 이루어질 것이라고 덧붙였다.

이에서 유의할 부분은 '중국의 꿈'은 기존의 통치 이념과 달리 대외적, 대국민 전략과 메시지를 포함하고 있다는 사실이다. 중국은 근본적

---

7) 중국 공산당원망(共产党员网) https://www.12371.cn/special/zggcdzc/zggcdzcqw/(검색일: 2025. 01. 02).

인 체제 취약성을 가진다. 이에 셔크(Shirk)는8) 중국을 깨지기 쉬운 강대국(Fragile Super Power)으로 묘사하였고, 샴보우(Shambaugh)는9) 대외적 영향력도 제한적인 불완전한 국가(Partial Power)라고 정의하였다. 이러한 본질적 불안정 때문에 중국은 신중국 이후로 대부분 대내적 안정과 발전을 최우선 순위에 두었다. 대외적 측면에는 소극적이고 방어적으로 움직였던 것이다.10)

그러나 시진핑 시기에는 달라진 강대국 정체성에 근거해 국제사회에 자국의 이익을 관철시키며 새로운 질서를 모색하였다.11) 이러한 인식과 태도의 변화는 2014년 중앙외사공작회의에서 '중국특색(中國特色) 대국외교(大國外交)'12)로 공식화된다. 이어서 '신형대국관계', '아시아운명공동체', '신안보관', '신형국제관계' 등 개념과 구상이 제시되었고, AIIB, RCEP, BRICs, SCO 등 조직을 매개로 구현되었다. 이러한 중국의 적극적 외교는 '분발유위(奮發有為)'나 '전랑외교(戰狼外交)'로 일컬어지며 세계의 이목을 집중시켰다.

그런데 시진핑 후반에 접어들며 이러한 전략은 한계에 부딪힌다. 2018년 이래의 미중무역갈등 및 첨단기술경쟁, 코로나19로 촉발된 중국의 고립과 분투, 경제적 침체, 러시아-우크라이나 전쟁 이후의 진영

---

8) Suan L. Shirk, *China: Fragile Superpower* (Oxford: Oxford University Press, 2007).
9) David Shambaugh, *China goes Global: The Partial Power* (Oxford: Oxford University Press, 2013).
10) 덩샤오핑 이후로 중국의 대외적인 기조는 대부분 신중하고 다소 수동적인 '도광양회(韜光養晦), 유소작위(有所作為)' 틀에서 벗어나지 않았다. 그러한 이유로 대외관계와 대외정책은 국가적 목표인 경제의 성장과 발전에 유리한 환경을 조성하는 데 그 중요한 목적을 두었다.
11) 김흥규, "중국 전략사고의 흐름과 외교 전략," 김흥규 외, 『시진핑 시기 중국 외교안보: 그 패러다임의 변화』 (서울: 동아시아재단, 2015), pp. 15-49.
12) 중국특색(中國特色) 대국외교(大國外交)는 '중국의 특색(中國特色)', '중국의 방식(中國風格)', '중국의 패기(中國氣派)'를 견지하면서 중화민족의 위대한 부흥과 인류운명공동체라는 목표를 달성하겠다는 것이다. 이러한 전략은 2015년 이후로 '시진핑 외교사상'으로 불렸으며, 2017년 '시진핑신시대중국특색사회주의사상'에서 대외전략 관련 주요 부분으로 진화하였다.

갈등과 재편으로 중국과 공산당은 시대적 변화와 도전에 직면하였다. 그리고 시진핑 정부는 이것을 계기로 중앙, 특히 시진핑 개인에게 권력을 집중시켰고, 그는 2022년-2023년 세 번째로 총서기와 국가주석 자리에 오른다.13) 그리고 이로써 오랜 정치적 관례, 제도가 훼손되면서 중국정치에 불확실성이 확대되었다.

시진핑이 2022년 총서기, 2023년 주석의 자리에 오른지 약 2년이 지나갔다. 일견하면 정권이 안정적인 것처럼 보이지만 끊임없는 도전과 문제가 국내외를 막론하고 불거진 데에다 불확실성 문제가 겹쳐지며 한 치 앞을 장담하기 어려운 상황이다. 그러므로 초기에 중요한 통치의 비전과 외교적 기조를 천명했고 시간의 흐름에 따라서 꾸준히 후속의 작업이 이어진 상황을 고려하면, 앞으로 새로운 이념의 제시보다 국내에 중점을 두면서 지금처럼 내외부 도전과 변화에 대응과 적응을 위주로 이념과 정책의 신중한 변용이 이어질 것으로 보인다.

III. 권력정치: 중국 정치체제의 위기

다음으로 '권력정치(Leadership)' 요인이다. 이는 엘리트 권력 구조와 최고지도자 선출(선거 민주주의 여부), 정책 의제를 둘러싼 엘리트 내부 논쟁들, 최고지도자 개인의 신념과 비전 등 다양한 내용을 포함하는 것이다. 달리 말하자면 국내정치 관련, 일국의 정치지도자 정통성, 최고지도자 또

---

13) 시진핑은 2018년 헌법개정, 2021년 세 번째 역사결의 등을 거치며, 2022년 세 번째 총서기와 국가주석에 취임하였다. 이어 시진핑 시기 당정기구 개편과 운영 등을 통해서 개인의 권력 중앙집중 경향은 더욱 뚜렷해진다.

는 엘리트 집단 권력의 안정성 여부, 엘리트 정치 내부의 정책적 이견과 조율, 최고지도자 개인 신념에 따라 대외정책과 대외관계도 크게 달라질 수 있다는 의미이다. 이러한 상황과 조건은 중국도 타국과 비슷할 것이다.

한편, 중국의 정치 구조와 엘리트 정치 작동 방식은 독특하다. 신중국 수립의 이래로 중국공산당 일당영도(一黨領導) 체제를 확고히 하였으며 덩샤오핑 이후로 내부의 운영, 엘리트 구조 작동에 있어 '집단지도체제(Collective Leadership System)'라는 안정된 방식을 구축, 발전시켰다. 후진타오 시기의 후반에 국력이 상승하고 국내외 환경이 조성되며 상당히 공세적이고 두드러지는 대외정책이 실행되었다. 그러자 집단지도체제 아래의 대외정책과 대외관계에 의문이 제기되기도 했지만, 중국공산당 지도부는 일관된 입장을 꾸준하게 견지하였다.

1. 시진핑의 연임과 권력집중

2012년-2013년 시진핑 총서기, 주석의 취임에 즈음해 관련한 학계와 대부분 언론은 시진핑 개인의 권위와 권력의 성격은 그간의 관례를 이어갈 것이라 보았다. 신중국 수립 이후에 가장 약하다 평가받는 제4세대 지도자인 후진타오 주석보다 더욱 취약할 것으로 전망한 것이다. 지금까지 역사적 흐름이 그러했고 시진핑 주석의 배경과 개인의 경력에 이러한 흐름을 뒤집을 정도의 특별한 무언가가 보이지 않았기 때문이다. 그렇지만 지금의 현실을 본다면 이러한 추측과 전망은 상당히 섣부른 것이었다.

시진핑이 취임한 다음에 보여준 행보는 세간의 기대와 전망을 완전히 뒤집는 것이었다. 시진핑 주석은 강력한 반부패 운동을 통해서, 당

조직과 제도의 개편을 통해서, 시진핑 사상과 정풍운동 등을 통해서 유력한 정적과 반대파를 제거하며 그 누구보다 빠르고 강하게 자신에게 권력을 집중시켰고 안정적으로 정권을 공고화했다. 이러한 상황에 일부는 중국혁명과 국가건설의 전설이자 무소불위 권력을 휘둘렀던 마오쩌둥을 떠올리며 중국이 일인지배 시대로 퇴보했다는 우려 섞인 주장을 내놓기도 하였다.[14]

구체적으로 변화를 살펴보자면, 가장 두드러지는 것은 시진핑의 중국공산당 총서기직 연임이었다. 덩샤오핑 이후 제도화된 것처럼 인식되었던 최고지도자 10년 임기와 승계 원칙이 훼손되었다. 물론 덩샤오핑 이후에도 후야오방, 자오쯔양 실각처럼 크고 작은 급변사태가 일어났다. 그러나 시진핑은 2018년 헌법개정, 2021년 역사결의 발표, 2022년 당장 수정, 2022년-2023년 중국공산당 총서기, 국가주석, 군사위원회 주석직 연임과 관련하여 최소한 겉으로는 평화롭고 순조롭게 이러한 과정을 주도하였다.[15]

중국공산당 정치 지도자 연령 제한도 무력해졌다. 고위 지도자 연령 제한은 마오쩌둥이 개인 지배를 공고히 하며 종신으로 최고위직에 재임했었던 과거와 그 부작용을 경험하고 다시금 같은 과거가 반복되지 않도록 노력하는 과정에 만들어졌다. 연임 여부를 결정할 때에 해당 인물이 68세 이상이면 은퇴해야 한다는 원칙이다. 만약 연령 제한이 지켜지려면 시진핑은 은퇴해야만 했다. 그러나 제20기 중앙위원회 중앙정치국 내에는 시진핑 외에도 장유샤(张又侠), 왕이(王毅) 등이 68세 이상이나

---

14) 임진희, "중국 시진핑 정부 특징과 권력 공고화 분석 – 마오쩌둥 시기와 비교를 중심으로 -,"『중국지역연구』 제9권 제2호(중국지역학회, 2022), pp. 315-317.
15) 임진희, "중국 시진핑 정부 특징과 권력 공고화 분석 – 마오쩌둥 시기와 비교를 중심으로 -," pp. 322-327.

연임하였다.

한편으로 이와는 다르게 중국의 엘리트 정치와 구조에 있어서 지속된 측면도 존재한다. 우선, 민주추천제도가 유지되었다. 2007년과 2012년 시행되었던 투표를 통한 민주추천제도는 인기에 결과가 좌우된다는 문제가 지적되었고, 특히 국가기밀누설과 엄중한 부패에 연루되었던 저우융캉(周永康)과 쑨정차이(孫政才)가 이를 활용했다는 정황이 드러나면서 폐기되었다. 그러나 투표 없는 제도는 계속되었다. 2019년 이후로 선거나 투표를 제외하고 후보들을 추천받아 면담하며 심사, 평가하는 방식으로 변화하였다.

나아가 시진핑이 연임에 성공했지만 집단지도체제 자체는 건재하다는 주장이 존재한다. 주요 조항인 '당의 각급 위원회는 집체영도와 개인분업책임을 상호 결합한 제도를 실시한다', '당은 어떠한 형식의 개인숭배도 금지한다'에 변화가 없다는 것이다. 그러나 동시에 2018년 발표된 '2개의 유지'[16]와 2021년 발표된 '2개의 확립'[17]에 드러난 시진핑의 핵심지위 유지와 시진핑신시대중국특색사회주의사상의 지도적 지위 확립에 대한 의지는 과거와 다르게 시진핑에 권력이 집중되는 것이라 각계의 의견이 분분하다.[18]

이에서 특별한 주의가 필요한 사실은 중국의 중요한 전략과 정책을 결정, 좌우하는 그룹이 시진핑과 측근들로 획일화된 사실이다. 이로써 국가의 대소사가 개인의 신념이나 성향에 영향받을 가능성이 커지는

---

16) 2개의 유지란 "시진핑 총서기의 당 중앙위원회와 전당에서의 핵심지위를 유지하고, 당 중앙위원회 권위와 집중통일영도를 견결히 유지하자"에서 나온 것이다.
17) 2개의 확립이란 "시진핑의 당 중앙위원회와 전당의 핵심지위를 확립하고, 시진핑신시대중국특색사회주의 사상의 지도 지위를 확립하자"에서 나온 것이다.
18) 주장환, "중국 엘리트 정치 동학 변화에 관한 연구: 제20차 공산당 전국대표대회와 제20기 중앙위원회 1차 전체회의를 중심으로," 『21세기정치학회보』 제32집 제4호(21세기정치학회, 2022), pp. 6-8.

것이다. 중국은 중요한 정책에 중국공산당 중앙이 절대적 영향을 미치는 시스템이다. 이제는 총서기 개인과 그에게 헌신적 측근만 존재할 중앙에 개방성, 투명성, 다양성, 전문성 등에 근거한 건전한 토론과 선의의 경쟁이 어려워졌다. 의식적이든 무의식이든 이러한 상황에는 결정에 오류나 문제가 발생할 위험이 증대된다.

2. 중국 집단지도체제의 위기

현시점에서 국내외 전문가 다수는 장쩌민, 후진타오 시기와 비교하면 중국공산당 및 중앙정치국 권력이 시진핑 개인에 집중되는 경향이 뚜렷하다는 사실에 동의하였다. 그러나 '집단지도체제가 훼손되었나'라는 질문에는 다양한 의견이 혼재한다. 일각에서는 시진핑이 3번째 임기에 들어섰고, 후계가 불투명하며, 기타의 유력한 파벌을 제거하여 중앙정치국 인선을 가까운 이들로 채웠다는 사실에 집중하였다. 때문에 집단지도체제 조직이 더는 자유롭고 평등하게 토론하며 정책을 결정하는 장(場)이 아니라는 것이다.

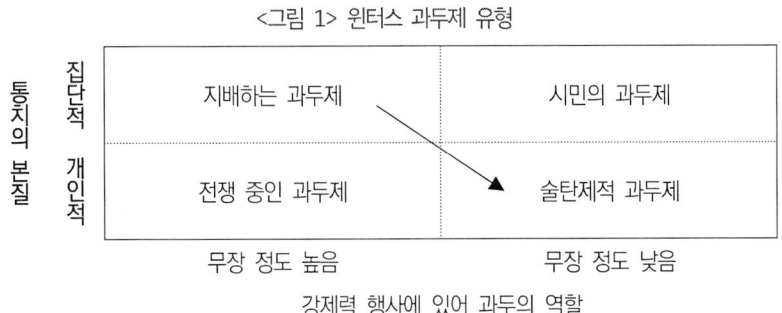

<그림 1> 윈터스 과두제 유형

출처: 윈터스(Winters, 2011)를 참고하여 작성함

그러나 다른 이들은 과두와 과두제는 다양한 스펙트럼이 있으며 그 유형과 성질이 변하였을 뿐이라고 주장한다. 중국과 관련하여 본다면 흔히 권위주의라 보는 조직이나 국가의 지배세력을 과두로 상정하고 중국의 특성에 맞추어 발전한 제도가 '집단지도체제'이다. 일부에서는 보다 구체적으로 표현, 중국공산당 중앙정치국 위원들이 소위 과두로서 중국을 지배한다고 주장한다. 그렇다면 과두와 과두제 측면에서 시진핑 시기에 일어난 일련의 권력집중 현상을 분석하면 어떠한 변화나 문제를 발견할 수 있을까?

중국에서는 마오쩌둥 시기 문화대혁명 발생 원인을 마오쩌둥 개인으로의 권력집중과 전횡 때문이라고 규정하였다. 문화대혁명 10년여의 혼란과 파괴를 경험했던 중국은 후계자 덩샤오핑 시기부터 개인 권력집중 방지 목적으로 '집단지도체제'를 구축, 시행하기 위해 노력하였다. 그리고 제3세대 지도자인 장쩌민과 제4세대 지도자인 후진타오 시기는 이러한 집단지도체제를 이어가면서 발전시키고, 성숙시키기 위해 노력하였다. 그러한 결과로 후진타오 시기는 중국과 중국공산당 중앙정치에 제대로 자리 잡게 되었다.[19]

집단지도체제란 중국의 정치 권력을 독점한 중국공산당 중앙이 개인이 아닌 지도부 '집단'으로 하여금 공산당과 중국을 이끌도록 정치 권력, 정책 결정 권한을 분산시킨 제도이다. 중국식 민주주의와 민주집중제를 현실에 구현하려는 시스템이다. 중앙정치국 상무위원회 소수가,

---

[19] 일부에서는 마오쩌둥, 덩샤오핑 시기에서 장쩌민과 후진타오 시대로의 전환을 '과두제의 제도화'라 정의하였다. 마오쩌둥과 덩샤오핑은 독립과 신중국 수립을 이끌었던 핵심적 인물들로 개인의 성과에 기반한 권위와 그에 대한 조직의 충성에 의해서 유지되는 정치체제를 지배하였다. 그러나 두 거물이 사망 또는 은퇴하며 더는 그와 같은 정통성과 카리스마를 가진 인물이 부재하기에 중국정치에 '집단지도(Collective Leadership)'라는 방식이 도입됐다는 것이다. 달리 말하면 중국 엘리트 정치의 '일인지배' 내지는 '단극체제'가 '과두제' 내지는 '다극체제'로 변화했다는 것이다. 그러나 시진핑 시기에 들어서 이러한 흐름에 다소간 변화가 보인다.

즉 과두들이 중요한 문제를 회의로 결정하고 결과에 책임지며 중국공산당, 국무원, 전국인대 등의 권력기관 간에 역할을 분담시키고 권한을 인정하였다. 그러므로 서로의 해당 업무 권리와 역할을 다른 개인이나 조직이 쉽게 침범할 수 없었다.[20]

그런데 상술한 것처럼 시진핑 초기에 다양한 수단과 정책을 통해서 상하이방, 공청단파 같은 정적과 경쟁자 파벌을 제거하였다. 마오쩌둥 시기는 이념과 노선의 차이에 관련한, 덩샤오핑 시기는 개혁개방 속도와 정책에 관련한 파벌이 경쟁하였고, 장쩌민과 후진타오 시기는 현실적인 세력 다툼으로 지연, 혈연, 학연 등에 기반한 다양한 파벌이 경쟁하였다. 이들은 민주사회 다원주의 정당의 다양한 이익 대표와 경쟁 및 협력 등 정치적 기능을 중국공산당 내부에서 수행하면서 중국식 민주주의를 현실에 구현하고자 하였다.

그러나 시진핑 시기는, 특히 중국공산당 제20기 중앙위원회 이후로 중국공산당 중앙정치국, 즉 중국식 과두제와 과두에 존재하던 다양한 파벌들과 견제가 사라졌다. 제19기 경우는 리커창, 왕양, 쑨춘란, 후춘화 같은 공청단파, 한정, 궈성쿤 같은 상하이방 계열이 포함되어 있었다. 그러나 일련의 정리와 공작이 마무리되면서 시진핑 총서기가 세 번째의 임기에 들어선 2022년 즈음에 중국공산당 제20기 중앙정치국 및 그 상무위원회 인사들은 다음 <표 1>과 같이 대부분 본인과 내지는 측근과 유관한 인사로 채워졌다.

---

20) 구자선, "영도소조를 중심으로 본 중국 집단지도체제 변화 가능성," 『주요국제문제분석』, N0. 2014-29(2019).

<표 1> 중국공산당 제20기 중앙위원회 중앙정치국 위원

성명	출생연도	현직	연결 요소	비고
시진핑 (习近平)	1953	중앙위원회 총서기	-	유임
리창 (李强)	1959	국무원 총리	저장성	신임
자오러지 (赵乐际)	1957	전국인민대표대회 상무위원회 위원장	선친 인연 산시성	유임
왕후닝 (王沪宁)	1955	중국인민정치협상회의 주석	-	유임
차이치 (蔡奇)	1955	중앙서기처 서기	저장성	신임
딩쉐샹 (丁薛祥)	1962	국무원 부총리	상하이시	신임
리시 (李希)	1956	중앙기율검사위원회 서기	산시성 저장성	신임
마싱루이 (马兴瑞)	1959	신장위구르자치구 당 위원회 서기	영부인 펑리위안 동향	신임
왕이 (王毅)	1953	중앙외사공작위원회 판공실 주임 외교부 부장	-	신임
인리 (尹力)	1962	베이징시 위원회 서기	푸젠성	신임
스타이펑 (石泰峰)	1956	중앙서기처 서기 중국인민정치협상회의 부주석 중앙통일전선공작부 부장	중앙 당교	신임
류궈중 (刘国中)	1962	국무원 부총리	-	신임
리간제 (李干杰)	1964	중앙서기처 서기 중앙조직부 부장	군수산업 분야	신임
리수레이 (李书磊)	1964	중앙서기처 서기 중앙선전부 부장	푸젠성	신임

성명	출생연도	현직	연결 요소	비고
리훙중 (李鸿忠)	1956	전국인민대표대회 상무위원회 부위원장	-	유임
허웨이둥 (何卫东)	1957	중국공산당 및 중화인민공화국 중앙군사위원회 부주석	푸젠성	신임
허리펑 (何立峰)	1955	국무원 부총리 중앙재경위원회 판공실 주임	푸젠성	신임
장유샤 (张又侠)	1950	중국공산당 및 중화인민공화국 중앙군사위원회 부주석	선친 인연	유임
장궈칭 (张国清)	1964	국무원 부총리	군수산업 분야	신임
천원칭 (陈文清)	1960	중앙서기처 서기 중앙정법위원회 서기	푸젠성	신임
천지닝 (陈吉宁)	1964	상하이시 위원회 서기	칭화대학	신임
천민얼 (陈敏尔)	1960	텐진시 위원회 서기	저장성	유임
위안자쥔 (袁家军)	1962	충칭시 위원회 서기	군수산업 분야	신임
황쿤밍 (黄坤明)	1956	광둥성 위원회 서기	-	유임

출처: 중국정요자료고(中國政要资料库) http://cpc.people.com.cn/GB/64162/394696/ 참고하여 정리

    집단지도체제 의의는 개인에 권력이 집중될 경우의 위험을 분산시키면서 다원주의 사회에서 건전한 견제와 경쟁이 가지는 효과를 과두제 체제에서 얻으려는 것이다. 그러한 이유로 조직의 권력이 개인에 집중될 경우는 본래의 취지를 살리기 어렵다. <그림 1>과 같이 과두제 유형이 변했을 뿐이란 의견도 있지만,[21] 중요한 사실은 중국의 제도적 발전

---

21) 윈터스 과두제 범주를 중국의 정치적 체제와 근래의 변화에 적용한 연구에 따르면, 현재의 중국은 과두제 범주의 하나인 '지배하는 과두제(Ruling Oligarchy)'에서 다른 범주의 보다 개인에 권력이 집중된 '술탄제적 과두제(Sultanistic)'로 유형이 변했다. 그러나 중국이 지금도 여전

이 멈추며 오히려 역행한 것이다. 그리고 이로써 시진핑 이후 중국 엘리트 정치 전망과 중국공산당 향방이 불투명해지면서 중국정치 제도화, 국가의 예측 가능성 수준도 하락할 것이다.

Ⅳ. 정치과정: 중국 대외정책결정과정의 변화

마지막으로 살펴볼 부분은 '정치과정(Priorities and Process)'이다. 대내외를 막론하고 중요한 정책 결정 과정에 이해관계자들이 참여하여 어떠한 절차와 방식을 거쳐서 토론을 진행하고 합의를 이뤄내는지는 중요한 변수이다. 예컨대 정책 결정에 참여하는 인사와 과정이 어떤지에 따라서 논의되는 이슈와 속도가 달라질 수 있기 때문이다. 나아가 중요한 정책의 일관성과 우선순위 여부도 달라질 수 있기에 정치과정 요소는 국내정치가 어떻게 대외정책에 영향을 미치는지 분석하는 데에 매우 중요한 변수이다.

중국의 경우는 중국공산당 일당 영도 국가로 정치 구조, 정책 결정 과정에 '민주집중제' 원칙이 적용되며 매우 위계적이고 폐쇄적으로 운영되었다. 그러나 덩샤오핑 의지와 개혁개방 결과로 국내외 주요한 정책 결정 과정에 비교적 다수의, 다양한 사람들이 참여하게 되었다. 그리고 이로써 정책 결정 과정의 다원화, 분권화, 제도화, 전문화 성격이 강화되었다. 따라서 대외정책도 과거의 중국공산당, 정부, 인민해방군 외에 비록 제한적이지만 지방정부, 연구기관, 기업, 언론 등이 참여하며

히 과두제라는 사실은 변화가 없다는 것이다.

영향을 미치게 되었다.22)

1. 중국 파벌정치 종식으로 인한 지도부 내의 경쟁과 다양성 감소

정치과정(Priorities and Process)을 자세하게 살펴보자면, 중국의 중요한 정책 결정에, 특히 대외정책 결정에 참여하는 이들은 다양하다. 중국공산당, 국가기관 관계 부처 그리고 일부 중국인민해방군 등이 전통적이다. 그리고 주변부 혹은 부수적 참여자로 간주되는 학술기관, 국유기업, 언론기관, 대중여론 등을 찾을 수 있다. 대부분 정책 결정이 비슷한 상황이지만, 대외정책의 경우는 분야의 특수성을 이유로 정책 결정 과정이 특히 전문적이고 폐쇄적이다. 그러나 1990년대 장쩌민 시기부터 상황이 달라졌다.

1990년대 장쩌민 시기부터 2000년대 후진타오 시기는 대외정책 결정에 더욱 많은 인물과 조직들이 참여하던 시기였다. 여전히 중국공산당과 관련한 국가기관이 핵심적 행위자지만, 기존에 주변부나 부수적 참여자로 여겨지던 학술기관, 국유기업, 언론기관, 이익집단, 대중여론 등의 참여와 역할이 크게 확대되었다. 폐쇄적인 소수가 독점적인 영향을 행사하던 상황이 완화되자 그 결과로 대외정책이 더 안정적이고 예측이 가능한 방향으로 변화했다는 의견이 제시되었다. 대외정책결정 과정이 제도화됐다는 것이다.23)

---

22) 이문기, "시진핑 시대 '중국의 꿈', 국내정치 맥락과 대외정책의 변화," 『세계지역연구논총』 제36집 1호(한국세계지역학회, 2018), pp. 90-92.
23) 이와 관련, 김흥규. "개혁.개방 이후 중국의 외교정책 결정과정 연구," 『동아시아 정세 변화와 한국 외교 과제』 2007 정책연구과제통합본(2007), pp. 332-352.; 김애경, "중국의 대외정책 결정과정에서 공산당의 변화된 역할," 『EAI 중국연구패널 보고서: 중국 대외정책 결정과정과 주요 행위자』 EAI 중국연구패널 보고서 08(2014). pp. 09-13.; 류시아오페이, 『시진핑 시대 중국 외교정책과 국내정치: 개인과 집단수준의 요인을 중심으로』 2019, 한양대학교 대학원 석사

일각에 따르면 특히 2000년대 들어 뚜렷한 발전이 있는데 이에는 몇 가지 중요한 배경이 있다. 첫 번째는 중국정치 제도화로, 특히 권력승계 제도, 집단지도체제 등이 후진타오 시기는 성숙한 단계에 이르러 중국정치 전반이 안정화되었다는 것이다. 이로써 대외정책을 포함한 주요 정책의 결정과 이행도 안정적일 수 있었다는 것이다. 두 번째로는 당시 후진타오 개인과 지도부의 성향이 법치와 제도화, 합리적 절차를 중시했다는 것이다. 이러한 배경에 다양한 이들이 의견을 내면서 참여할 수 있었던 것이다.[24]

관련하여 연구자 샴보우(Shambough)는 대외정책 결정과정 행위자를 중심에서 확대되는 다섯 개의 동심원으로 설명하였다. 이중 안쪽 둘은 중요한, 바깥쪽 셋은 부수적 행위자이다. 자세히 보자면 첫 번째 원은 중국공산당 중앙정치국 상무위원회, 중앙군사위원회,[25] 각종 산하 영도소조, 중앙서기처, 중앙판공청 등으로 직접 의사를 전달하는 조직이다. 두 번째 원은 중국공산당 대외연락부, 국무원 관련 부처와 산하 조직들이다. 상술한 두 번째 원까지 중국의 주요한 대외정책을 논의, 결정, 집행하는 핵심적 기관이다.

세 번째 원은 중국의 현대국제관계연구원, 상하이국제문제연구원, 중국인민해방군 군사과학원,[26] 사회과학원 등으로 이들은 대부분 위의

학위 논문; 서진영, 『21세기 중국외교정책』 (서울: 폴리테이아, 2007); 신종호, "중국의 외교정책결정 구조 변화 및 한반도에 대한 시사점." 『Gyeonggi Research Institute CEO Report』 No. 33(2009), pp. 3-11.; 차창훈, 『현대외교정책론』 (서울: 명인문화사, 2007). 등을 참고.

[24] 김흥규, "중국 외교정책 결정과정: 대 한반도 정책 결정과정에 대한 이해를 위한 초보적 분석," 『新亞細亞』 제15권 3호(2008), pp. 90-92.

[25] 중앙군사위원회는 중국인민해방군의 통수권을 보유한 기관으로 외견상 대외정책, 외교를 관할하지는 않지만, 실제로는 국방 및 안보 관련한 대외정책에 가장 큰 영향력을 가진 기관이다.

[26] 상술한 중앙군사위원회의 핵심적 싱크탱크가 군사과학원이다. 주로 군사기초이론과 국방건설, 군대 건설에 관련한 주요 연구를 진행하고, 군사위원회와 총사령부에 정책 결정을 위한 전략적 건의와 자문을 제공하며, 군사학술연구 정보를 제공하고, 전군의 군사학술연구 사업을

두 번째 원에 정보와 의견을 제공한다. 네 번째 원은 지방정부, 대기업, 국유기업 등으로 해외 사무, 사업이 증가하며 이익을 관철하려 영향을 미쳐왔다. 다섯 번째 원은 다수의 개인으로 기술이 발달하며 여론을 형성하고 이로써 정부까지 압력을 행사하는 중이다. 이러한 방식으로 중국의 대외정책 결정은 독점이 약화되며 다양한 행위자가 과정에 참여하는 쪽으로 발전해 온 것이다.

그러나 시진핑 시기에 들어서 이러한 흐름에 변화가 생긴다. 시진핑 정부는 중국정치 제도화 흐름으로 중국의 대외정책 결정이 안정적이고 예측 가능하도록 변화했지만, 동시에 국가정책 결정 참여자가 증가하며 분열과 혼선이 초래됐다고 주장하였다. 실제로 전통적 행위자, 지방정부, 대기업, 개인들의 확대된 참여는 때로는 중앙의 의도나 계획과 다르게 움직이며 균열과 혼선을 초래하기도 하였다. 이들의 합의되지 않은, 내지는 정제되지 않는 발언이나 행보로 인해 중앙과 관계 기관들은 대응에 어려움을 겪었다.27)

이러한 문제의 인식과 주장에 기반해 시진핑 정부는 정책 결정 권위를 집중하려는 공식적, 비공식적 대응을 시도하였다. 다만 주의가 필요한 것은 상술한 것처럼 중앙은 시진핑과 그 측근으로 채워졌고 내부에서 다양성이 감소하며 파벌 간의 건전한 견제와 경쟁까지 사라졌다는 사실이다. 이러한 경우에 성향과 지향이 단일화, 획일화되면서 개인의 인식과 의지에 비판 없이 조직과 그 결정이 좌우되는 위험한 상황이 벌

조직, 조정하는 업무를 수행한다. 김흥규, "중국 외교정책 결정과정: 대 한반도 정책 결정과정에 대한 이해를 위한 초보적 분석," pp. 67-71.
27) 일례로 Linda Jakobson(2013) 연구에 따르면 2013년 11월 하이난성(海南省) 정부와 성(省) 공안부가 발급한 여권의 도안에 중앙과의 사전 논의 없이 분쟁 중인 남사군도를 삽입하여 동남아시아 관련 국가의 강한 반발을 산 적이 있다. 이에 당시 외교부장인 양제츠는 관련한 분란과 혼란에 격노하였다고 전해진다.

어지기 쉽다는 것이다.28) 사실상 집단사고$^{(Group\ Think)}$의 위험이 확대됐다는 것이다.

2. 중국 대외정책결정기제의 변화

상술한 것처럼 1980년대 덩샤오핑의 개혁개방 이후로, 특히 1990년대 장쩌민과 2000년대 후진타오 이후로 중국의 대외정책 결정 과정에는 참여자 숫자와 영역의 범위가 확대되었고, 자연스럽게 전문성 및 분권화 경향이 뚜렷해졌다. 국력과 영향력 제고에 중국의 역할과 세계의 기대가 달라진 데에다 기술의 발전과 세계화 때문에 중국의 대외관계, 관련한 대외정책 결정도 따라서 복잡해졌기 때문이다. 이러한 경향은 대외정책 전문성, 일관성, 제도화 제고에 도움이 되었지만 동시에 문제와 부작용도 출현하였다.

실제로 내부에서는 구체적 의사결정, 집행의 과정에서 관련한 부처와 기관들 사이에 불필요한 경쟁이나 분절적인 행태를 보이는 등 당정 내부에의 불협화음 출현과 혼선의 가능성이 확대됐다는 문제가 제기되었다.29) 그리고 이러한 문제 인식, 고민에서 시진핑 정부는 주요 정책 결정에 관련한 중앙으로의 집중을 강화하였다. 이러한 변화는 상술한 문제에 더하여 중국정치 체제의 유지와 관련된 통치전략, 그리고 시진핑 개인으로 권력이 집중되는 근래의 경향과도 서로가 밀접하게 관련

---

28) 이문기, "시진핑 시대 '중국의 꿈', 국내정치 맥락과 대외정책의 변화." pp. 106-110.
29) 많이 알려진 사례로 장쩌민 시기 중국공산당 중앙은 국방체계를 개혁하려고 했지만, 중국인민해방군 내부의 강력한 반발에 무산되었다. 그러나 시진핑 시기에 성공하면서 이는 시진핑 시기 강력한 권력집중을 방증하는 사례로 널리 회자되었다. 중국의 군부는 대외정책 문제에 비교적 적극적인, 때로는 호전적인 태도와 행보를 보이며 외교부와 이견을 노출한 사례도 존재한다.

되며 영향을 주고받는 상황이다.30)

구체적으로 살펴보자면 시진핑 시기는 대외정책을 포함한 주요 정책 결정을 중국공산당 중앙으로, 즉 위로부터의 의사결정(이하 정층설계(頂層設計))으로 변화시켰다. '정층설계(頂層設計)'란 본래는 건축과 같은 공학 기술에서 차용한 개념이다. 주요 정책의 사안과 국내외 환경의 다양성, 복잡성 때문에 거시적, 종합적 안목을 보유한 개인이나 지도부가 정책을 결정해야 한다는 주장이다. 과거처럼 분산된 권한은 중앙에 집중하고, 관련한 부처와 기관은 중앙의 결정과 지도에 따라서 행동해야 한다는 상명하달 원칙을 강조한다.

이러한 맥락에서 출발해 정책 결정 권위를 집중하려는 공식적, 비공식적 시도가 진행되었다.31) 대표적 사례가 중국공산당 '중앙국가안전위원회(中央國家安全委員會)' 및 '중앙외사공작위원회(中央外事工作委員會)' 수립일 것이다. 전자의 경우는 2013년 제18기 중앙위원회 제3차 전체회의에서 결정되었고, 2014년 중앙정치국 회의에서 시진핑 총서기가 주석32)으로 결정되었다. 본 위원회는 중국공산당 중앙위원회 및 그 상무위원회 직속으로 국가 안전과 외교에 관한 중요한 인사가 전부 참여하며 정책 결정을 조율한다.

후자는 2018년 3월 중국공산당 중앙위원회가 ≪당과국가기구개혁심

---

30) 이문기, "시진핑 시대 '중국의 꿈', 국내정치 맥락과 대외정책의 변화," pp. 109-110.
31) 조영남 교수에 따르면 시진핑 집권 초기 신설된 4개의 영도소조, 즉 '개혁전면심화영도소조(全面深化改革領導小組)', '국가안전영도소조(國家安全領導小組)', '중앙네트워크안전및정보화영도소조(中央網絡安全和信息化領導小組)', '중앙군사위원회국방및군대개혁심화영도소조(中央軍委深化國防和軍隊改革領導小組)'는 모두 시진핑이 조장이다. 이외에 '외사업무영도소조', '대만업무영도소조', '재경영도소조', '해양권익영도소조' 역시 조장을 맡고 있는데, 재경영도소조를 제외한 소조의 조장은 미공개이지만, 관례에 따라 시진핑으로 추정하였다.
32) 2025년 1월 현재, 총서기 시진핑이 주석을, 국무원 총리 리창, 전국인대 상무위원회 위원장 자오러지, 중앙서기처 서기 차이치가 부주석을 맡고 있다.

화방안(深化党和国家机构改革方案)≫(이하 '방안')에 근거하여 본래의 중앙외사 공작영도소조(中央外事工作領導小组)를 중국공산당 중앙위원회 직속의 의사기구로 개편한 것이다. 상술한 방안은 중국공산당 중앙이 당과 국가사업 전반의 중대 업무에 집중통일영도를 강화하고 정책 결정과 조율 기능을 강화하기 위해서 이러한 조직 개편을 시행한다고 밝혔다. 그리고 이들은 관련한 영역의 중대 공작에 정층설계, 전반적인 구성 및 조율, 실제적인 추진 및 이행 등을 책임진다고 설명하였다.33)

상술한 두 조직은 현재 총서기 시진핑과 그의 측근인 외교부장 왕이34)가 이끌고 있으며, 중국의 주요한 외교와 대외정책 조율이나 결정이 이뤄지는 최상위 기구이다. 실제 중국국제문제연구원 전(前) 소장인 취싱(曲星)은 시진핑 시기 대외정책의 중요한 개념은 모두 정층설계(頂層設計)라고 불리는 위로부터의 정책설계로 이루어졌다고 주장하였다.35) 이는 주요 정책 결정 과정에서 중앙 집중성을 강조하여 권한을 중앙에 집중해야 한다는 의미로써, 시진핑 시기 개인에의 권력 집중 현상과 겹쳐지며 유의미한 변화, 결과를 가져오게 되었다.

이처럼 중국공산당 제20기 중앙정치국 및 상무위원회 인사는 시진핑과 그 측근으로 채워졌다. 그리고 중국의 대외관계와 대외정책을 결정하는 기제는 그 권한이 중앙으로 집중되는 추세이다. 이러한 경향은 하나의 결과를 낳았다. 중국 대외정책 포함, 중요한 정책 결정 과정을 시

---

33) 중국정부망(中国政府网) https://www.gov.cn/zhengce/202203/content_3635301.htm#1(검색일: 2025. 01. 10).
34) 2025년 1월 현재, '중앙외사공작위원회' 판공실 주임은 중앙정치국 상무위원이자 외교부 부장인 왕이가 맡고 있다. 왕이는 2013년 시진핑 초기부터 외교부 부장을 맡았으며, 1953년 출생으로 2022년 당시 칠상팔하 원칙에 어긋남에도 불구하고 시진핑과 함께 연임하였다. 시진핑 시기 중국의 외교, 대외정책 분야 상징으로 시진핑의 큰 신임을 얻고 있는 인물이다.
35) 중국신문망(中国新闻网) https://www.chinanews.com.cn/gn/2013/12-19/5638982.shtml(검색일: 2025. 01. 10).

진핑 개인과 그 측근이 독점하게 되었다. 이러한 상황은 내부의 건전한 경쟁과 견제를 없애며 중요한 정책 결정 오류의 가능성과 불확실성을 높일 뿐만 아니라 덩샤오핑, 장쩌민, 후진타오 시기를 거치며 발전한 시대적, 제도적 흐름에 역행하는 것이다.

V. 나가는 글

세계적 대전환기에 한국은 국제질서와 동북아시아, 한반도까지 영역을 막론하고 막대한 영향력을 자랑하는 중국과 그 대외정책에 대한 이해와 분석이 중요하다. 한편으로 동시에 중국의 대외관계와 대외정책의 배경, 의도, 향방을 정확하게 파악하고 전망하기 위해서는 중국의 국내 정치적 상황과 맥락에 대한 종합적인 이해가 필요하다. 여느 나라와 같이 중국도 국내정치와 대외정책은 긴밀하게 연결되어 있으며 상호작용으로 막대한 영향을 주고받기 때문이다. 그럼에도 현재 한국에서 국내정치적 맥락과 요소는 간과되었다.

그러나 중국의 국가정책 결정자 입장에서 본다면 국내문제가 대외문제에 비해서 더욱 중요한 것이 분명한 사실이다. 중국공산당은 신중국 수립에 성공하였지만 동시에 결정적 불안정 요소가 잠재해 있기에 중국공산당 영도와 정치체제의 안정을 도모하고자 끊임없이 노력해왔다. 기본적으로 중국공산당 최고지도자와 지도자그룹에 있어서 대외관계와 대외정책은 당과 국가의 궁극적 목표인 안정과 발전을 달성하기 위한 보조적, 부수적 영역이었다. 대부분은 국내정치에 부정적 영향을 미치지 않도록 관리하는 수준이었다.

일반적으로 대외정책은 자국의 영토를 넘어서 타국이나 조직과의 관계에 관련되는 정책을 의미한다. 그러나 최근 정보화, 세계화 등으로 한 국가의 국내정책과 대외정책의 경계가 모호해지고 있다. 원론적으로 보아도 대외정책은 국내의 환경과 필요에 좌우되는 경향이 뚜렷하다. 대외정책이 국내와 완전히 분리되어 외적인 상황에 결정되는 경우는 드물며, 마찬가지로 국내의 정책과 이행이 대외적인 이슈와 영향을 초래하는 경우도 빈번하다. 특히 강대국, 국제적 교류가 활발한 중국은 이러한 혼재가 더욱 빈번할 것이다.

관련하여 라이홍이 교수는 중국의 대외정책에 영향을 미치는 요인은 다양하지만, 국내적 요인은 '체제유지', '권력정치', '정치과정'의 세 가지로 정리할 수 있다고 주장하였다. '체제유지'는 국내정치 안정 여부가, '권력정치'는 권력의 구조와 지도자 정통성, 내부 이견과 지도자 신념이, '정치과정'은 정책의 결정에 참여하는 이해관계자, 합의의 과정을 고찰하여 이러한 요소가 대외정책에 미치는 영향을 연구하는 것이다. 본문은 이를 활용해 국내정치 변화와 맥락을 중심으로 시진핑 시기 중국의 대외정책 변화 가능성, 향방을 살펴보고자 하였다.

결론적으로 중국의 국내정치 문제와 관련하여 크게 두 가지 중요한 변화를 관찰하였다. 첫 번째는 과두제 국가인 중국이 근래 몇 년에 걸쳐서 특정한 개인과 측근에게로 권력과 주요 정책 결정의 권한이 집중됐다는 사실이다. 마오쩌둥 사후에 과거를 반면교사 삼아서 개인에 집중되었던 권력을 분산시켰다. 일련의 노력은 덩샤오핑, 장쩌민, 후진타오 시기를 거치면서 정치적 제도화라는 결실을 보았다. 그러나 시진핑 시기에 이르러 이러한 정치 제도적 발전이 멈췄고 특정한 개인에 권력이 집중되며 지도부 내부가 다시 획일화되었다.

두 번째는 중국정치에 불확실성이 높아졌다는 것이다. 중국은 덩샤오핑 이래로 중국식 과두제인 집단지도체제를 구축, 발전시켰다. 정치적 권력과 중요한 권한을 개인이 아닌 집단에 부여, 정치적 오류와 잘못된 판단의 위험을 낮추려 했었다. 그러나 상술한 것처럼 개인에게 권력이 집중되면서 집단이 획일화되어 집단지도체제 본래의 취지와 의미가 사라지게 되었다. 나아가 시진핑 총서기, 주석이 기존과 다르게 3번째 임기에 들어서고 후계가 불투명한 상황이라 향후 중국의 정치체제에 불확실성이 매우 높아졌다는 것이다.

이러한 변화는 관련한 두 가지의 문제를 낳았다. 우선, 중요한 정책의 결정에 오류와 잘못된 판단의 위험이 높아질 것으로 보인다. 현재의 중국과 세계는 굉장히 다양하고 복잡한 대상이다. 저명한 전문가라 하여도 모든 문제에 관련 배경과 현황, 예상되는 결과를 정확하고 완벽하게 파악, 올바른 결정을 내리기는 사실상 불가능하다. 그러한 배경에 다수의 경험과 지혜를 모으기 쉽도록, 다양한 배경과 경험을 보유한 이들이 참여할 수 있도록 하였다. 그러나 권력의 집중에 정책적 오류와 문제의 위험이 다시금 높아진 것이다.

그리고 중국은 내부적인 불안정성 때문에 국내문제 집중도가 높아질 것이다. 특별한 이슈가 있거나 국내에 미치는 파장이 막대한 경우를 제하면 대외관계와 대외정책에 현상의 유지나 신중한 대응을 이어나갈 가능성이 높아진 것이다. 본래도 중국의 입장에서는 대외관계와 대외정책이 부수적, 보완적 영역이고, 시진핑 초기에 적극적 정책을 수립해 추진했지만 소기의 성과를 거두지는 못했기 때문이다. 나아가 세계적인 전환기에 있기에 최소한의 필요한 부분을 제외하면 당분간은 국내에 집중할 가능성이 크다는 의미이다.

다만 한국이 유의할 것은 중국의 정치체제, 사회의 불안정이 극도로 심해지면 대중이 민감하게 여기는 대외문제 이슈를 활용하여 이로써 내부적인 위기에 돌파구를 마련하려고 할 가능성이다. 중국이 직면한 경제적 침체와 모순이 극도로 악화하면서 사회적 불안정성이 통제가 어려워지면 중국공산당과 현 정부에 제기되는 의문이나 불만을 완화하는 목적에 대외관계 이슈를 활용하는 것이다. 이에 상술한 권력집중 문제와 엮이면서 독단적 판단과 선택이 여과나 검증 없이 반영되어 특정한 분야에 공세적인 태도와 행보를 보일 가능성이 있다.

마지막으로 정리하면 이 글은 중국의 대외정책과 관계를 가늠하려 한다면 국내정치적 맥락을 고려해야 한다고 주장하였다. 국내정치가 대외정책 결정에 유일한 요인은 아니다. 다만 관련하여 크게 조명받는 글로벌 경기 침체나 미중 전략갈등 요인 외에도 상술한 중국 정치체제 변화를 고려해야 한다는 의미이다. 그 중요성에 비하여 간과되고 있다는 주장이다. 그러한 목적과 취지에 근래의 국내정치 변화를 살펴보고 그것이 대외정책 결정에 영향을 미칠 가능성과 향방을 조심스레 짚어보았다. 그 구체적 적용과 영향은 추후의 과제로 남긴다.

참고문헌

구자선. "영도소조를 중심으로 본 중국 집단지도체제 변화 가능성." 『주요국제문제분석』 N0. 2014-29. 2019.

김애경, "중국의 대외정책 결정과정에서 공산당의 변화된 역할." 『EAI 중국연구패널 보고서: 중국 대외정책 결정과정과 주요 행위자』 EAI 중국연구패널 보고서 08, 2014.

김흥규. "개혁·개방 이후 중국의 외교정책 결정과정 연구." 『동아시아 정세 변화와 한국 외교 과제』 2007 정책연구과제통합본, 2007.

_____. "중국 외교정책 결정과정: 대 한반도 정책 결정과정에 대한 이해를 위한 초보적 분석." 『新亞細亞』 제15권 3호, 2008.

_____. "중국 전략사고의 흐름과 외교 전략." 김흥규 외. 『시진핑 시기 중국 외교안보: 그 패러다임의 변화』. 서울: 동아시아재단, 2015.

데이비드 샴보우. 『중국, 세계로 가다: 불완전한 강대국』. 서울: 아산정책연구원, 2014.

류시아오페이. 『시진핑 시대 중국 외교정책과 국내정치: 개인과 집단수준의 요인을 중심으로』. 한양대학교 대학원 석사 학위 논문, 2019.

서진영. 『21세기 중국외교정책』. 서울: 폴리테이아, 2007.

신종호. "중국의 외교정책결정 구조 변화 및 한반도에 대한 시사점." 『Gyeonggi Research Institute CEO Report』 No. 33., 2009.

이문기. "시진핑 시대 '중국의 꿈', 국내정치 맥락과 대외정책의 변화." 『세계지역연구논총』 제36집 1호, 2018.

임진희. "중국 시진핑 정부 특징과 권력 공고화 분석 – 마오쩌둥 시가와 비교를 중심으로 -." 『중국지역연구』 제9권 제2호, 2022.
주장환. "사회주의 초급단계론에 대한 중국의 새로운 인식 '시진핑 신시대 중국특색 사회주의 사상'." 『마르크스주의 연구』 제15권 제3호, 2018.
_____. "중국 엘리트 정치 동학 변화에 관한 연구: 제20차 공산당 전국대표대회와 제20기 중앙위원회 1차 전체회의를 중심으로." 『21세기정치학회보』 제32집 제4호, 2022.
차창훈. 『현대외교정책론』. 서울: 명인문화사, 2007.

David Shambaugh. *China goes Global: The Partial Power*. Oxford: Oxford University Press, 2013.
Lai, Hongyi. *The Domestic Sources of China's Foreign Policy: Regimes, leadership, priorities and process*. New York: Routledge, 2010.
Linda Jakobson. "China's Foreign Policy Dilemma," 『Lowy Institute for International Policy』, February 2013.
Suan L. Shirk, *China: Fragile Superpower*. Oxford: Oxford University Press, 2007.
Winters, Jeffery. *Oligarchy*. Cambridge: Cambridge University Press, 2011.

공산당원망(共产党员网).
https://www.12371.cn/special/zggcdzc/zggcdzcqw/(검색일: 2025. 01. 02).

중국신문망(中国新闻网)

> https://www.chinanews.com.cn/gn/2013/12-19/5638982.shtml(검색일: 2025. 01. 10).

중국정부망(中国政府网).

> https://www.gov.cn/zhengce/202203/content_3635301.htm#1(검색일: 2025. 01. 10).

중국정요자료고(中国政要资料库).

> http://cpc.people.com.cn/GB/64162/394696/(검색일: 2025. 01. 08).

제2부

제6장

나토 확장에 대한 러시아 엘리트의 대응*

연담린
(한신대학교 유라시아연구소)

I. 서론
II. 선행연구와 연구방법
III. 나토 확장과 러시아의 대응
IV. 결론

---

* 이 글은 국가안보와 전략(국가안보전략연구원) 제24권 2호(2024)의 글을 일부 수정 및 보완한 것임.

I. 서론

현재의 세계질서(World Order)는 패권국가(hegemonic power) 미국이 주도하고 있으며, 이러한 세계질서는 규범(rule based order)에 입각한 자유주의적 국제주의(liberal internationalism)의 원리로 작동하고 있다. 하지만 여기까지의 정의는 탈(脫)냉전기, 즉 소비에트러시아의 해체와 미국 주도의 단극적 세계질서(Pax Americana)가 지배하던, 우크라이나 전쟁이 발생하기 이전 상황의 개념인 간냉전기를 의미한다고 할 수 있다. 우크라이나 전쟁으로 세계질서는 본격적으로 후기 냉전기로 접어들고 있는 양상이다.

그렇다면 이러한 미국적 질서는 어떻게(how), 언제(when)부터 기능하게 되었는가. 우선 어떻게를 알기 위해서는 언제를 알아야 하고 언제를 알기 위해서는 왜를 알아야 한다. 왜(why)를 알게 되면 종국적으로 미국 주도 질서의 본질에 접근할 수 있게 된다. 그렇다면 왜인가. 한 마디로 미국은 패권의 최대화를 추구한다고 할 수 있다. 패권의 최대화(maximize hegemony)란 지배적인 국가가 일반적으로 군사적 또는 전략적 용어로 정의되는 물질적 능력의 분배에서 자신의 위치를 최상위에 올려놓음으로써, 국제시스템 내에서 강력하고 헤게모니적인 위치를 제공받는 것이라고 할 수 있다. 미어샤이머(John Mearsheimer)에 따르면, 국가는 안보보다는 권력의 극대화를 추구하며, 오히려 권력의 극대화를 안보를 보장하는 최선의 방법으로 본다. 균형을 유지하기보다 국가는 자신의 이익을 극대화하고 생존을 위한 최선의 보장으로서 헤게모니 지위를 보장하기 위해 공격적으로 노력한다는 것이다.

중요한 것은 나토의 확장을 주도하고 있는 미국은 현재도 패권의 최대화 전략을 추구하고 있는가 하는 점이다. 또한 핀란드와 스웨덴의 나토 가입은 유럽의 강대국체제, 즉 세력균형(balance of power)의 차원에서 이뤄진 전략적 선택인가. 만약 그것이 전략적 선택이라고 한다면 그것은 방어적 성격이 강한가 아니면 공격적 성격이 강한 것인가. 그리고 러시아는 그들의 나토 가입을 어떻게 받아들이고 있고 어떠한 대응 전략을 구상하고 있는가. 본 연구에서 가장 중요하게 생각하고 있는 문제의식은 바로 러시아가 나토의 확장을 어떻게 인식하고 대응하는가이다. 기실 러시아가 우크라이나 전쟁을 시작한 가장 근본적인 요인이 바로 나토의 확장 경계에 있었기 때문에 이러한 문제의식은 일견 타당하다고 할 수 있다. 중요한 것은 정말로 러시아가 나토의 확장을 국가의 생존을 위협하는 안보 요인으로 인식하고 있는가 하는 점이다. 이 부분은 푸틴 대통령의 발언을 통해 어느 정도 유추할 수 있다. 앞으로 구체적으로 살펴보겠지만, 2007년 뮌헨안보회의에서 푸틴 대통령은 나토 확장을 미국의 단극적 지배체제 유지의 수단이라는 인식을 피력한 바 있으며, 2008년 나토의 부쿠레슈티 선언(Bucharest Declaration) 직후에 크렘린은 나토의 확장을 러시아에 대한 실존적 위협이라고 언급한 바 있다. 또한 2022년 2월 21일 대국민연설에서 푸틴 대통령은 우크라이나의 나토 가입을 "러시아의 목에 칼을 들이대는" 행위라고 피력한 바 있다.

물론 푸틴 대통령이 2022년 2월 24일 우크라이나를 침공하는 목적을 직접 밝히기도 했다는 점에서 나토는 러시아의 주요한 안보위협이라고 인식되고 있는 듯하다. 하지만 달리 생각해보면, 러시아의 강대국화를 추구하기 위해서 대외 위협 요인의 설정은 필요악(necessary evil)적인 부분이 있다. 국가이익(national interests)을 추구하는 국가, 혹은 국가이익을 추구하는 행위자인 권력 엘리트들은 체제 유지를 위한 기존 권력 메커니즘의 작동을 추동하는 동학(dynamics)이 충분할 뿐만 아니라 권력 유지의 영속성을 담보하기 위해 때론 외부의 위협 요인을 생성하거나 '도발되어(provoked)'질 수 있도록 유도할 수도 있다. 이것이 권력의 속성, 혹은 인간

본성의 공격성에 기반한 현실주의적 세계정치의 작동 원리라고 할 수 있다. 어쩌면 무정부적 국제체제 자체의 속성이 국가로 하여금 이기적으로 행동하게 만드는 원인일 수도 있다.

따라서 위 내용을 종합하면 다음과 같은 연구 필요성이 제기된다. 상기했다시피, 우크라이나 전쟁은 지정학적 단절점(breaking point)에서 발생한 일시적이고 순간적이며 우발적인 군사적 분쟁이 아니라 서방과 러시아 간의 역사성에 기반한 냉전적 유산의 산물이며, 패권 혹은 강대국 영향력의 확장을 위한 전략적 행위라고 할 수 있다. 그런 차원에서 본 연구는 우크라이나 전쟁이라는 세계질서 변환의 변곡점에서 러시아와 나토 간 갈등의 기원과 최근의 나토 확장에 따른 양측의 대응 연구 필요성을 적극 수용한다. 특히 나토 확장에 대한 러시아 정치엘리트 내부의 전략과 정책은 무엇인지에 대한 연구가 부족한 상황을 인식하고, 이에 대한 연구도 함께 진행한다.

이에 본 연구의 목적은 나토의 확장정책에 따른 러시아의 반응과 대응을 분석하는 데 있다고 할 수 있다. 이러한 연구목적을 달성하기 위해 두 가지 세부 목적을 제시한다. 첫째, 나토 확장의 의미를 분석한다. 즉, 러시아의 강력한 반발을 불러일으키고 있는 나토의 확장은 어떤 차원에서 이뤄지고 있는지, 그리고 러시아는 이러한 나토 확장에 대하여 왜 그렇게 민감하게 반응하는지 살펴본다. 둘째, 러시아 정치엘리트들의 나토에 대한 행위전략에 따른 정책산출을 검토함으로써 러시아의 나토에 대한 대응 과정을 분석한다. 이를 위해 3장 4절에서는 엘리트 그룹을 3개, 즉 적대적 그룹, 호의적 그룹, 실용적 그룹으로 분류하고 옐친시기부터 현재 푸틴 집권기까지 나토 및 나토의 확장정책에 대하여 이들은 어떠한 행위전략 하에서 대외정책을 결정하고 집행하는지 살펴본다.

이러한 연구목적은 본 연구의 구성으로 이어진다. 2장 1절에서는 본 연구의 이론적 배경 및 주요 개념으로 작용하고 있는 '패권'과 '패권전쟁론'을 중심으로 살펴보고, 연구방법 및 분석틀을 제시한다. 3장에서는 본격적으로 나토 확장이 지니는 의미와 러시아의 반응과 대응을 살펴본다. 또한 나토에 대한 정치엘리트 그룹의 인식과 행위전략을 살펴본다. 4장 결론에서는 본 연구의 내용을 요약·정리하고, 연구 필요성을 통해 얻은 학술적 시사점을 제시하며, 연구 과정에서 도출된 한계와 함의를 기반으로 향후 연구과제를 제출한다.

II. 선행연구와 연구방법

1. 주요 개념 및 선행연구 검토

본 연구에서 주장하는 핵심적 문제의식은 복잡한 사회과학 현상이나 외교정책 산출 및 추진 행위 등에 대한 적절한 설명이 반드시 확립되어야 한다는 것이다. 따라서 본 연구에서는 연구 대상에 대한 행위전략을 이해하기 위해 반드시 요구되는 '패권$^{(hegemony)}$', '패권전쟁$^{(hegemonic\ war)}$', '패권전쟁론$^{(Theory\ of\ hegemonic\ war)}$', '국가$^{(nation)}$'에 대하여 개념 정리를 시도한다. 우선, 본 연구에서 다루는 '패권'이라는 용어는 현재의 세계질서상 초강대국 미국에 한정하여 사용하고 있다. 러시아가 미국에 도전하는 것은 패권, 다시 말해 글로벌 패권을 추구하는 행위라기보다는 다극/다중심 질서, 즉 각 지역 강대국들이 하나의 '극$^{(polar,\ 세력중심)}$'을 형성하여 '세력균형'을 이루는 구도라고 할 수 있다. 이러한 인식에 기반하여 초강대국 미국에 도전하는 러시아의 행위를 '패권전쟁'이라고 편의상 명명하고 있다. 좀 더 구체적으로, 러시아가 미국과 같은 초강대국 지위(superpower)를 추구한다는 의미는 아니다. 오히려 러시아는 유라시아지역에서의 전략공간 확장을 통해 강대국 지위를 달성하고, 그로 인해 자신들의 영향력이 발휘될 수 있는 다극적 세계질서의 창출을 희망한다는 차원에서 지역 패권(regional power)을 추구한다고 볼 수 있다. 그런 차원에서 신범식은 러시아의 근외정책을 '소지역주의'로 명명하고 있다. 또한 사콰(Richard Sakwa)도 러시아의 CIS 통합 움직임을 '소지역주의'로 규정한 바 있다. 홍완석은 우크라이나 전쟁을 4개의 층위(국지전, 예방전, 대리전, 국제전)로 분석하면서 유라시아 지역의 지배권을 둘러싼 미국과 러시아 간의 '패권전쟁'으로 규정하고 있다. 제성훈은 우크라이나 전쟁을 "글로벌 차원에서 단극체제 유지를 위해 지역적 차원에서 패권 국가의 출현을 저지하려는 미국과 글로벌 차원에서 다극 체제 형성을 위해 지역적 차원에서 패권 국가가 되려는 러시아의 군사적 충돌"로 규정하면서, 이를 미-러 간의 '패권전쟁'이라고 보고 있다. 연담린은 다극적 세계질서의 창출이라는 관점에서 러시아의 패권 추구를 바라보고 있으며, 결국 근외지역에서의 영향력 확대를 통해 유라시아 강대국 지위를 달성하려는 러시아의 국가전략으로 분석하고 있다.

다음으로, 본 연구의 이론적 배경으로써 인식론(epistemology)적 차원에서 수용되고 있는 '패권전쟁론'에 대한 개념을 정리한다. 3장 3절에서 구체적으로 살펴보겠지만, 패권전쟁론은 길핀에 의해서 제시되었으며, 국제체제의 변화를 가져오는 패권전쟁의 근본 원인은 각 국가의 힘을 구성하고 있는 군사력, 경제력, 기술능력이 다른 속도로 성장하는 '불균등한 성장의 원리(law of uneven development)'에 있다고 보고 있다. 기본적으로 세계정치의 본질을 권력 투쟁이라고 보고 있다는 점에서 슈만(Frederick

Schuman)이나 모겐소(Hans Morgenthau)와 궤를 같이하고 있으며, 권력(power)으로 정의되는 국가이익이 극대화된 형태로 패권전쟁을 바라보고 있다. 전쟁의 원인은 결국 불안정한 권력균형(unstable balance of power)의 결과라고 보고 있으며, 패권전쟁은 다른 전쟁과 달리 정치나 전략, 경제 문제의 변화가 아니라는 것이다. 오히려 패권전쟁은 시스템으로써 국가 간의 관계를 규정하고 있으며, 행위자는 구조에 지배를 받는다고 주장한다. 또한 패권전쟁의 결과로 시스템이 재편되며, 이로 인해 권력 서열(power hierarchy)이 재조정된다는 것이 길핀의 논리이다. 여기서 중요한 것은 패권전쟁론자들은 국가를 합리적 행위자로 본다는 것이다. 최근에 국가를 합리적 행위자로 바라보는 시각에 대한 반성이 비판적 실재론(critical realism)을 통해 부각되고 있다. 코이비스토(Marjo Koivisto)는 국가의 본질에 관한 중요한 질문을 다루면서, 국제관계에서 국가에 대한 과학적·비판적 실재론의 기여는 국가가 단순한 허구나 시스템의 단위가 아니라 특정 인과적 속성을 지닌 세계정치의 실제 존재라고 가정하고 있다. 비판적 실재론이 세계정치에서 현대 자본주의 국가의 변형(사유화 및 규범 사회화 과정 포함)에 대한 기존 이론을 더욱 발전시킬 수 있으며, 따라서 국제관계 분야에서 합리적 선택 및 구성주의 국가 이론에 대한 강력한 분석적 대안을 제공할 수 있다고 주장한다. 포포라(Douglas Porpora)는 국제관계에서 복잡한 집단으로서의 국가가 세계 무대에서 어떻게 행동하게 되는지 더 잘 이해하는 것이 중요하다고 주장한다. 가령, 미국이 어떻게 이라크 공격에 대한 집단적 결정을 내렸는지, 그리고 그 결정을 집단적 결정이라고 부르는 것이 무엇을 의미하고 의미하지 않는지 검토하고 있다. 일반적으로 의사 결정 과정은 구조화된 권력 관계 분야 내에서 대중의 무관심을 배경으로 엘리트 행위자들 사이의 수사적 술책에 의존하는 분산된 과정으로 보여진다. 포포라가 개발한 설명은 국민국가를 명확한 국가이익을 추구하는 단순한 합리적 행위자로 보는 전통적인 국제관계 개념과 일치하지 않음을 보여주고 있다.

2. 연구방법 및 분석틀

본 연구에서는 나토의 확장(동진)에 따른 러시아의 대응을 관찰하고 있다. 특히, 최근 핀란드와 스웨덴의 나토 가입을 사례로 연구를 진행하고 있다. 하지만 이들 두 국가의 나토 가입 이전에 이미 간냉전기에 6차례에 걸쳐 확장이 이뤄져 왔기 때문에 역사성(historicity)에 기반한 통시적 분석이 함께 수행될 필요가 있다. 또한 러시아의 대응이란 차원에서 고찰해 보면, 가장 중심적으로 대외정책을 주도하는 정치엘리트의 행위 전략과 정책산출을 우선적으로 고려할 필요가 있다. 즉, 정치엘리트를 국가의 정치 결과에 지속적인 영향력을 행사할 수 있는 불균등한 힘을 가진 세력이라고 한다면, 이들 지배 엘리트는 국가의 정책결정에 참여할 수 있는 가능성을 부여받아서 국가 정책의 추진을 차단할 수도, 혹은 국가 정책을 산출해 낼 수도 있는 능력을 지니고 있다고 할 수 있다. 그렇다면 러시아의 정치엘리트 그룹은 나토의 확장에 대하여 어떠한 인식을 지니고 있으며, 또한 시기별로 어떻게 대응해 오고 있는가. 더욱이 한 국가의 정치엘리트 그룹은 다양한 이념과 세계관을 지닌 세력으로 규합되어 있다고 한다면, 러시아의 정치엘리트들도 파벌을 형성하여 그룹핑(elitogenesis)되어 있을 것이며, 이들 그룹 중 어떠한 그룹이 특정 시기에 상위 세력을 형성하느냐에 따라 정책산출, 즉 여기서는 나토에 대응하는 전략이 시기별로 달라질 것이다. 따라서 이번 절에서는 이들 정치엘리트 그룹을 유형화하고, 이들이 어떠한 행위전략과 정책산출을 이끌어내는지 분석틀을 제시한다.

짐머만(William Zimmerman)은 러시아 정치엘리트를 이념성향에 따라 슬라브주의자(Slavophiles)와 서구주의자(Westernizers)로 분류하고 있다. 즉, 19세기 슬라브주의자-서구주의자 분열이 20세기 후반에 다시 재현되고 있다고 보고 있으며, 푸틴 집권 초반 러시아 엘리트들의 발전경로 선호와 국내 정치경제에 대한 지향이 러시아 정세를 예측하는 데 주요 변수로 작용한다고 평가하고 있다. 한편, 앨리슨(Roy Allison)은 러시아 정치엘리트 그룹을 근본주의적 민족주의자(fundamentalist nationalists), 실용주의적 민족주의자(pragmatic nationalists), 자유주의적 서구주의자(liberal westernizers)로 구분하고 있다. 그의 주장에 따르면, 푸틴 집권 1, 2기 동안 전체적으로 이들의 다양한 목소리가 효과적으로 줄어들었고, 주로 안보·무력부서 배경을 가진 실용주의적 민족주의자 그룹인 실로비키(Siloviki)가 러시아 외교정책을 형성하는 지배적인 그룹이 되었다고 분석하고 있다. 화이트(Stephen White)도 앨리슨의 3가지 유형 분류에 동의하면서, 이러한 구분이 러시아와 외부세계의 관계에 대한 오랜 논쟁을 반영하는 용어라고 평가하고 있다. 그는 엘리트 인터뷰와 함께 언론 보도, 선거 캠페인 연설 등을 분석하면서 이러한 분류에 대한 근거를 제시하고 있다.

이러한 러시아 정치엘리트 구분에 따라 나토에 대응하는 엘리트 그룹도 3부분으로 분류할 수 있다. 첫째, 나토에 대한 호의적 그룹으로 러시아의 나토 가입도 충분히 가능하다고 보는 엘리트들이다. 둘째, 실용적 그룹으로 러시아가 나토에 가입할 수는 없지만 협력을 통한 파트너십 관계는 가능하다고 보는 엘리트들이다. 셋째, 나토에 적대적 그룹으로 나토를 러시아의 최대 안보위협으로 인식하고 있는 엘리트들이다. 여기서 호의적 그룹은 자유주의적 서구주의자와, 실용적 그룹은 실용주의적 민족주의자와, 적대적 그룹은 근본주의적 민족주의자와 호응한다고 할 수 있다.

우선, 호의적 그룹은 나토와 우호적 관계를 추구하면서 최대한 빠른 시일 내에 러시아가 나토에 가입하는 것이 안보적 차원에서 유리하다고 보고 있다. 이들은 자유주의적 서구주의자들과 맥락이 닿아 있으며, 서방과의 협력을 통해 경제성장의 추동력을 확보해야 한다고 믿기 때문에 세계경제질서에 러시아가 편입하기를 희망하고 있다. 또한 역사적 맥락 차원에서 러시아를 유럽의 일부로 인식하고 있으며, 나토 및 유럽과 전략적 동반자관계를 구축해야 할 뿐만 아니라 유럽통합에도 참여해야 한다고 보고 있다. 나아가 서방의 시장경제 체제와 민주주의 제도를 답습하여 유럽국가화 되어야 한다고 주장한다. 그런 차원에서 러시아가 추구하는 독자적인 형태의 민주주의, 즉 주권민주주의$^{(sovereign\ democracy)}$를 배격하며 서구식 민주주의에 완전히 동화되어야 한다고 믿고 있다. 서구식 민주주의 및 시장경제와 완전히 동화되어야만 서방과의 협력이 전략적·실질적으로 이루어질 수 있다는 것이다. 이들 그룹을 대표하는 세력은 친서방개혁파라고 할 수 있다.

다음으로, 실용적 그룹은 국가정체성 차원에서 러시아가 나토에 가입하는 것은 불가능하다고 보지만, 국가이익의 관점에서는 나토와 협력하는 것이 필요하다는, 즉 파트너십 관계를 유지하는 것이 필요하다고 보고 있다. 이들 그룹에는 푸틴 대통령이 상트페테르부르크시 행정부 근무 시절의 동료들과 기술관료$^{(technocrats)}$, 경제관료$^{(econocrats)}$ 등이 포함된 '자유주의자 그룹'과 행정부 출신 관료들로 구성된 '전문관료 집단', '실로비키', '실로바르히$^{(국가올리가르히)}$' 등이 포함된다. 이들은 기본적으로 1990년대 신생 러시아연방이 친서방 외교정책을 추진하는 과정에서 이에 대한 비판 세력을 형성한 엘리트들이라고 할 수 있으며, 현 푸틴 집권기에서 러시아 대외정책을 산출하는 핵심에 위치해 있다. 이들은 실용주의적 관점에서 서방의 가치를 완전히 부정하는 것은 아니며, 민주주의의 가치를 공유하고 있다. 하지만 서구식 민주주의의 추종이 아닌 러시아 특색(特色) 주권민주주의를 주창하고 있으며, 동시에 시장경제의 연착륙과 시장의 원활한 작동을 위해 국가의 역할이 중요하다고 보고 있다. 이들의 인식에서 가장 중요한 개념은 국가이익이며, 국익을 중심으로 모든 대외정책이 수립되어야 한다고 믿는다. 그런 차원에서 다극적 세계질서의 창출을 염원하고 있으며, 주권적 국제주의(Sovereign Internationalism)의 세계관을 기반으로 브릭스(BRICS), 상하이협력기구(SCO), 글로벌 사우스(Global South) 국가들과 연대를 강화해 나가고 있다. 이들 그룹을 대표하는 정당은 현(現) 집권 여당인 통합러시아당이라고 할 수 있다. 또한 이들은 대통령 행정실과 국방 및 안보부처에 포진되어 있다. 현(現) 푸틴체제에서 이들 그룹을 대표하는 엘리트는 실로비키라고 할 수 있다. 이들은 소비에트러시아 시기에 경력을 쌓은 인물들로 소비에트러시아 당시 공간에 대한 소유권을 주장할 수 있다는 신념을 갖고 있고, 필요하다면 이들 국가에 대한 강제력을 행사할 수 있으며 나아가 지배력을 증강하기 위해서는 전쟁도 불사해야 한다고 믿고 있다.

마지막으로, 적대적 그룹은 나토를 러시아 안보의 가장 위협적인 세력으로 인식하고 있으며, 더불어 서방을 러시아의 가치와 국가이익에 대한 위협으로 간주한다. 반대로 소비에트 공화국들과 아시아 국가들에 더 중점을 두고 있다. 나아가 독립국가연합(CIS)을 통합하려는 외교노선을 선호한다. 이들은 러시아가 역사적으로 독자적인 슬라브문명(Slavic civilization)을 형성해 왔으며, 서방의 문명보다 우수할 뿐만 아니라 유럽의 안보를 자신들의 희생으로 지켜왔다고 인식하고 있다. 이들은 푸틴체제에서 이데올로기 그룹을 형성하고 있으며, 푸틴 대통령의 국정 운영에 사상적 기반을 제공하고 있다. 대표적인 이데올로기 그룹은 프로하노프(Alexander Prokhanov)가 설립한 이즈보르스키 클럽(Izborsky club)이 있으며, 이 클

럽이 창설된 목표는 러시아의 역사적 위대성 회복, 민족주의 확립, 서방의 자유주의 사상과 정책에 대한 체계적 대응이라고 할 수 있다. 또한 이 클럽에서 가장 중요한 핵심적 사상은 '유라시아주의(Eurasianism)'이다. 기본적으로 이데올로기 그룹은 러시아 민족주의와 전통주의, 보수주의에 기반한 거대한 유라시아(Greater Eurasia)의 건설을 핵심 사상으로 수용하고 있다. 이들은 정치 전면에 나서지는 않지만, 푸틴 대통령의 자문 그룹 역할을 하면서 정책 형성 과정에 영향력을 행사하고 있다. 이 그룹을 대표하는 정당으로는 러시아 공산당(KPRF)과 자유민주당(LDPR)을 들 수 있다. 또한 일부 강경 실로비키도 이 그룹에 속한다.

다음으로 엘리트 그룹별 행위전략(actor strategy)을 살펴본다. 상술한 각각의 엘리트들은 자신들의 이념과 가치에 따라 그룹을 형성하게 되고, 이렇게 그룹이 형성된 이후에 엘리트(행위자)들은 지배가치(dominant value)와 상황논리(situational logic), 기회비용(opportunity costs)을 기반으로 행위전략을 전개해 나가게 된다. 이때 행위전략은 4가지로 분류할 수 있다. 즉, 방어적(defensive), 양보적(concessionary), 기회주의적(opportunistic), 경쟁적(competitive) 유형으로 구분된다. 우선 '방어적'이라는 의미는 엘리트 그룹의 기득권 유지라고 할 수 있다. 기득권 유지를 위해 엘리트 그룹은 이익의 관점에서 필요적 관계를 형성하고, 자신들의 지배가치 및 이념에 대해 상대 진영(미국 등 서방)에서 전반으로 수용하는 분위기를 형성하기 때문에 기회비용은 적어질 수밖에 없다. 다음으로 양보적 행위전략은 기본적으로 '혼합을 통한 수정(correction leading to syncretism)'이라는 상황논리를 갖게 된다. 다시 말해, 엘리트 그룹간의 이해관계 필요성은 형성되었으나 상대 진영이 자신들의 지배가치를 인정하지 않을 때 기득권 유지를 위한 타협을 모색하게 되고 수정된 행동을 보이게 된다. 세 번째로 기회주의적 행위전략은 '자유행동(free play)'이라는 상황논리가 형성된 경우이다. 엘리트 그룹의 지배가치에 대하여 상대 진영에서 수용 가능성이 크다고 판단될 때 엘리트 그룹은 기회비용을 고려하여 기존체계를 유지하는 것이 합리적이라고 판단하기 때문에 이해관계가 유지되는 선에서 자율적으로 행동하게 된다. 마지막으로 경쟁적 행위전략은 '선택 강요'(forcing of choice)라는 상황논리를 지니게 된다. 즉, 엘리트 그룹 간 이해관계에서도 합의가 이뤄지지 않을 뿐만 아니라 지배가치도 공유되어 있지 않고, 상대 진영에서도 지배가치에 대한 수용성이 낮아 새로운 선택을 하도록 강요되는 상황이 전개된다.

위의 내용을 종합하여 엘리트 그룹의 행위전략에 따른 정책산출 과정을 분석하면 <그림 1>과 같다.

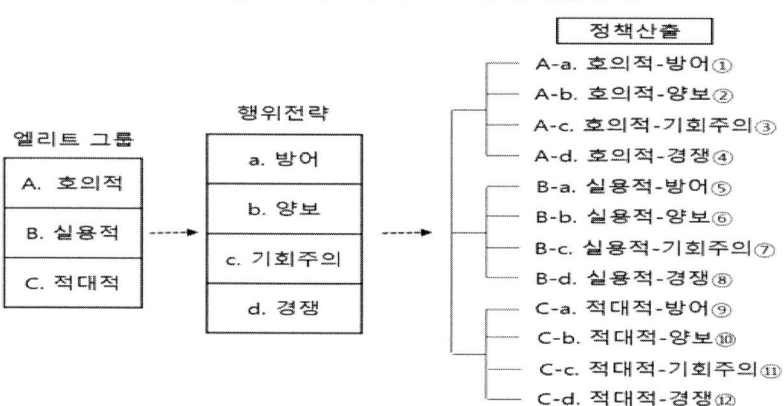

<그림 1> 엘리트 그룹의 행위전략에 따른 정책산출 분석틀

<그림 1>의 내용을 바탕으로 3개의 엘리트 그룹과 4개의 행위전략을 도식화한 이후에 3장 4절의 변수 측정을 통해 결론에서는 푸틴 집권기에 나토에 대한 러시아 정치엘리트의 정책산출이 어떻게 이동했는지 좌표로 나타낼 예정이다.

III. 나토 확장과 러시아의 대응

1. 나토 확장과 의미: 전기 냉전기와 간(間)냉전기, 나토의 전략개념

나토의 확장과 관련한 러시아의 대응을 파악하기 위해서는 우선 전기 냉전기 종결 이후 나토와 러시아 간의 역사를 되짚어볼 필요가 있다. 중요한 것은 기본적으로 러시아는 미국이 제시하는 3가지 옵션에 대해 선택적 대응을 할 것이라는 점이고, 또한 이러한 선택적 대응과 더불어 자신들만의 세력권을 구축하고자 하는 시도를 지속할 것이라는 점이다. 여기서 말하는 3가지 미국의 옵션은 러시아와 관계 무시 및 위협, 전략적 상호작용의 부분적 회복, 전면적 전략협력의 추진을 의미한다.

러시아가 미국과 더불어 전기 냉전질서를 종결하기로 합의함으로써 군사동맹조약기구인 바르샤바조약기구(Warsaw Treaty Organization)도 해체되었다. 당시 러시아는 나토의 기능 유지에 합의하였으며, 동시에 동쪽으로 확대하지 않는다는 조건을 제시했다. 흥미로운 사실은 당시 소비에트러시아가 유럽의 안보에 이바지하고자 하는 의지를 보이면서 1954년 3월에 이미 나토 가입을 신청했었다는 것이다. 물론 당시에 가입이 승인되지는 않았지만, 그로부터 36년 뒤인 1990년 6월 '나토-러시아 관계 발전의 첫 단계'의 물꼬가 트이기 시작했다. 신생 러시아연방이 탄생한 이후 러시아와 나토의 공식적인 첫 접촉은 1991년 '북대서양협력협의회'(이후 유럽-대서양파트너십협의회)의 틀 내에서 이뤄졌으며, 1994년 6월 22일 러시아가 평화를 위한 파트너십(Partnership for Peace) 프로그램에 가입하면서 양측의 관계는 강화되었다.

한편, 소비에트러시아의 해체 이후 나토는 성격 변화를 시도하게 된다. 즉, 대서양 중심의 군사기구에서 지역·글로벌안보기구로 그 역할을 확대하려는 것이었다. 물론 대서양 안보의 초석(cornerstone) 역할을 유지하면서 변화된 세계질서에 능동적으로 대응한다는 의미가 강하다. 하지만 이러한 성격변화의 기저에는 러시아에 대한 근본적인 적대감이 깔려 있다고 할 수 있다. 그렇기 때문에 나토는 해체되지 않고 존속하고 있는 것이다. 최근에 다시 '루소포비아(Russophobia)'라는 러시아혐오 정서가 전세계적으로 전쟁의 책임론과 함께 강하게 일어나고 있다. 역사성(historicity)에 기인해 보면 서방(the West)은 같은 대륙의 동쪽에 위치한 러시아를 안보위협의 근원으로 여겨왔다. 이러한 인식은 러시아와 서방이 서로에 대한 존재성(existence)을 확인한 이후 제정러시아와 소비에트러시아, 현재의 러시아연방에 이르기까지 줄곧 지속되고 있다. 클린턴 행정부 당시 국가안보좌관을 지낸 레이크(Anthony Lake)는 옐친 정부를 "기본적으로 빨간색에서 파란색 정장으로 바꾼 공산주의자들"로 구성되어 있다고 언급한 바 있다. 이러한 인식은 소비에트러시아의 법적 정통성을 이어받은 러시아는 서방의 적수인 소비에트러시아의 또 다른 화신일 뿐이라는 생각에서 기인한다. 고르바초프와 함께 소위 냉전의 종식을 이끌었다고 칭송받는 부시(Bush Sr.)도 이러한 인식을 공유하고 있었다: "우리는 승리했지만 그들은 그렇지 않았다. 우리는 소련이 패배의 문턱에서 승리를 거두도록 놔둘 수 없다." 이후 미국은 냉전의 승자이자 유일한 초강대국으로서 영향력을 행사하였다. 이러한 영향력을 사용하여 미국은 나토 확장, 유고슬라비아 폭격, 이라크 전쟁, 또 다른 나토 확장, 코소보 독립 촉진 등 전지구적 차원에서 전례 없는 사건들을 주도했다. 브루킹스연구소(Brookings Institution)의 맥과이어(Michael MccGwire)에 따르면, 나토의 확대는 서방의 러시아 위협론에서 출발하며, 나토가 추구하는 안보논리는 여전히 집단방어(collective defence) 개념이다. 또한 나토의 확장은 근본적으로 유럽의 집단방어 능력을 동쪽으로 확대하는 것을 의미한다.

그렇다면 러시아의 반발을 불러일으키고 있는 나토의 확장정책, 즉 나토의 전략개념(Strategic Concept)은 무엇인가. 나토의 전략개념은 나토의 가치와 목적, 임무를 규정하고, 나아가 나토의 안보 환경을 분석하고 향후 전략 방향을 제시하는 문서라고 할 수 있다. 전략개념은 나토 창설 이후 7번에 걸쳐 바뀌었으며, 소비에트러시아의 해체 이후에는 4번 바뀌었다. 1991년에 채택된 제5차 전략개념부터는 일반에 공개하고 있으며, 1999년과 2010년을 거쳐 최근 2022년 마드리드 정상회의에서 제8차 전략개념(NATO 2022 Strategic Concept)이 채택되었다. 소비에트러시아의 해체 이후 전지구적 지역안보기구로 역할 전환을 시도하던 중에, 2014년 러시아의 크림반도 병합으로 나토의 전략개념은 다시 유럽 안보 문제와 동유럽 방위에 집중하도록 개편하게 되었다. 더욱이 2022년 러시아의 우크라이나 침공으로 러시아와의 관계를 전면적으로 재설정할 수밖에 없게 되었으며, 나토의 '유럽으로의 귀환(return to Europe)'도 현시화(現示化)되고 있다. 2022년 신(新)전략개념에서는 러시아를 나토의 가장 큰 직접적 위협으로 규정하면서, 우크라이나를 넘어 전(全) 유럽에 러시아의 위협이 작용하고 있다고 평가하고 있다. 이러한 러시아의 위협에 대하여 나토는 유럽지역에 병력을 증강할 것이며, 미사일 방어체계도 강화할 것이라고 언급하고 있다. 더욱이 우크라이나를 비롯하여 조지아, 보스니아-헤르체고비나 등 나토 가입 희망국들의 가입 가능성도 재확인하고 있다.

나토의 전략개념은 변화하는 세계질서 속에서 나토의 가치와 목적을 재확인하고, 안보환경을 평가함으로써 동맹관리 및 군사력 운용개념, 파트너십의 개혁방향 등에 관한 지침을 제시하고 있기 때문에 이러한 상황에서 나토의 가입국 문제는 가장 중요한 핵심 의제라고 할 수 있다. 나토가 지난 70여 년간 유럽의 집단안보기구로 유지될 수 있었던 이유는 냉전기와 탈냉전기를 통해 글로벌 안보환경에 유기적으로 대응했기 때문이라고 할 수 있다. 하지만 탈냉전기의 7차례에 걸친 동유럽 확장정책은 러시아의 반발과 갈등을 예고하고 있었다는 차원에서, 그리고 나토도 이 점을 충분히 인지하고 있었다는 점에서 포괄적이고 유연한 전략적 사고에 도달하지 못했다고 볼 수 있다. 더구나 1997년 7월 마드리드 나토 정상회의에서 러시아는 우크라이나의 나토 가입에 대한 어떠한 구상도 반대한다는 분명한 입장을 표명했으며, 당시 우크라이나 정부와 나토 회원국들도 만장일치로 이러한 입장을 지지했다. 그럼에서 나토는 지속적으로 동유럽 확장정책을 견지해 나갔다는 점에서 이율배반(antinomy)적인 상황으로 치달았다고 할 수 있다.

2. 핀란드와 스웨덴의 나토 가입과 배경: 후기 냉전기, 우크라이나 전쟁

최근 핀란드와 스웨덴이 나토에 가입했다. 2023년 4월 4일 나토 창건 74년이 되는 날에 핀란드가 정식 가입국이 된 것이다. 당시 스톨텐베르그(Jens Stoltenberg) 나토 사무총장은 러시아의 우크라이나 침공이 푸틴 대통령의 의도와는 달리 전혀 다른 결과를 가져왔다고 주장했다. 러시아가 우크라이나를 침공한 가장 큰 원인은 우크라이나의 나토 가입 문제로 알려져 있다. 2022년 우크라이나에 대한 이른바 '특별군사작전(special military operation)'을 선언하면서 푸틴 대통령은 이 작전의 목적을 우크라이나의 비무장화, 탈나치화, 러시아계 주민 보호라고 언급한 바 있다. 이러한 언급은 2023년 12월에 있었던 '국민과의 대화(Results of the Year with Vladimir Putin)'에서도 그대로 반복되었다.

핀란드는 동쪽으로 러시아와 1,300km에 달하는 국경을 접하고 있으며, 이로써 러시아의 북서방어선은 기존의 발트 3국과 더불어 나토에 의해 완전히 가로막히게 되었다. 핀란드의 나토 가입 상황에서 미국의 입장이 크게 반영된 것을 알 수 있다. 바이든(Joe Biden) 대통령은 2022년 11월에 핀란드가 나토에 가입 준비 중인 상황에서 3억 2,300만 달러(4천 284억 원) 규모의 무기 판매계약을 의회에 통보했다. 핀란드가 도입하는 미국산 무기는 레이시온(Raytheon)사의 전술 미사일 40기, 합동 원격 공격 무기(JSOW) 48기와 관련 장비 등으로 알려졌다. 미국 국무부가 밝힌 내용에 따르면, 핀란드에 무기 판매는 "미국의 외교 정책과 국가안보에 도움이 될 것"이라며, 핀란드가 강력한 국방력을 확립하고 유지할 수 있도록 돕는 것은 미국의 국익에 필수적이라고 피력했다. 이 외에도 2023년에 바이든 정부는 유럽 국가를 대상으로 여러 차례 대규모 무기 공급 계약을 체결했다. 러시아가 우크라이나를 침공하기 직전인 2022년 2월에는 폴란드에 60억 달러(약 8조 원) 규모의 전차를, 7월에는 에스토니아에 5억 달러(6천 600억 원) 규모의 고속 기동포병 로켓시스템(HIMARS)을 판매하기도 했다. 최근에는 노르웨이가 5억 달러(6천 600억 원) 규모로 F-35 전투기 탑재용 미사일을 미국에서 사들였고, 스위스, 리투아니아, 벨기에도 약 7억 달러(9천 285억 원) 규모의 미국산 무기 구매 계약을 체결했다.

한편, 스웨덴은 나폴레옹 전쟁 이후 어느 국가와도 군사 동맹을 맺지 않는 중립 노선을 고수했다. 대신 자체 안보 역량을 강화함으로써 북유럽 최대 규모의 육·해·공군을 유지해 왔다. 스웨덴의 재래식 군사력 순위는 현재 세계 20위권으로 평가되고 있다. 또한 북유럽에서 유일하게 자체 전투기 개발과 생산 능력도 갖추고 있다. 스웨덴은 지정학적으로 발트해를 사이에 두고 러시아와 직접 대립하고 있으며, 러시아 발트함대의 본부이자, 핵무기가 배치되어 있는 칼리닌그라드와는 국경에서 불과 300㎞밖에 떨어져 있지 않다. 핀란드에 이어 스웨덴까지 나토에 가입함으로써 러시아의 대서양 진출로 역할을 해온 발트해가 나토 회원국에 둘러싸이게 되었다. 이로써 북극해에서 남부 유럽까지 나토의 '러시아 봉쇄선(blockade against Russia)'이 구축됐다는 평가도 나온다. 나토는 이미 2023년 7월 새로운 '지역계획(regional plans)'을 통해 북극부터 남부 유럽에 이르는 광범위한 지역을 러시아의 위협에서 보호하는 육·해·공 통합 방위체계를 구축하기로 한 상태이다.

3. 러시아의 반응: 나토 확장에 대한 러시아의 인식과 패권전쟁론

그렇다면 러시아는 이러한 나토의 확장에 어떠한 인식과 어떠한 대응 논리를 가지고 있었는가. 1990년대 초에 미국 외교정책 의제로 나토 확장 프로젝트가 등장했을 때 러시아에서는 심각한 우려를 표명했다. 당시 옐친 정부의 친(親)서방 엘리트들조차 나토 확장을 위협으로 느꼈다. 이는 나토 자체의 위협 요인적인 성격뿐만 아니라 반대파인 공산주의 세력의 논리와 입지에 힘을 실어줄 수 있다고 여겨졌기 때문이다. 옐친 정부 전반기 외무장관이었던 코지레프(Andrey Kozyrev)는 1992년 스웨덴에서 열린 유럽안보협력기구(OSCE) 회의에서 러시아는 나토 및 서방과의 거래를 원하지 않으며, 소비에트러시아의 공간은 러시아 영향권이며 누구도 개입해서는 안 된다고 연설했다. 이러한 인식이 저변에 깔려있기 때문에 러시아 입장에서 나토의 동진 또한 서쪽 국경에 새로운 안보 위협의 출현으로 우려할 수밖에 없다. 러시아의 서방과 나토에 대한 공식적이고 공개적인 입장은 안보개념 문서를 통해 더욱 명확히 확인할 수 있다. 1993년에 발표된 러시아연방의 최초 국가안보개념(Концепция национальной безопасности)에 따르면 서방에 대한 협력과 더불어 견제도 언급되어 있다. 또한 러시아의 지리적 이해관계와 세계질서에서의 위치 및 역할, 안보전략 등이 기술되어 있다. 2000년에 발표된 푸틴 집권기 최초의 국가안보개념에서도 이러한 경향성은 이어지고 있다. 가장 주목해서 볼 대목은 다극체제 형성을 위한 이데올로기 발전을 지원하고, 미국 및 서방 국가들이 자신들의 주도로 세계질서를 형성할 뿐만 아니라 국제규범을 무시한 채 군사력을 통해 국제문제를 해결하고자 한다고 언급하고 있다. 서방과의 갈등이 본격화된 이후 2009년에 발표된 국가안보전략(Стратегия национальной безопасности)은 미국의 일방주의적 세계질서를 비판하면서 러시아와 서방 간의 문제를 문명의 갈등 차원에서 바라보고 있다. 이후 2021년 발표된 국가안보전략에서는 다극적 세계질서의 도래를 언급하고 있으며, 미국 및 나토와의 협력 문구를 삭제했다. 이렇듯 러시아의 대표적 안보문서에서 러시아의 세계관과 안보의식, 서방과의 관계 설정 문제들을 규정하고 있다. 중요한 것은 더 이상 나토와의 협력은 불가능의 영역으로 인식되고 있다는 점이다. 그런 차원에서 푸틴 대통령의 2007년 뮌헨안보회의(Munich Security Conference) 연설은 러시아의 독자 노선을 선포한 것일 뿐만 아니라 나토와의 단절을 공포한 사건이라고 할 수 있다.

한편, 러시아의 입장에서는 자신들의 의견을 고려하지 않고 추진되는 나토 확장과 미사일방어체제(MD)에 대해 국가적 치욕으로 인식하고 있다. 러시아와 서방의 갈등이 첨예화된 시기는 2008년 4월 부쿠레슈티(Bucharest) 나토 정상회의를 계기로 우크라이나와 조지아의 나토 가입과 관련한 내용이 공개되면서이다. 러시아는 우크라이나와 조지아의 나토 가입 문제를 계기로 이들 국가들과 군사적 충돌을 비롯하여 영토를 점령하는 전략을 구사했다. 2014년 3월에 러시아는 크림반도를 병합(annexation)했고, 우크라이나 동부 돈바스(Donbas) 지역의 분리독립 세력을 지원하면서 우크라이나의 나토 가입 저지에 대한 강력한 의지를 표출했다. 왜냐하면 우크라이나의 나토 가입은 러시아 입장에서는 절대 용납할 수 없는 국가안보 위협 요인이자 나토 확대의 임계점$^{(Red\ Line)}$으로 보고 있기 때문이다. 우크라이나의 나토 가입을 러시아 국가안보의 최대 위협으로 인식한 러시아는 우크라이나 전쟁이 발발하기 2달 전인 2021년 12월 17일에 미국 및 나토에 대해 러시아의 안전을 보장할 수 있는 방안을 제시했다. 첫째, 나토는 우크라이나를 포함해 동맹을 더 이상 확대해서는 안 되며, 1997년 5월 이후 나토에 가입한 국가에 병력이나 무기를 배치하지 말 것을 요구하고 있다. 둘째, 상대방 영토에 도달할 수 있는 지역에 중거리 미사일을 배치하는 것을 금지하며, 우크라이나, 동유럽, 카프카스, 중앙아시아에서 나토 군사 활동을 금지하는 것이다. 셋째, 양국은 상대방의 핵심 안보 이익을 훼손할 수 있는 안보 조치를 이행하지 않으며, 모든 핵무기는 자국 영토에만 배치해야 한다는 것이다. 이러한 제안은 관련국과의 오랜 토론과 협상을 통해 협정으로 발전할 수 있겠지만, 양측은 상대방의 정당한 안보 문제를 해결할 진지한 자세를 먼저 갖추어야 한다.

　러시아가 핀란드의 나토 가입 상황에서 느낀 감정은 바로 상호주의 원칙의 파기와 무시였다고 보여진다. 러시아는 핀란드의 나토 가입에 강력 반발하고 나섰다. 이는 러시아 이익과 안보를 위협할 뿐만 아니라 또 다른 상황 악화를 불러일으킬 것이라고 경고하면서 서부 및 북서부 지역의 군사력을 강화할 것이라고 밝혔다. 페스코프$^{(Dmitry\ Peskov)}$ 크렘린궁 대변인은 "우리의 안보를 보장하기 위한 전술적, 전략적 대응책을 강구할 것"이라며 "핀란드 영토에 나토의 무기와 시설이 배치되는 상황을 계속 감시하고 그에 따라 대응 조치가 취해질 것"이라고 언급했다. 한편, 2024년 2월 26일 스웨덴 나토 가입의 마지막 단계인 헝가리의회에 의해서 가입이 비준되고, 같은 날 프랑스 마크롱(Emmanuel Macron) 대통령이 우크라이나에 나토군 파견 가능성을 배제하지 않는다는 언급이 나오자, 페스코프 대변인은 27일 "나토 회원국이 우크라이나에서 전투를 벌이면 나토와 러시아의 직접적 충돌이 불가피하다"고 주장했다. 대규모 확전 등 예측 불가한 상황이 초래될 수 있다는 것이다. 러시아는 서방이 우크라이나에 대한 군사 지원 수위를 높일 때마다 전략 핵무기 탑재가 가능한 최신형 대륙간탄도미사일과 핵 추진 어뢰, 극초음속 미사일 등을 공개하며 '핵 무력' 시위를 지속해 왔다. 최근에는 발트해에 핵무기를 배치하겠다는 경고까지 나오고 있다. 또한 14년 전 폐지했던 모스크바군관구와 레닌그라드군관구를 부활시켰다. 이는 나토 확장에 맞서 군 자원을 서쪽으로 재배치한다는 선언이라고 할 수 있다. 이제 나토와 러시아의 대립각이 더욱 선명해지면서 발트해가 유럽의 화약고로 부상할 가능성을 배제할 수 없게 되었다. 특히, 2024년 2월 29일 연방의회 연례교서(Presidential Address to Federal Assembly)에서 푸틴 대통령은 "러시아에 새롭게 개입하려는 시도는 핵무기 사용을 포함한 대규모 갈등"으로 이어질 수 있고 "그에 따른 문명 파괴를 의미"하며, 러시아의 전략 핵무기는 완전한 준비 상태에 있다고 강조했다. 핀란드와 스웨덴의 나토 가입에 대해서는 "서부 군사력을 강화할 것"이라고 언급했다.

그렇다면 러시아는 나토의 확장, 구체적으로 핀란드와 스웨덴의 나토 가입에 대하여 어떠한 인식을 가지고 있는가. 이 질문에 답하기 위해서는 두 가지 문제를 해결할 필요가 있다. 즉, 러시아는 세계체제를 어떻게 인식하고 있으며, 과연 패권을 추구하는가이다. 첫째, 세계체제에 대한 인식 부분이다. 러시아는 기본적으로 현실주의적 관점에서 세계체제를 바라보고 있다. 그렇기 때문에 무정부적인 관점(anarchic perspective)에서 어떤 국가 행위자도 세계질서를 이끌 수 있는 지도국가가 될 수 없으며, 그렇게 되어서도 안 된다고 보고 있다. 더욱이 자신들의 문화(cultural body)를 보호하기 위한 도덕적 의무를 지고 있으며, 이를 위해 독특한 주권을 주장하면서 현(現) 국제체제의 정당성에 공개적으로 의문을 던지고 있다. 이러한 시각은 푸틴 집권 이후 주권적 국제주의(Sovereign Internationalism)의 모습으로 나타나고 있다. 그렇다고 러시아가 미국의 자유주의 국제질서(Liberal International Order)에 정면으로 도전하는 것은 아니다. 오히려 미국이 추구하는 기본 원칙과 핵심 규범을 수용하면서, 동시에 자신에게 합당한 몫 등을 요구하는 부분적 수정주의 행태라고 할 수 있다. 주권적 국제주의의 세계관과 접근방법은 브릭스 및 상하이협력기구 국가들과 글로벌 사우스 등과 공유되고 있지만, 그것은 주로 정치와 안보 영역, 일부 무역 결제 수단으로 국한되며, 국제 교역 및 투자, 금융 분야의 규범과 제도의 패권적 지위는 여전히 미국이 차지하고 있다.

두 번째, 러시아는 패권(hegemony)을 추구하는가에 대한 문제이다. 여기서 패권은 글로벌 패권(global hegemony)과 지역 패권(regional hegemony)으로 구분할 수 있다. 우선 글로벌 패권을 추구한다고 보는 입장에 따르면, 러시아는 전 세계에 지배력을 확장하려는 시도를 지니고 있으며 미국 패권에 도전하고 있다고 보고 있다. 더욱이 이러한 주장에 따르면, 패권의 개념은 특정 이데올로기나 사고방식의 지배를 의미하며, 이러한 지배의 투사(投射)는 국민국가를 넘어 국가 간에도 발생할 수 있다고 보고 있다. 한편, 지역 패권을 추구한다고 보는 입장에 따르면, 러시아는 중앙아시아 5개국과 '사이국가(in-between states)' 6개국에서 영향력 확대를 노리고 있으며, 이 지역에서 군사력과 안보 관리자로서 기능적 임무를 수행해 왔다고 보고 있다. 또한 정보 영역에서 이들 국가와의 전통적 관계, 미디어를 통한 지배력, 지역 공통어로서 러시아어 구사자들로부터 이익을 얻어 왔다고 판단하고 있다. 어쩌면 이러한 입장은 레인(Christopher Layne)이

말한 통제탈피$^{(\text{leash-slippage})}$와 맥이 닿아 있다고 할 수 있다. 즉, 지도적 패권국가의 구속으로부터 독립적인 세계체제 행위자로 자신을 위치시키고자 하는 노력이라고 할 수 있다.

상술한 내용에 입각해 보면, 현재의 후기 냉전질서도 전기 냉전기와 마찬가지로 세력전이론자들의 주장에 힘을 실어주는 듯한 양상이다. 다시 말해, 세력전이론자들에 따르면, 전기 냉전기는 세력균형체제가 아니라 미국의 패권에 대한 소비에트러시아의 도전으로 인식함으로써 패권국인 미국이 냉전질서에 안정을 가져온다고 보았다. 따라서 그들에 따르면 소비에트러시아의 해체는 미국의 패권 안정을 더욱 확고하게 만들었다고 할 수 있다. 또한 초강대국으로 부상한 미국은 세계체제를 더욱 안정되게 유지하려고 노력할 것이며, 나토의 확대는 동맹 강화를 불러일으켜 세계체제 안정에 기여할 것이라고 주장한다.

러시아의 입장에서 보면, 적어도 미국과 같은 초강대국의 지위를 러시아가 희망하는 것이 아니기 때문에 세력전이 현상은 일어나지 않을 것으로 보고 있다. 오히려 러시아 입장에서 초강대국 미국과 나토에 대한 위협 인식이 증대되었다고 할 수 있다. 그런 차원에서 보면 러시아의 우크라이나 침공은 패권전쟁론$^{(\text{Theory of hegemonic war})}$으로 설명이 가능한 부분이 있다. 즉, 세계체제의 주요 행위자인 국가는 기대되는 이익이 비용보다 클 경우에 세계체제 변화를 시도하게 된다는 것이 길핀$^{(\text{Robert Gilpin})}$의 설명이다. 그에 따르면, 세계정치의 변화는 자신의 이익을 관철시키기 위해 세계체제를 바꾸려는 체제 내 정치적 엘리트들의 노력의 결과로 발생하며, 역사적으로 이러한 변화의 주요 메커니즘은 전쟁이었다. 위에서 살펴봤듯이 푸틴 대통령과 정치엘리트들은 국가안보 개념에서 현재의 세계질서를 다극적 세력균형체제로 바꿔야 한다는 인식을 피력하고 있으며, 푸틴 대통령은 2007년 뮌헨안보회의에서 이러한 입장을 직접적으로 표명한 바 있다. 따라서 2022년 우크라이나 침공은 세계체제 전환을 위한 러시아의 패권전쟁, 즉 미국의 글로벌 패권에 대한 도전이라기보다는, 다시 말해 '전쟁'이 아닌 '특별군사작전'을 선택함으로써 유라시아 지역에서 자신들의 이익을 극대화하려는 강대국 추구 전략이라고 할 수 있다.

4. 러시아의 대응: 엘리트 그룹의 행위전략과 정책산출

소비에트러시아의 해체 이후 간냉전기의 특징은 나토의 확장과 러시아의 대응, 러시아의 국력 상승에 따른 패권전쟁의 가능성 확대라고 할 수 있다. 따라서 이번 절의 목적은 나토 확장에 대한 러시아의 대응을 고찰하면서, 엘리트 그룹의 인식에 따른 행위자의 행위전략에 따라 나토 확장에 대해 러시아가 어떻게 반응하는지, 그리고 그 변화 양상은 어떠한지 분석하는 것이다.

우선 탈냉전기(간냉전기와 후기 냉전기) 시기별로 러시아 엘리트 그룹의 나토 동진에 대한 대응을 살펴본다. 첫째, 1990년대 옐친 시기(1991-1999년)의 대응이다. <그림 1>에 따르면 이 시기의 나토에 대한 대응을 이끈 엘리트는 '호의적(favorable)' 그룹이라고 할 수 있다. 또한 이들의 행위전략은 '기회주의'라고 할 수 있다. 이에 대한 근거는 다음과 같다. 기실 옐친 집권기의 정치엘리트들은 소비에트러시아의 노멘클라투라(Nomenklatura) 출신이 상당수를 차지하고 있었으며, 이들은 여전히 러시아 정치에 영향력을 행사하고 있었다고 할 수 있다. 이들은 고르바초프(Mikhail Gorbachev) 시기부터 급진적인 개혁세력으로 변모하기 시작했으며, 자유주의적 성향을 지니고 있었다. 옐친 대통령은 이들 급진개혁세력을 대거 등용하기 시작했으며, 옐친 정권 초기에 자유주의적 급진개혁세력은 정치·경제

전(全) 분야에서 체제전환(regime change)을 시도했다. 하지만 급진개혁파 세력의 개혁은 실패로 귀결되었고, 1996년 2대 대선 이후 신흥 재벌이라고 일컬어지는 올리가르히(Oligarchy) 세력이 정권에 가장 큰 영향력을 행사하기 시작했다. 따라서 옐친 집권기 초반에는 자유주의적 급진개혁세력에 의한 친(親)서방정책이, 이후 올리가르히에 의해서는 친서방정책에 더해 평화적 노선을 대외정책의 기조로 삼았다. 올리가르히 세력이 친서방 평화노선을 지향한 이유는 시장경제의 도입으로 이득을 보면서 서방과의 우호적 관계로 증대하기 시작한 석유, 가스, 금융 등의 분야에서 자신들의 사업에 이익을 가져다 주었기 때문이다. 하지만 이러한 친서방 외교정책은 옐친 정권 초대 외무장관이었던 코지레프(Andrei Kozyrev)가 물러나고 프리마코프(Yevgeny Primakov)가 1996년 1월에 장관이 되면서 변화하기 시작했다. 즉 이 시기의 외교 노선은 실용주의라고 할 수 있다. 물론 프리마코프의 외교이념은 강대국 노선에 기반한 '유라시아주의'라고 할 수 있지만, 기본적으로 서방과의 평화적 관계를 유지하고자 하였다. 이러한 외교노선은 1990년대 외교 엘리트들의 인식을 통해서도 확인할 수 있다. <표 1>은 독일 프리드리히 에버트재단이 러시아 사회국가문제연구소와 공동으로 외교 엘리트를 대상으로 설문조사한 결과이다.

<표 1> 러시아 외교 엘리트의 인식의 변화(옐친시기를 중심으로)

외교정책	1993년	1996년
러시아의 독자적 노선(유라시아주의)	41	52
서방에 편입(친서방정책)	51	41
무응답	5	6

출처: Russische Nationale Institut für Soziale und Nationale Probleme, 2001, p. 9.

한편, 옐친시기 전반적으로 친서방정책을 지향했지만, 나토에 대한 대응에는 온도차가 있었다. 3장 3절에서도 살펴보았지만 대표적인 친서방 인사인 코지레프조차도 나토의 동진에는 강한 경계심을 드러냈다. 이를 통해 확인할 수 있는 사실은 옐친시기의 엘리트 그룹은 경제적 차원에서는 서방과의 협력적 관계를 추구했다고 할 수 있지만, 군사안보적 차원에서는 여전히 방어적인 태도를 취하고 있었다고 할 수 있다. 종합해보면, 이 시기의 엘리트 그룹의 행위전략에 따른 정책산출은 '호의적-기회주의[3]'라고 할 수 있다.

다음으로 푸틴 집권 1기(2000-2004년)에 대하여 살펴본다. 푸틴 집권 초반은 나토의 동진에 대한 탐색적 시기인 동시에 옐친시기 정책의 연속성에 놓여 있었다고 할 수 있다. 하지만 3장 3절에서도 살펴보았지만 새로 등장한 푸틴 정부는 나토의 동진에 대하여 강한 거부감을 드러내었다. 이는 당시 발표된 국가안보개념에 잘 드러나 있다. 특히 기존에 자주 언급되었던 서방과의 '동반자 관계'라는 표현 대신에 '협력'이라는 용어가 사용되었다. 또한 핵무기 사용에 관한 조건이 확대되었다. 즉, 러시아의 존립이 위협받을 경우 선제적으로 핵무기를 사용할 수 있다는 입장에서 재래식 방어가 무용할 때도 핵무기를 사용할 수 있다고 언급하고 있다. 이러한 핵정책은 군사독트린(Военная доктрина)에서 구체적으로 언급되고 있으며, 핵무기 선제사용 조건과 범위를 비롯해 동맹국을 위해서도 핵무기 사용이 가능하다고 적시하고 있다. 이러한 인식의 변화는 1999년 4월 미국에서 열린 나토 정상회의에서 '나토 동맹 전략 개념(NATO Alliance's Strategic Concept)'이 승인되면서부터라고 할 수 있다. 당시 나토의 역할 강화와 회원국 확대가 결정되었고, 폴란드, 헝가리, 체코(비세그라드 3국)가 회원국으로 가입하면서 러시아의 안보환경에 대한 인식은 중대한 변화를 맞게 되었다.

특히, 이바노프$^{(Igor\ Ivanov)}$ 외무장관은 유라시아 강대국과 다극적 세계질서로 요약되는 '프리마코프 독트린$^{(Primakov\ Doctrine)}$'을 이어받아 발전·강화시켰다. 푸틴 집권 초기부터 강한 그립$^{(grip)}$을 쥐기 시작한 유라시아주의자들은 나토에 대해 강한 거부감을 드러내고 있었다. 그럼에도 푸틴 집권 초기에는 유라시아주의자들과 서구주의자들이 권력을 분점하고 있던 상황이었기 때문에 나토에 대하여 완전한 배제정책$^{(exclusion\ policy)}$을 구사하지는 않았다. 오히려 1997년에 맺은 '나토-러시아 기본협정$^{(NATO-Russia\ Founding\ Act)}$'을 발전시켜 2002년에는 '나토-러시아 이사회$^{(NRC: NATO-Russia\ Council)}$'를 제도화하였다. 이는 나토 회원국과 동등한 지위를 부여한다는 내용을 포함하고 있다. 당시 정치엘리트들의 나토 동진에 대한 인식을 보면 이에 대한 상황을 분명히 확인할 수 있다. <표 2>는 나토의 동진에 대한 러시아 정치엘리트들의 인식을 묻는 질문이다.

<표 2> 나토 동진에 대한 러시아 정치엘리트의 인식(2001년)

구분	유라시아주의자	서구주의자	평균
강경대응	55.7	15.7	35.7
타협	33.0	69.9	51.5
수용	4.1	9.6	6.9
잘 모름	7.2	4.8	6.0

출처: Russische Nationale Institut für Soziale und Nationale Probleme, 2001, p. 31.

이상의 내용을 종합해 보면, 푸틴 집권 초반에는 특정 정치엘리트 그룹이 권력을 장악한 상황이 아니기 때문에 외교정책에 있어서 시각차가 존재하고 있었으며, 특히 나토와의 협력 문제에 있어서도 타협과 강경대응의 입장이 공존하고 있었다고 할 수 있다. 따라서 <그림 1>에 따르면 이 시기 엘리트 그룹의 행위전략에 따른 정책산출은 '실용적-기회주의[7]'라고 할 수 있다.

마지막으로 푸틴 집권 2·3·4기$^{(2004-2024년)}$를 살펴본다. 푸틴 집권 1기에 권력을 분점하던 상황에서 유라시아주의자로 대표되는 엘리트 그룹, 그 중에서도 실로비키 세력이 정치 전면에 등장하면서 나토에 대한 대응도 강경노선으로 선회하게 된다. 특히 대표적인 유라시아주의자인 라브로프$^{(Sergey\ Lavrov)}$ 외무장관의 외교노선은 다극적 세계질서 속에서 강대국 러시아의 역할 부여에 있었다. 물론 이러한 외교노선은 푸틴 대통령에 의해 기본 방향이 결정되었다고 할 수 있다. 이와 동시에 푸틴 대통령은 자유주의 그룹의 대표적 주자인 카시야노프$^{(Mikhail\ Kashyanov)}$ 총리 내각을 해산하고 프라드코프$^{(Mikhail\ Fradkov)}$를 새로운 총리로 임명했다. 프라드코프는 공학$^{(엔지니어)}$ 출신이지만 소비에트러시아 시절부터 경제관료로 성장해 온 인물이다. 러시아 정치기술센터$^{(Center\ for\ Political\ Technologies)}$의 마카르킨$^{(Alexei\ Makarkin)}$ 부소장에 따르면, 프라드코프는 독립적인 정책을 추진하지 않는 소위 '기술 총리$^{(technical\ prime\ minister)}$'였으며, 모든 주요 결정은 푸틴 대통령이 내렸다고 주장하고 있다. 중요한 것은 이 시기부터 러시아의 나토에 대한 대응이 더욱 강경화되었다는 것이다. 우선 이러한 태도 변화의 원인은 탈냉전기 들어서 진행된 2차 나토 동진에 있다. <표 2>에서 보다시피 2004년에 발트 3국을 비롯해 7개국이 나토에 가입했다. 주지하다시피 푸틴 대통령은 2007년 뮌헨안보회의 연설에서 나토의 동진에 대해 강경한 어조로 비난했으며, 미국이 지배하는 단극체제$^{(unipolar\ system)}$는 권력과 힘에 의해 운용되고 있다고 주장했다. 2008년 4월 루마니아 수도 부쿠레슈티에서 정상회의 뒤 나토는 우크라이나와 조지아가 나토 회원국이 되는 것에 동의한다는 내용이 들어간 선언문, 소위 부쿠레슈티 선언$^{(Bucharest\ Declaration)}$을 채택했다. 이 선언 직후에 크렘린은 이를 러시아에 대한 실존적 위협으로 인식하고 "우크라이나와 조지아의 나토 가입을 막기 위해서라면 무엇이든 할 것"이라고 공포했다. 이후 2008년 8월 조지아전쟁$^{(Russo-Georgian\ War)}$, 2014년 3월 크림반도 병합$^{(Annexation\ of\ Crimea)}$, 돈바스 내전$^{(War\ in\ Donbas)}$, 2022년 2월 24일 러시아의 우크라이나 침공$^{(Russian\ invasion\ of\ Ukraine)}$ 등의 일련의 사건들이 연이어서 발생하게 되었다.

이상의 내용을 종합해 보면, 푸틴 집권 2기부터 러시아 정치엘리트들은 실로비키를 중심으로 나토에 대해 강경한 입장을 고수하면서 근외지역, 특히 우크라이나와 조지아의 나토 가입에 대해 사활적으로 대응하는 것을 확인할 수 있다. 따라서 이 시기의 엘리트 그룹의 행위전략에 따른 정책산출은 '적대적-경쟁⑫'이라고 할 수 있다.

Ⅳ. 결론

본 연구에서 중요하게 다루고 있는 문제는 현상의 필연적 허상 속에 가려진 본질을 밝힘으로써 사회과학에서 발현되는 인과기제를 합리적으로 설명하는 것이다. 따라서 본 연구의 목적은 나토 확장에 따른 러시아의 대응을 분석하는 데 있다. 이를 위해 러시아의 입장에서 실존적인 위협으로 인식하고 있는 나토의 확장 정책을 검토하고 있으며, 더불어 나토 확장에 대한 러시아의 반응과 대응을 통시적으로 살펴보고 있다. 특히, 역사성에 기반하여 시간의 흐름에 따른 세계질서의 변화, 그중에서도 냉전이 지닌 의미를 새롭게 정의하고 있으며, 냉전이라는 유령과도 같은 권력투쟁의 산물이 국가의 본질적 속성임을 비판적으로 수용하고 있다. 결국 국가는 세계체제라는 구조적 형태에 종속되어 지배를 받는 것 같지만, 권력으로서의 국가이익에 헌신하고 있는 행위자,

특히 정치엘리트들은 자부심과 두려움, 부와 권력에 대한 열정에 이끌리는 존재들이기 때문에 이성을 지배하는 열정에 의해 갈등을 심화하기도 하고 권력 증가를 위해 때론 전쟁의 규모를 증가시키기도 한다. 그런 차원에서 러시아연방의 등장 이후 러시아의 정치엘리트들이 나토의 확장에 대하여 어떻게 대응하는지 통시적으로 분석하고 있다. 즉, 외교정책을 이끌고 있는 정치엘리트 그룹을 3개로 나누었으며, 이들이 나토의 확장에 대하여 어떠한 행위전략을 선택하고 그로 인해 어떠한 정책이 산출되는지 분석했다.

분석 결과는 다음과 같다. 우선, 나토 확장의 의미이다. 나토는 전기 냉전기 시기의 대서양 중심의 군사기구에서 탈냉전기로 접어들면서 지역·글로벌 안보기구로 성격 변화를 시도했다. 물론 나토의 기본적인 임무는 대서양 안보에 있으며, 동시에 변화된 세계질서에 능동적으로 대응하고자 하는 의지를 띠고 있다고 할 수 있다. 하지만 나토의 기능과 역할이 변화되었다고 해서 러시아에 대한 적대감은 사라지지 않았으며, 여전히 러시아를 안보위협의 근원으로 인식하고 있었다. 푸틴 대통령도 밝혔지만 서방, 그리고 우크라이나 내에서도 러시아에 대한 혐오 정서는 더욱 확대·재생산되고 있으며, 마치 '국가정책(государственная политика)'으로 활용하고 있는 듯하다. 이러한 행보의 기저에는 소비에트러시아를 상대로 승리했다는 자부심과 러시아가 다시 지역 강대국으로 부상하는 상황을 저지하겠다는 의지가 깔려있다고 할 수 있다. 그렇기 때문에 나토는 지속적으로 러시아를 향해 동진하고 있으며, 나토의 집단방어 능력을 확장하고 있다고 보여진다. 중요한 것은 이러한 나토의 확장을 러시아는 자신들에 대한 실존적 위협으로 인식하고 있다는 점이다. 유엔헌장에는 '영토보전권 원칙'이 명시되어 있으며, 유럽안보헌장에는 '안보불가분성 원칙'도 명시되어 있다. 푸틴 대통령은 이러한 안보불가분성의 원칙을 강조하고 있다. 하지만 나토의 전략개념에는 이러한 러시아의 입장은 반영되어 있지 않다. 그렇기 때문에 탈냉전 이후 7차례에 걸쳐 나토 가입 회원국을 확대하였으며, 우크라이나를 비롯하여 조지아, 보스니아헤르체고비나까지 가입 추진국으로 명시하고 있다.

둘째, 우크라이나 전쟁의 또 다른 변수로 작용하고 있는 핀란드와 스웨덴의 나토 가입 배경을 살펴보았다. 우크라이나 전쟁이 후기 냉전기를 알리는 신호탄이었다면, 핀란드와 스웨덴의 나토 가입은 새로운 냉전질서가 구축되고 있음을 알리는 사건이라고 할 수 있다. 두 국가의 가입 과정에서 미국은 막대한 경제적 이득을 보았으며, 유럽대륙에서의 미국 영향력 확대 및 명분을 확보하게 되었다. 반면에 러시아는 나토에 의한 봉쇄선이 획정됨으로써 서부전선의 방위가 더욱 힘들어지게 되었다. 이러한 구도는 전기 냉전기 시대의 진영 간의 대립을 연상케 하며, 유럽에 또 다른 전쟁의 유령을 불러오고 있다.

세 번째는 나토 확장에 대한 러시아의 반응이다. 여기서는 나토 확장에 대한 러시아의 인식과 패권전쟁론으로 해석 가능한 부분이 있는지 살펴보았다. 분석 결과 러시아는 자신들의 입장을 고려하지 않고 추진되는 나토의 확장과 그에 따른 나토 회원국들에 배치되고 있는 미사일 방어체계에 대하여 국가적 치욕으로 인식하고 있는 것으로 확인되었다. 더욱이 최근에 핀란드와 스웨덴의 나토 가입에 대해서는 안보불가분성이라는 상호주의 원칙이 파기되었으며 러시아를 철저히 무시하는 전략이라고 해석하고 있다. 따라서 러시아의 대응 또한 비타협적으로 전개되고 있었다. 특히 전략 핵무기의 완전한 준비 태세를 지속적으로 강조하면서, 대규모 갈등 상황의 전개 가능성을 경고하고 있다. 중요한 것은 러시아는 초강대국 미국 중심의 현 세계질서에 대하여 불만을 가지고 있기 때문에 수정주의적인 입장에서 다극적 세계질서의 창출을 원하고 있으며, 새로운 세계질서 상황에서 자신들의 문명적 주권을 유지하고 확장할 수 있는 지역 패권, 즉 유라시아 강대국의 지위 획득을 추구하고 있다. 따라서 우크라이나 전쟁을 기점으로 확산하고 있는 미-러 대립은 패권전쟁론으로 일정 부분 설명 가능한 여지가 있으며, 세계질서의 변화가 자신들의 국가이익에 유리하다고 판단하여 전쟁을 통한 현상변경을 추구한다는 차원에서 설득력을 확보하고 있다. 그럼에도 세력전이 현상이라는 미국의 글로벌 패권에 대한 도전이라기보다는 유라시아 지역에서의 강대국 추구 차원에서 패권전쟁론을 해석할 필요가 있으며, 러시아의 입장에서도 이러한 현상변경 노력을 '전쟁'이 아닌 '특별군사작전'이라고 명명하고 있다.

　네 번째는 나토 확장에 대한 러시아의 대응이다. 여기서는 러시아 엘리트 그룹의 행위전략에 따른 대(對) 나토 정책산출을 살펴보았다. 기본적으로 엘리트 그룹을 3개로 분류할 수 있으며, 시기별로 두각을 나타내는 엘리트 그룹과 그에 따른 행위전략이 변화하는 것을 확인할 수 있었다. 첫 번째 옐친시기의 엘리트 그룹은 호의적 그룹으로 이들의 행위전략은 기회주의였다. 이 시기 엘리트들의 기본적인 외교정책은 친서방 정책이었지만, 나토의 확장정책에 대해서는 경계하는 태도를 보였다. 두 번째는 푸틴 집권 1기로 이 시기의 엘리트는 유라시아주의자들과 서구주의자들로 권력이 분점되어 있었으며, 그럼에도 이들 엘리트들은 모두 실용적 그룹으로 분류되고 있다. 이들은 기본적으로 서방에 대하여 협력적 입장을 견지하고 있었지만 나토의 확장에 대해서는 강한 거부감을 드러내었다. 그럼에도 두 그룹은 타협과 강경대응이라는 균형적 입장을 유지하고 있었기 때문에 당시 이들의 행위전략 또한 기회주의라고 할 수 있다. 세 번째 시기는 푸틴 집권 2기 이후이다. 이 시기는 서구주의자들에 대한 유라시아주의자들의 압도적 우위 상황이 촉발되었기 때문에 서방 및 나토에 대하여 적대적인 입장으로 선회하였다. 특히 군부 및 안보기관 출신의 실로비키들이 정치 전면에 등장하면서 나토에 대하여 강경대응 노선을 취하게 되었다. 이러한 입장 선회는 2004년 나토의 확장과 2007년 부쿠레슈티 선언이 결정적이었다고 할 수 있다. 러시아의 입장에서는 우크라이나와 조지아의 나토 가입은 실존적 위협이라고 할 수 있기 때문에 사활적 투쟁 전략을 취할 수밖에 없었다. 따라서 이 시기의 엘리트 그룹의 행위전략에 따른 정책산출은 '적대적-경쟁'으로 나타났다. 이상의 내용을 종합하여 옐친시기부터 푸틴 집권기 엘리트 그룹의 행위전략에 따른 정책산출을 대입해 보면 다음과 같이 변화한 것을 확인할 수 있다.

<그림 2> 푸틴 시기 나토에 대한 엘리트 그룹의 대응 변화

		행위전략			
		방어	양보	기회주의	경쟁
엘리트그룹	호의적	①	②	③ $\cdot t^1$	④
	실용적	⑤	⑥	⑦ $\cdot t^2$	⑧
	적대적	⑨	⑩	⑪	$t^3 \cdot$ ⑫

* t^1은 옐친 집권기를, t^2는 푸틴 집권 1기를, t^3은 푸틴 집권 2기 이후를 나타냄.

참고문헌

연담린. "러시아의 국가안보 위협 요인과 유라시아 전략 공간 확장 정책."『국제학논총』제35집 (2022a).

연담린. "구조와 행위자 차원의 러시아 엘리트 정치 변화에 관한 연구: 2020년 개헌을 중심으로."『슬라브硏究』제38권 4호 (2022b).

연담린. "러시아 유라시아주의와 미국 우선주의의 충돌: 2022년 우크라이나 전쟁을 중심으로."『중소연구』제47권 1호 (2023a).

연담린. "러시아 엘리트 정치 동학의 변화 연구: 2021년 국가두마 선거를 중심으로."『국제·지역연구』제32권 2호 (2023b).

Allison, Roy, Margot Light and Stephen White. *Putin's Russia and the Enlarged Europe*. Oxford: Blackwell, 2006.

Best, Heinrich and John Higley, eds. *The Palgrave Handbook of Political Elites*. London: Palgrave Macmillan, 2017.

Brands, Hal. *The Twilight Struggle: What the Cold War Teaches Us about Great-Power Rivalry*. Yale University Press, 2022.

Carr, Edward. *The Twenty Years' Crisis, 1919–1939: an Introduction to the Study of International Relations*. London: Macmillan, 1939.

Easter, Gerald. *Reconstructing the State: Personal Networks and Elite Identity in Soviet Russia*. N.Y.: Cambridge University Press, 2000.

Gilpin, Robert. *War And Change In World Politics*. New York: Cambridge University Press, 1981.

Kryshtanovskaya, Olga and Stephen White. "From Soviet nomenklatura to Russian elite." *Europe-Asia Studies* 48-5 (1996).

Laruelle, Marlene. "Russian Nationalism and Ukraine." *Current History* 113-765 (2014).

Mearsheimer, John. *The tragedy of great power politics.* New York: W.W. Norton & Company, 2001.

Morgenthau, Hans. *Politics Among Nations: The Struggle for Power and Peace.* New York: Alfred A. Knopf, 1948.

Organski, Abramo and Jacek Kugler. *The War Ledger.* Chicago: The University of Chicago Press, 1980.

Russische Nationale Institut für Soziale und Nationale Probleme. *Die Außen und Sicherheitspolitik im Neuen Russland: Eine Elitestudie.* Bonn: Friedrich-Ebert-Stiftung, 2001.

Sakwa, Richard and Mark Webber. "The Commonwealth of Independent States, 1991-1998: Stagnation and Survival." *Europe-Asian Studies* 51-3 (1999), pp. 379-415.

Schindler, Seth, et al. "The Second Cold War: US-China Competition for Centrality in Infrastructure, Digital, Production, and Finance Networks." *Geopolitics* (September 7, 2023), pp. 1-38.

Waltz, Kenneth. *Theory of International Politics.* New York, 1979.

Zimmerman, William, "Slavophiles and Westernizers Redux: Contemporary Russian Elite Perspectives." *Post-Soviet Affairs* 21-3 (2005).

"Концепция национальной безопасности России." Коммерсантъ, 17 июля 1993 г. https://www.kommersant.ru/doc/54021 (accessed: February 21, 2024).

Кремль. "О Концепции национальной безопасности Российской Федерации." Указ Президента Российской Федерации от 10.01.2000 г. № 24. http://www.kremlin.ru/acts/bank/14927 (accessed: February 21, 2024).

Кремль. "О Стратегии национальной безопасности Российской Федерации до 2020 года." Указ Президента Российской Федерации от 12.05.2009 г. № 537. http://www.kremlin.ru/acts/bank/29277 (accessed: February 21, 2024).

Кремль. "О Стратегии национальной безопасности Российской Федерации." Указ Президента Российской Федерации от 02.07.2021 г. № 400. http://www.kremlin.ru/acts/bank/47046 (accessed: February 21, 2024).

제2부

제7장

정치 엘리트의 국가 정체성 담론 변화와 카자흐스탄의 대외정책 변화*

김소연·제성훈
(한국외국어대학교)

I. 들어가며
II. 정치 엘리트의 국가 정체성 담론과 '지정학적 중간국'의 대외정책
III. 카자흐스탄 정치 엘리트의 국가 정체성 담론 변화
IV. '지정학적 중간국' 카자흐스탄의 대외정책 변화
V. 나오며

* 이 글은 필자들의 논문 "'지정학적 중간국' 카자흐스탄의 대외정책 변화: 정치 엘리트의 국가 정체성 담론 변화를 중심으로." 『글로벌정치연구』 18권 1호(2025)의 기본 논지를 바탕으로 하되, 정보 및 분석의 수정·보완과 형식 및 내용의 재구성을 거쳐 작성되었음.

I. 들어가며

독립 초기 카자흐스탄은 주요 이웃 국가들과 국경 조약을 체결하여 주권 확립과 영토 보전의 법적 기반을 마련하고, 이를 통해 경제성장을 위한 안정적 대내외 환경을 조성했다. 또한, 강대국인 러시아와 양자 협력뿐만 아니라, 다자협력을 통해 전통적인 협력 관계를 공고히 하면서, 중국 및 서방 국가들과도 협력 관계를 설정했다. 이러한 다각적인 관계 설정은 2000년대부터 카자흐스탄의 경제성장과 중국의 급속한 부상을 배경으로 하여 러시아에 대한 과도한 의존에서 벗어나 전략적 자율성을 확보하기 위한 노력으로 발전했다. 더욱이 2022년 러시아의 우크라이나 침공을 계기로 러시아의 위협에 대한 우려가 커지면서 카자흐스탄의 대외정책은 변곡점을 맞이할 수밖에 없었다. 따라서 이 글의 목적은 카자흐스탄이 '지정학적 중간국'이라는 전제하에 정치 엘리트의 국가 정체성 담론 변화가 대외정책 변화에 어떤 영향을 미쳤는가를 분석하는 데 있다.

II. 정치 엘리트의 국가 정체성 담론과 '지정학적 중간국'의 대외정책

1. 정치 엘리트의 국가 정체성 담론과 대외정책

국가 정체성(national identity)은 내부 구성원이 공통으로 공유하는 특징뿐만 아니라, 다른 국가 또는 민족과의 구별과 차별을 통해 규정된다.[1] 한 국가의 전략적 이익은 자신에 대한 위험을 의미하는 위협과 타자와의 관계를 통해 위험을 회피하거나 공동의 이득을 위해 협력할 가능성을 의미하는 기회를 포함한다. 여기서 국가 정체성은 무엇이 위협이고 무엇이 기회인지, 어떤 국가는 위협 또는 적이고, 어떤 국가는 기회 또는 동맹인지를 인지할 수 있도록 만든다.[2] 다시 말해, 국가 정체성은 위협과 기회, 적과 동맹을 이해하고, 생각하며, 가능하게 만드는 인지구조를 구성한다.

이러한 국가 정체성은 정치 엘리트의 담론 분석을 통해 파악할 수 있다. 담론(discourse)은 통상적으로 연설, 문서, 사회적 관행(social practices)으로 구성된 관련 텍스트의 집합으로 이해되며, 이는 의미를 생성하고 사회적 지식을 구성한다.[3] 국내외에서 사건이 전개되면, 각 담론의 지지자인 정치 엘리트는 자신이 규정한 국가 정체성에 따라 해당 사건에 대한 이해를 제공한다. 이해가 설득력이 있는지에 따라 결과적으로 각 담론은 권력을 획득하고 상실한다.[4]

대외정책과 관련된 국가 정체성 담론은 크게 네 가지로 구분할 수 있다. 첫째, 방어적 담론(defensive narrative)은 외부 위협을 강조하면서 국가 정체성과 외부 환경 간 상호작용에 기반을 두고 안보를 강조한다. 캠벨(David Campbell)은 한 국가의 대외정책을 단순히 외부 위협으로부터 국가를 보호하는 것뿐만 아니라, 국가 정체성을 재생산하고 그에 대한 도전을

---

1) Anna Triandafyllidou, "National identity and the 'other'," *Ethnic and racial studies* 21-4(December, 2010), p. 599.
2) Ted Hopf, *Social construction of international politics: identities & foreign policies, Moscow, 1955 and 1999* (Ithaca, NY: Cornell University Press, 2002), p. 16.
3) Rawi Abdelal, Yoshiko M. Herrera, Alastair Iain Johnston and Rose McDermott, "Identity as a Variable," *Perspectives on politics* 4-4(December, 2006), p. 702.
4) Ted Hopf(2002), p. 28.

억제하기 위한 것이라고 간주한다.[5] 그는 미국을 '위험 담론'(discourse of danger)이 가장 필요한 국가라고 보면서, 공산주의, 마약이라는 외부 위협을 강조하면서 정체성을 재구성하고 위험을 외재화(外在化)했다고 주장한다.[6] 둘째, 공격적·확장적 담론(offensive/expansionist narrative)은 국제적 위상과 영향력을 제고하려는 목표를 가지고 있다. 맨코프(Jeffrey Mankoff)는 러시아의 '강한 러시아' 담론이 1990년대에 나타난 국가 정체성 위기를 극복하고 소련 해체 이후 상실한 국제적 위상과 영향력을 회복하려는 시도이며, 이에 기반을 두고 러시아의 대외정책이 변화했다고 주장한다.[7] 셋째, 평화 지향적 담론(peace-oriented narrative)은 자유주의적 국제주의를 반영하여 협력, 민주주의, 제도적 틀을 통한 갈등 해결에 중점을 둔다. 셀레스라흐(Merel Selleslach)와 알스타인(Maarten Van Alstein)에 따르면, 노르웨이, 스웨덴, 스위스는 역사적으로 '평화의 강대국'(great powers of peace)이라는 국가 정체성을 기반으로 하여 주로 중재, 개발 협력, 다자주의, 국제법에 중점을 두고 평화를 창출하고 유지하고자 했다.[8] 넷째, 글로벌·중견국 담론(global/middle power narrative)은 국제사회에서 책임 있는 중견국 또는 글로벌 리더 역할을 강조한다. 쿠퍼(Andrew F. Cooper)는 중견국이 국제정치에서 틈새 외교를 통해 다자간 협의와 글로벌 거버넌스에 영향을 미치고자 한다고 주장하면서, 그 사례로 캐나다와 호주를 지적한다.[9]

---

[5] David Campbell, *Writing security: United states foreign policy and the politics of identity* (Minneapolis: University of Minnesota Press, 1998), pp. 68-69.

[6] David Campbell(1998), pp. 170-189.

[7] Jeffrey Mankoff, *Russian foreign policy: The return of great power politics* (Maryland: Rowman & Littlefield Publishers, 2009), pp. 4-7.

[8] Merel Selleslach and Maarten Van Alstein, "Peace in Foreign Policy: Peace Nations in Times of Crisis." Flemish Peace Institute(November 4, 2024), p. 19. at https://vlaamsvredesinstituut.eu/en/factsheet/peace-in-foreign-policy-peace-nations-in-times-of-crisis/ (검색일: 2025. 02. 01).

[9] Andrew F. Cooper eds, *Niche diplomacy: Middle powers after the Cold War* (London:

이러한 국가 정체성 담론은 국가의 특성에 따라 하나의 담론이 우세할 수도 있지만, 결합 또는 혼재되어 나타날 수 있다. 예를 들어 한국의 경우, 분단국가라는 특수성을 지니고 있기에 안보 위협을 강조하는 방어적 담론과 다자협력을 지향하는 평화 지향적 담론이 동시에 나타나기도 하는 것이다. 다시 말해, 각 시기에 어떤 담론이 우세할지는 해당 국가가 처한 대내외 상황과 요구에 따라 달라지며, 이는 해당 국가가 설정하는 대외정책에 영향을 미치게 된다.

2. '지정학적 중간국'의 대외정책

'지정학적 중간국'은 국제정치에서 지정학적 단층대에 위치하고, 영향권을 두고 각축하는 외부 세력 간 경쟁이 고조되는 지정학적 단층대의 활성화에 따라 딜레마적 압력에 노출된다.[10] 이러한 의미에서 러시아와 서방 사이에 놓인 우크라이나, 러시아, 중국, 미국 사이에 놓인 중앙아시아를 '지정학적 중간국'으로 규정할 수 있다.[11] '지정학적 중간국'은 외부 세력의 상반된 요구에 따라 전략적 딜레마에 봉착하면서, 대내외 상황과 요구를 복합적으로 고려한 대외정책을 선택하게 된다. 따라서 상대적으로 취약한 국력을 가진 '지정학적 중간국'은 자신보다 우월한 국력을 가진 강대국과 협력하거나, 그 강대국과 경쟁 또는 갈등하는 다른 강대국과의 협력 정도를 조정하는 전략을 수행한다.[12]

Macmillan, 1997), p. 97.
10) 신범식, "지정학적 중간국 우크라이나의 대외전략적 딜레마,"『국제지역연구』제29집 1호(2020), p. 39.
11) 신범식(2020), pp. 37-69; 이광태, "카자흐스탄과 우즈베키스탄의 중견국 외교: '지역 강국'과 '지정학적 중간국' 사이에서,"『중소연구』제47집 1호(2023), pp. 315-352.
12) 최경준, "핀란드와 에스토니아의 중간국 외교: 국가 정체성과 안보 경제 정책,"『유럽연구』제38집 4호(2020), p. 91.

'지정학적 중간국'의 전략은 크게 네 가지로 구분할 수 있다. 첫째, 중립(neutrality)은 외부 세력 및 국제 분쟁에 연루되는 것을 회피하면서, 독립성을 유지하는 전략이다. 스위스, 투르크메니스탄 등이 이러한 전략을 수행하는 국가에 해당한다. 둘째, 균형(balancing)은 우세한 위협(prevailing threat)에 맞서서 다른 국가와 동맹(alliance)을 맺는 전략이다.13) 호주, 일본 등은 중국이라는 우세한 위협에 맞서서 균형 전략을 수행하는 국가라고 할 수 있다.14) 셋째, 편승(bandwagoning)은 위험의 원천(source of danger)이라고 할 수 있는 강력한 국가와 제휴(alignment)하는 전략이다.15) 편승은 크게 공격적 편승(offensive bandwagoning)과 방어적 편승(defensive bandwagoning)으로 구분된다. 공격적 편승은 승리의 전리품을 나누기 위해 지배적인 국가와 제휴하는 것을 의미하며, 방어적 편승은 유화(appeasement)에 가까운데, 다음 표적이 되는 것을 회피하기 위해 우세하거나 공격적인 국가와 제휴하는 것을 의미한다.16) 캄보디아는 정권의 생존과 베트남의 위협에 대응하기 위해 중국과 경제 및 군사 협력을 강화하는 편승 전략을 취하고 있다.17) 넷째, 헤징(hedging)은 편승과 균형으로 인한 부담 및 위험을 완화하고, 위협적인 국가에 대한 균형 및 편승을 적절히 혼합하는 전략이다. 헤징 전략은 '무거운 헤징'(heavy hedging)과 '가벼운 헤징'(light hedging)으로 구분된다. 가벼운 헤징과 무거운 헤징 모두 위험을 대비하는 전략이지

---

13) Stephen M. Walt, *The origins of alliance*. (New York: Cornell University Press, 1990), p. 17.
14) 조비연, "미중 간 전략경쟁과 여타 중견국의 균형-편승 스펙트럼,"『국제지역연구』제30집 4호(2021), p. 80.
15) Stephen M. Walt(1990), p. 17.
16) Glenn H. Snyder, "Alliances, balance, and stability," *International Organization* 45-1 (Winter, 1991), p. 129.
17) Sovinda Po and Christopher B. Primiano, "An "ironclad friend": Explaining Cambodia's bandwagoning policy towards China," *Journal of Current Southeast Asian Affairs* 39-3(February, 2020), p. 458.

만, 무거운 헤징은 다양한 대내외적 이유로 불확실한 강대국과의 관계와 강대국의 의도를 더 우려하기 때문에 정치·군사적 균형을 중시한다. 반면, 가벼운 헤징은 덜 대립적이고 덜 갈등적이며, 보다 눈에 띄지 않는 방식을 선호하고, 강대국에 저항보다는 존경$^{(deference)}$을 보이는 경향이 있다.[18]

III. 카자흐스탄 정치 엘리트의 국가 정체성 담론 변화

1. 1990년대: 평화 지향적 담론의 우세

독립 초기 카자흐스탄은 다민족 국가로서 정치 안정과 경제성장을 최우선 과제로 설정하고, 자유주의적 국제주의에 입각한 평화 지향적 담론에 무게를 두었다. 이러한 국가 정체성은 민족 간 분열을 방지하면서 정권을 안정시키고 소련 해체에 따른 정치·경제 위기를 해결하는 데 도움이 되었다.[19]

하지만 카자흐스탄 정치 엘리트는 카자흐인을 중심으로 하는 민족적 정체성을 우선시할 것인가, 시민적 정체성을 우선시할 것인가를 두고 다양한 의견을 제시했다. 민족적 정체성을 강조한 집단은 이슬람 민족

---

[18] Cheng-Chwee Kuik and Gilbert Rozman, "Light or heavy hedging: positioning between China and the United States," *Joint US-Korea academic studies* 26 (January, 2015), p. 5, at https://keia.org/publication/introduction-light-or-heavy-hedging-positioning-between-china-and-the-united-states/ (검색일: 2025. 03. 01).

[19] Luca Anceschi. "Regime-building, identity-making and foreign policy: neo-Eurasianist rhetoric in post-Soviet Kazakhstan," *Nationalities Papers* 42-5 (November, 2018), p. 737.

주의자들(Islamic nationalists), 종족적 민족주의자들(Ethnic nationalists), 공화국 민족주의자들(Republic nationalists)이었다. 이슬람 민족주의자들이 주도하여 1990년 창설된 알라시 민족 자유당(Alash National Freedom Party)은 이슬람-투르크-민주주의(Islam-Turkism-Democracy)를 표방했다.20) 이들은 카자흐스탄의 국가 정체성이 범이슬람주의와 범투르크주의에 기초해야 한다고 역설하면서, 카자흐스탄 영토에서 슬라브인의 추방을 주장했다. 종족적 민족주의자들이 중심이 된 민족 민주당(National Democratic Party)과 젤톡산 민족 민주당(Zheltoksan National Democratic Party)은 소수 민족의 기본권 및 시민권을 보장하되, 카자흐스탄이 카자흐 단일 민족 국가가 되어야 한다고 주장했다.21) 공화국 민족주의자들은 더 포괄적 차원의 국가 정체성을 주장하면서, 모든 국민이 카자흐 문화와 전통을 존중하고, 카자흐어를 사용하며, 카자흐스탄의 발전에 이바지해야 한다고 주장했다. 하지만 이러한 민족적 정체성 담론은 영향력을 확대하는 데 한계가 있었다. 현실적으로 러시아어를 제1 언어로 사용하는 엘리트 집단을 배제할 뿐만 아니라, 카자흐스탄 북부에 거주하는 다수의 러시아계 주민을 포괄하지 못하기 때문이었다.

한편, 시민적 정체성을 옹호한 집단은 자유주의자들(Liberalists)과 국가주의자들(Statists)이었다. 자유주의자들은 모든 국민의 다양성과 평등을 인정하고, 민주적·자유주의적 원칙에 기초한 시민적 정체성을 옹호하며, 모든 민족의 언어와 문화가 제도적으로 지원·보호되어야 한다고 주장했

---

20) Yaacov Ro'i, "Islam in the FSU—An Inevitable Impediment to Democracy?" in *Democracy and pluralism in Muslim Eurasia*, ed. by. Yaacov Ro'i,(London: Routledge, 2004), p. 106.
21) Sabina Insebayeva, "Imagining the Nation: identity, Nation building and foreign policy in Kazakhstan," *Central Asian Survey* 34-1(September, 2016), p. 7, at https://centralasiaprogram.org/wp-content/uploads/2016/10/CAP-Papers-175-September-2016-Sabina-Insebayeva.pdf (검색일: 2025. 02. 01).

다. 국가주의자들은 가장 주류인 담론을 형성하면서, 강력한 독립 국가, 안정, 발전, 기술 관료적 합리성(technocratic rationality)을 내세웠다. 그들은 카자흐스탄이 다민족 국가라는 점을 고려하여, 시민적 민족주의(Civic nationalism)에 기반을 두는 '카자흐스탄 국민 국가'(Kazakhstani nation) 건설을 제안하면서, 궁극적으로 다름을 극복한 공동의 '카자흐스탄인 정체성'(Kazakhstani identity)을 창출해야 한다고 주장했다.[22]

나자르바예프 초대 대통령은 대표적인 국가주의자였고, 국가 건설 과정에서 카자흐스탄 정부의 핵심 목표 역시 강력한 국가 건설을 통한 국가 주권 강화와 다민족 사회 통합에 있었다. 하지만 카자흐스탄은 대외적으로는 중국과의 국경 미확정, 이슬람 극단주의의 위협, 소련 시기 핵시설 및 무기 통제의 공백, 대내적으로는 다민족 사회 통합을 위한 제도 미비 등 복합적 도전에 직면해 있었다. 이에 따라 카자흐스탄 정부는 평화 지향적 담론을 기반으로 하여 다른 국가들과의 '우호적 관계'와 '협력'을 통해 이러한 난제를 해결하고 경제성장을 달성하여 강력한 독립 국가를 건설하고자 했다.

1992년 UN 가입 연설에서 나자르바예프 대통령은 "평화와 협력을 바탕으로 대외정책을 추구하며, 모든 국가와 우호적인 관계를 맺고자 한다."라고 강조하며, 카자흐스탄의 평화 지향적 담론에 기반을 두는 대외정책 방향을 제시했다. 그는 '카자흐스탄 유라시아주의'(Kazakhstan's Eurasianism)를 주창하며 대외정책에서 특정 세력과 대결 구도를 형성하기보다는 다양한 가치와 경험을 가진 여러 주체와 상호 협력, 소통, 교류하는 데 중점을 두었다.[23] 이러한 차원에서 카자흐스탄은 전방위 실용

---

[22] Sabina Insebayeva (2016), pp. 7-8.
[23] 이지은, "카자흐스탄의 전방위외교와 다자주의 - 중앙아시아 국제환경, 국가 속성, 국가 정체성 요인을 중심으로," 『슬라브硏究』 제37집 2호(2021), p. 41.

외교를 추진하며, 러시아와 협력하면서도 다양한 국가들과의 관계를 강화하여 러시아에 대한 의존도를 낮추고자 했다. 카자흐스탄은 1991년 독립국가연합(CIS: Commonwealth of Independent States) 출범과 1992년 집단 안보 조약(CST: Collective Security Treaty) 서명에 적극적으로 참여하는 한편, 1992년에는 아시아 교류 및 신뢰 구축 회의(CICA: Conference on Interaction and Confidence Building Measures in Asia) 설립을 제안하고, 1998년에는 중앙아시아 경제 공동체(CAEC: Central Asian Economic Community) 출범을 주도했다. 1997년 나자르바예프 대통령은 '카자흐스탄 2030 전략'(Қазақстан-2030 стратегиясы)[24])을 통해 평화 지향적 담론에 기반을 두는 대외정책 방향을 구체화했다. 해당 문서는 단기적으로 국가 안보 및 영토 보전에 대한 외부적 위협이 크지 않다고 평가하면서, 에너지 수출과 외국인 투자 유치 확대를 통한 경제적 잠재력 강화와 국가 안보 체계 구축을 우선 과제로 설정했다. 또한, 러시아 및 중국과의 우호적 관계 구축, 중앙아시아 국가들과의 통합 강화, 미국을 포함한 주요 서방 국가들과의 협력을 강조했다.

독립 초기인 1990년대 카자흐스탄에서는 정치 안정과 경제성장을 통한 주권 확립을 위해 대외정책과 관련된 국가 정체성으로서 평화 지향적 담론이 우세했다. 그리고 이는 주요 타자인 러시아를 자극하지 않으면서 다른 국가들과의 우호적 관계를 형성하는 것을 정당화했다.

---

24) Нұрсұлтан Назарбаев, "Қазақстан - 2030 Барлық Қазақстандықтардың өсіп-өркендеуі, қауіпсіздігі және әл-ауқатының артуы Ел Президентінің Қазақстан халқына Жолдауы," Әділет (1997 жылғы 10 қараша), at https://adilet.zan.kz/kaz/docs/K970002030 (검색일: 2024. 12. 30).

2. 2000년대 초-2010년대 중반: 글로벌·중견국 담론의 부상

2000년대 초에서 2010년대 중반까지 카자흐스탄은 국가 정체성과 대외정책에서 전환점을 맞이했다. 대내적으로는 카자흐 정체성 강화를 위해 카자흐 고유문화와 언어 부흥을 강조하며 민족적 자부심을 제고하려고 했고, 대외적으로는 글로벌·중견국 담론을 바탕으로 국제사회에서의 입지를 공고히 하고자 했다. 이러한 담론의 변화는 러시아의 제국주의적 확장을 우려하면서, 정치 안정과 경제성장에 대한 자신감을 기반으로 하여 카자흐스탄의 독립성을 강화하고 국제적 위상을 제고하려는 시도였다.

2000년대부터 카자흐스탄 정부는 '카자흐성'(Kazakhness)을 부각하려고 노력했다. 1995년 헌법에서는 카자흐어를 국어로 규정하면서도 러시아어가 국가기관에서 동등하게 사용될 수 있도록 허용했으나, 이후 1997년 헌법개정과 2001년 및 2007년 헌법위원회의 결정을 통해 카자흐어의 우월적 지위를 강화했다. 이에 따라 카자흐스탄 정부는 2001년부터 국가기관의 공문서 작성, 공무원 시험, 교육, 미디어 등 다양한 분야에서 카자흐어 사용을 확대했다.25) 2013년 나자르바예프 대통령은 민족 간 화합을 위해 설립한 카자흐스탄 국민의회(Қазақстан халқы Ассамблеясы)에서 있었던 '하나의 국민-하나의 국가-하나의 운명'(бір халық - бір ел - бір тағдыр)을 주제로 한 연설을 통해 카자흐인을 국가 공동체의 중심으로, 카자흐어를 국민 통합의 핵심 요소로 규정했다.26) 이는 독립 초기에 있었던

---

25) 손영훈, "카자흐스탄의 국민형성 과정과 조직," 『중동연구』 제33집 1호(2014), p. 11.
26) Нұрсұлтан Назарбаев, "Қазақстан Президенті Н.Назарбаевтың «Қазақстан-2050» Стратегиясы: бір халық - бір ел - бір тағдыр» атты тақырыппен өткен Қазақстан халқы Ассамблеясының XX сессиясында сөйлеген сөзі," Ақорда(2013 жылғы 24 сәуір), at https://www.akorda.kz/kz/speeches/internal_political_affairs/in_speeches_and_addresses/kaza

민족 간 화합 기조가 유지되면서도, 점차 국가 통합의 기반으로서 카자흐 정체성이 강조되기 시작했다는 것을 의미한다.

쿠슈쿰바예프(Sanat Kushkumbayev) 카자흐스탄 전략연구원 부원장은 카자흐스탄의 국가 정체성이 독립 초기 시민적 정체성 중심에서 2000년대 초부터 민족적 정체성을 지향하는 방향으로 변화했다고 지적한다. 그는 독립 초기에는 러시아가 국제 규범을 준수해서 카자흐스탄의 대외정책도 우호적이었지만, 특히 2008년 러시아-조지아 전쟁을 기점으로 국제 무대에서 러시아의 행동이 변하면서 카자흐스탄에서도 대외정책과 관련된 국가 정체성 담론이 변화하게 되었다고 설명한다.[27]

2000년대부터 나자르바예프 대통령은 대국민 연설을 통해 국제사회에서 카자흐스탄의 역할을 제고하려는 의지를 표명했다. 2000년 대국민 연설에서는 실질적인 지역 안보 체제 구축 차원에서 집단안보조약기구(CSTO: Collective Security Treaty Organization) 및 '상하이 5' 가입 의미를 규정하고, 군사력 강화를 강조했다.[28] 실제로 9/11 테러의 여파로 이슬람 극단주의와 테러리즘에 대한 안보 우려가 고조되자, 카자흐스탄 정부는 국제사회의 일원으로서 적극적인 역할을 하겠다는 의지를 표명했다. 또한, 2005년 대국민 연설에서는 지난 20년간 카자흐스탄을 '역내 리더이자 존경받는 국제적 파트너, 그리고 국제 테러리즘, 마약 밀매, 핵무기

---

kstan-prezidenti-nnazarbaevtyn-kazakstan-2050-strategiyasy-bir-halyk-bir-el-bir-tagdyr-atty-takyryppen-otken-kazakstan-halky-assambleyas (검색일: 2024. 12. 30).

27) 쿠슈쿰바예프(Sanat Kushkumbayev) 카자흐스탄 전략연구원 부원장 서면 인터뷰 (2024.07.19).

28) Нұрсұлтан Назарбаев, "ВОБОДНОМУ, ЭФФЕКТИВНОМУ И БЕЗОПАСНОМУ ОБЩЕСТВУ," Ақорда(2000 жылғы 16 қазан), at https://www.akorda.kz/kz/addresses/addresses_of_president/kazakstan-respublikasynyn-prezidenti-n-a-nazarbaevtyn-kazakstan-khalkyna-zholdauy-2000-zhylhy-16-kazan_1342857716 (검색일: 2024. 12. 30).

확산에 적극적으로 대응하는 국가'로 성장시켰다고 자평하면서, 국제 테러리즘에 맞서기 위한 역내 국가 및 국제기구와의 협력 강화를 강조했다.29)

2011년 채택된 군사 독트린은 중앙아시아에서 최대 규모의 군사력 건설과 러시아에 대한 과도한 안보 의존도 감소를 위한 군 현대화 및 지원병 창설의 필요성을 언급하고,30) 국제 평화유지 활동, 중국과의 안보 협력 등을 강조했다. 이어서 2012년 발표된 '카자흐스탄 2050 전략'(Қазақстан-2050 стратегиясы)31)은 국제사회에서 '신뢰할 수 있고 책임 있는 파트너'로서 핵무기 비확산과 글로벌 안보 강화 노력에 대한 적극적인 참여 의지를 표명하고, 카자흐어의 라틴문자 표기 전환을 명시했다. 해당 문서는 대외정책에서 균형을 강화하고, 러시아, 중국, 아시아·태평양 국가들과의 경제적 협력을 심화하는 한편, 군사력 강화를 통해 방어 체계를 구축하고, 아프가니스탄 안정에 이바지하겠다는 의지를 담고 있었다. 또한, 카자흐어의 라틴문자 표기 전환은 러시아의 문화적 영향력에서 벗어나 카자흐스탄의 독립적 정체성을 부각하려는 의도를 반영했다.

1990년대 카자흐스탄에서는 정치 안정과 경제성장을 통한 주권 확립을 가능하게 하는 평화 지향적 담론이 우세했다면, 2000년대 초부터는

---

29) Нұрсұлтан Назарбаев,"ҚАЗАҚСТАН ЭКОНОМИКАЛЫҚ, ӘЛЕУМЕТТІК ЖӘНЕ САЯСИ ЖЕДЕЛ ЖАҢАРУ ЖОЛЫНДА," Ақорда(2005 жылғы 16 ақпан), at https://www.akorda.kz/kz/addresses/addresses_of_president/kazakstan-respublikasynyn-prezi denti-nenazarbaevtyn-kazakstan-halkyna-zholdauy-2005-zhylgy-16-akpan (검색일: 2024. 12. 30).
30) 이지은, "카자흐스탄의 유라시아주의(Eurasianism)와 대외정책," 『한국이슬람학회논총』 제24집 3호(2014), p. 134.
31) Нұрсұлтан Назарбаев, "«Қазақстан-2050» Стратегиясы қалыптасқан мемлекеттің жаңа саяси бағыты," Ақорда(2012 жылғы 14 желтоқсан), at https://www.akorda.kz/kz/addresses/addresses_of_president/kazakstan-respublikasynyn-prezid enti-nenazarbaevtyn-kazakstan-halkyna-zholdauy-2012-zhylgy-14-zheltoksan (검색일: 2024. 12. 30).

국제사회의 책임 있는 일원으로서 자국의 역할 제고를 모색하는 글로벌·중견국 담론이 부상하게 된 것이다.

3. 2010년대 중반-현재: 방어적 담론의 부상과 글로벌·중견국 담론의 강화

2010년대 중반부터 카자흐스탄에서는 러시아로부터 주권과 영토 보전을 위해 더 적극적인 노력이 필요하다는 방어적 담론이 부상했다. 2014년 우크라이나 위기와 2022년 러시아의 우크라이나 침공은 러시아의 위협에 대한 우려를 강화했고, 이는 카자흐스탄 북부에 거주하는 다수의 러시아계 주민 문제와 맞물려 주권과 영토 보전뿐만 아니라 민족 간 화합과 국가 정체성 강화가 필요하다는 인식을 확산시켰다.

2014년 발표된 '대외정책개념 2014-2020'(Қазақстан Республикасы сыртқы саясатының 2014 - 2020 жылдарға арналған тұжырымдамасы)은 카자흐 디아스포라와 국민의 이익 보호를 대외정책의 주요 목표로 규정했는데, 이는 방어적 담론의 부상에 따른 국가 정체성 강화 조치로 해석될 수 있다. 2017년 나자르바예프 대통령이 '미래를 향한 과정: 영적 부흥'(Болашаққа бағдар: рухани жаңғыру)을 주제로 한 연설에서 카자흐어와 카자흐 문화의 부흥을 통한 국가 정체성 보존을 강조하고, 2018년 카자흐스탄 정부가 카자흐어의 라틴문자 표기법을 채택한 것도 이와 맥락을 같이 한다. 또한, 2023년 토카예프 대통령이 카자흐스탄과 러시아 간 포괄적 협력 강화를 언급하면서, 공식 석상에서 카자흐어로 연설한 행위는 러시아가 카자흐스탄의 주권을 실질적으로 존중해야 한다는 메시지를 담고 있었다.

독립 초기부터 카자흐스탄은 주권과 영토 보전 문제에 대해 확고한 입장을 견지했는데, 2022년 발발한 러시아-우크라이나 전쟁은 이러한 입장을 더욱 강화하게 된 중요한 변곡점이었다. 서방의 대러 제재가 지속되는 가운데, 카자흐스탄 외교부는 자국 영토가 제재의 우회로로 사용되는 것을 허용하지 않겠다고 발표했다.32) 또한, 쿠안티로프(Alibek Kuantyrov) 국가경제부 장관은 자국의 경제적 이익은 외교의 최우선 순위이며, 유라시아경제연합(EAEU: Eurasian Economic Union) 차원의 통합은 경제적 차원에 국한된다고 선을 그었다.33) 친정부 야당인 악졸당(Ak Zhol Party)의 페루아셰프(Azat Peruashev) 대표는 러시아-우크라이나 전쟁 발발 이후 반러 정서가 확산하고 있으며, 카자흐스탄은 EU 가입을 장기적으로 고려해야 한다고 주장하기도 했다.34) 카자흐스탄의 저명한 대외정책 연구자인 지옌바예프(Miras Zhiyenbayev)는 역내 핵심 행위자로 부상한 카자흐스탄이 중앙아시아에서 중국과 러시아의 영향력을 완화하기 위해 서방과 협력을 확대해야 한다고 강조했다.35) 이러한 발언들은 카자흐스탄에서 러시아에 대한 방어적 담론의 부상을 잘 보여준다고 할 수 있다.

이러한 방어적 담론의 부상은 글로벌·중견국 담론의 강화와 결합했다. 2020년 토카예프 대통령 집권 후 발표된 '카자흐스탄 2020-2030 대

---

32) Мейiрiм Смайыл, "Казахстан не дозволяет использовать свою территорию для обхода санкций - замглавы МИД," Tengri News(2022 жылғы 30 қараша), at https://tengrinews.kz/kazakhstan_news/kazakhstan-ne-dozvolyaet-ispolzovat-territoriyu-obhoda-484700/ (검색일: 2025. 01. 02).
33) Nikola Mikovic, "Russia's ally Kazakhstan turns eyes to the West," The interpreter(June 14, 2023), at https://www.lowyinstitute.org/the-interpreter/russia-s-ally-kazakhstan-turns-eyes-west (검색일: 2025. 01. 05).
34) Reporter, "In Kazakhstan, they started talking about the need for the country's accession to the EU," Reporter(February 02, 2023), at https://en.topcor.ru/31718-v-kazahstane-zagovorili-o-neobhodimosti-vstuplenija-strany-v-es.html (검색일: 2025. 01. 05).
35) Miras Zhiyenbayev, "Understanding Kazakhstan's Middle Power Strategy," The Astana Times(October 31, 2024), at https://astanatimes.com/2024/10/understanding-kazakhstans-middle-power-strategy/ (검색일: 2025. 01. 02).

외교정책개념'(Қазақстан Республикасы сыртқы саясатының 2020 – 2030 жылдарға арналған тұжырымдамасы)36)은 나자르바예프 대통령 시기 전방위외교의 연속성을 확인하면서, '중앙아시아 선두 국가'(көшбасшы мемлекет)로서 더 독립적이고 능동적인 외교에 대한 지향을 규정했다. 또한, 해당 문서는 러시아와의 동맹 관계를 심화하는 한편, EAEU 내에서 협상을 통해 장기적 국익을 추구하고, CICA를 아시아 안보 핵심 문제를 해결하기 위한 안보 및 발전을 위한 지역 기구로 전환하려는 의지도 명확히 했다. 이는 러시아와의 전통적인 관계를 유지하면서도, 글로벌 차원에서의 다자협력을 확대하고자 하는 의지로 해석된다. 중국 및 미국과의 전략적 파트너십을 확대하고, 중앙아시아 역내 다자협력을 강화하려는 의지 역시 지정학적 균형을 추구하고, 중견국으로서 역할을 강화하려는 의도에서 비롯된 것이다. 이러한 맥락에서 2025년 1월 토카예프 대통령은 카자흐스탄의 유력 신문인 아나 틀르(Ана тілі)와 인터뷰에서 카자흐스탄 외교의 핵심 목표로 경제적 역량 강화, 주권 수호, 국제적 위상 제고를 제시하면서, 지정학적 균형을 유지하고 전략적 연계를 통해 국제적 갈등 완화를 도모해야 한다고 언급했다.37)

2010년대 중반부터 카자흐스탄에서는 러시아의 위협에 대한 우려에 따라 안보를 강조하는 방어적 담론이 부상하는 동시에, 국제사회에서 책임 있는 중견국 역할을 강조하는 글로벌·중견국 담론이 강화되었다. 대외정책과 관련된 국가 정체성을 규정하는 두 담론의 결합은 러시아

---

36) Әділет, "Қазақстан Республикасы сыртқы саясатының 2020-2030 жылдарға арналған тұжырымдамасы туралы," Әділет(2020 жылғы 6 наурыз), at https://adilet.zan.kz/kaz/docs/U2000000280#z5 (검색일: 2024. 12. 24).
37) Yerlan Zhunis, "Kassym-Jomart Tokayev: "Goal is to Strengthen Economy and Sovereignty," The Astana Times(January 3, 2025), at https://astanatimes.com/2025/01/kassym-jomart-tokayev-goal-is-to-strengthen-economy-and-sovereignty/ (검색일: 2025. 03. 01).

의 위협에 대응하기 위한 글로벌 차원에서 적극적인 협력 확대의 필요성을 반영한다고 할 수 있다.

Ⅳ. '지정학적 중간국' 카자흐스탄의 대외정책 변화

1. 1990년대: 방어적 편승

카자흐스탄은 독립 초기 평화 지향적 담론에도 불구하고 안보 문제 해결을 위해 방어적 편승을 선택했다. 소련 해체 이후 국경 문제와 카스피해 경계 문제 등 영토 보전 문제 해결을 위해 이웃 국가들과의 협력이 필수적이었기 때문이다. 또한, 안보 체계 구축과 소련의 유산인 핵무기 및 군사 시설 관리 문제로 러시아와의 협력을 강화할 수밖에 없었다. 이에 따라 카자흐스탄은 러시아와의 안보 협력을 국가 안보의 핵심으로 두는 동시에, 다른 국가들과의 협력을 통해 러시아에 대한 의존을 최소화하려는 전략을 추구했다.

카자흐스탄은 1992년 러시아와 '우호·협력 및 상호원조 조약'(достық, ынтымақтастық және өзара көмек туралы шарт)38)을 체결하여 양자 협력의 법적 기반을 마련하고, 1994년에는 '카자흐스탄-러시아 군사 협력 조약'(Қазақстан Республикасы мен Ресей Федерациясы арасындағы әскери ынтымақтастық туралы Шарт)39)을 체

---

38) Әділет, "1992 жылғы 25 мамырдағы Қазақстан Республикасы мен Ресей Федерациясы арасындағы достық, ынтымақтастық және өзара көмек туралы шартқа өзгерістер енгізу туралы ХАТТАМА," Әділет(2013 жылғы 2 шілде), at https://adilet.zan.kz/kaz/docs/Z1300000116 (검색일: 2025. 01. 20).
39) Әділет, "Қазақстан Республикасы мен Ресей Федерациясы арасындағы Әскери

결했다. 해당 조약은 양국 간 전략 핵무기 이전과 파괴, 방위 시설의 공동 운용 등 군사 협력을 규정했으며, 상호방위 의무를 포함한 긴밀한 군사적 연계를 강조했다. 또한, 1998년 양국은 '21세기 카자흐스탄과 러시아 간 영원한 우정과 동맹에 관한 선언'(Қазақстан Республикасы мен Ресей Федерациясы арасындағы XXI ғасырға бағдарланған мәңгілік достық пен одақтастық туралы Декларация)40)에 서명했다. 해당 선언에서 양국은 선린 관계와 다각적인 상호 협력 강화가 양국 국민의 근본적 이익에 부합한다고 규정하며, 유라시아 지역의 안보 협력뿐만 아니라 CIS 차원의 단일 경제 공간 형성에도 합의했다. 이러한 합의에 따라, 카자흐스탄은 러시아와 공동으로 대공 방어 체계를 구축하고, 카자흐스탄군이 합동 방공 작전에 참여했으며, 러시아에서 카자흐스탄군의 군사 훈련이 진행되었다.41) 또한, 카자흐스탄은 러시아에 군사 시설과 무기 시험장을 임대하고, 이에 대한 대가로 임대료를 수취하며, 러시아산 군사 장비를 국내 가격으로 제공받았다.

한편, 중국과의 협력은 국경 문제 해결에 목적을 두었으며, 양자 협력을 기반으로 하되 다른 국가들도 참여하는 다자협력도 추구했다. 1992년 카자흐스탄은 하나의 중국 정책을 지지하고, 동투르키스탄 분리주의에 반대한다는 입장을 명확히 하면서, 중국과 국교를 수립했다. 1994년에는 국경 조약이 체결되고, 2002년에는 국경 획정이 완료되었다. 1996년 카자흐스탄은 중국과의 국경 문제 해결과 군사력 감축 및

ынтымақтастық туралы шартты бекіту жөнінде," Әділет(1994 жылғы 6 қазан), at https://adilet.zan.kz/kaz/docs/B940003200_ (검색일: 2024. 01. 20).
40) Әділет, "Қазақстан Республикасы мен Ресей Федерациясы арасындағы XXI ғасырға бағдарланған мәңгілік достық пен одақтастық туралы Декларация," Әділет(1998 жылғы 6 шілде), at https://adilet.zan.kz/kaz/docs/O9800000003 (검색일: 2025. 01. 12).
41) Henry Plater-Zyberk, "Kazakhstan: security & defence challenges," Defence academy of the United Kingdom(September 2002), pp. 9-10, at
https://www.files.ethz.ch/isn/92596/02_Sept.pdf (검색일: 2025. 03. 01).

군사 분야 신뢰 강화를 위해 '상하이 5'에 참여했고, 이후 '상하이 5'는 상하이협력기구(SCO: Shanghai Cooperation Organization)로 발전했다. SCO에서 규정하는 주요 위협인 3대 악(three evils), 즉 분리주의, 테러리즘, 종교적 극단주의는 1990년대 초 카자흐스탄과 중국 간 체결된 일련의 양자 선언의 골자에 기반을 두고 있다.42) 중국과의 국경 문제에 관한 합의는 역내 안보 협력의 기반을 다지는 과정이었다. 카자흐스탄은 이러한 협력을 통해 이웃 강대국들과의 관계에서 발생할 수 있는 안보 위협을 최소화하려는 전략을 취했다.

또한, 카자흐스탄은 다자협력을 통해 국제적 차원에서 평화 구축을 위해 노력했다. 카자흐스탄은 1992년 유럽안보협력기구(OSCE: Organization for Security and Co-operation in Europe)를 모델로 한 CICA 창설을 제안하고, 1994년 북대서양조약기구(NATO: North Atlantic Treaty Organization)의 평화를 위한 파트너십(PfP)에 참여하여 서방과의 안보 협력도 모색했다. 1997년부터 2000년까지 카자흐스탄군이 PfP 프로그램에 따른 연례 군사 훈련에 참여하기도 했다. 그러나 PfP 차원의 협력은 주로 아프가니스탄의 안정화와 군 현대화에 집중되어 있었기 때문에, 러시아에 대해 균형을 확보하기 위한 것이라고 보기는 어려웠다.

1990년대 카자흐스탄은 방어적 편승을 통해 주요 타자인 러시아와 협력 관계를 강화하는 동시에, 중국과의 협력 및 다자협력을 통해 안보 위협을 완화하고 평화를 구축하려고 노력했다. 이 과정에서 평화 지향적 담론은 협력과 제도적 틀을 통한 갈등 해결의 기반이 되었다.

---

42) Zhenis Kembayev, "Development of China–Kazakhstan cooperation: Building the silk road of the twenty-first century?," *Problems of Post-Communism* 67-3(March, 2020), p. 205.

2. 2000년대 초-2010년대 중반: 가벼운 헤징

2000년대 초부터 2010년대 중반까지 카자흐스탄은 글로벌·중견국 담론에 따라 군사력 강화와 역내 안정을 도모하기 위해 협력의 대상과 범위를 적극적으로 다변화하기 시작했다. 카자흐스탄은 경제성장과 9/11 테러를 배경으로 하여 러시아와 전통적인 관계를 강화하면서도 미국 및 중국과의 협력을 이용하여 러시아에 대한 의존도를 낮추는 가벼운 헤징(Light Hedging)으로 전략을 변경했다.

2000년 나자르바예프 대통령은 해외에서 평화유지활동과 인도주의적 임무를 수행하기 위한 평화유지군 카즈밧(KAZBAT)을 창설했다. 2003년 카즈밧은 이라크로 파병되었으며, 미국이 주도하는 다국적군으로서 5년간 활동했다. 또한, 카즈밧은 2003년부터 미국 주도의 연례 합동 전술 평화유지 훈련 '스텝 이글'(Steppe Eagle)에도 참여했다.[43] 2006년 카자흐스탄은 NATO와 개별 파트너십 행동 계획(IPAP: Individual Partnership Action Plan)에 합의하여 협력 관계를 강화했다. 하지만 군 현대화에 있어서는 여전히 러시아에 의존했는데, CSTO 회원국 자격으로 러시아산 무기 구매에 대한 우대 혜택을 받았다.

2000년대에 들어 카자흐스탄은 러시아와의 양자 협력과 함께, 다자 협력 차원에서 역내 안정을 도모하여 일방적인 의존을 탈피하고자 했다. 2013년 카자흐스탄과 러시아가 체결한 '21세기 카자흐스탄-러시아 선린우호 및 동맹에 관한 조약'(Қазақстан Республикасы мен Ресей Федерациясы

---

43) Richard Weitz, "Kazakhstan Steppe Eagle Exercise Helps Sustain NATO Ties," The Astana Times(September 25, 2013), at
https://astanatimes.com/2013/09/kazakhstan-steppe-eagle-exercise-helps-sustain-nato-ties/ (검색일: 2025. 03. 01).

арасындағы XXI ғасырдағы тату көршілік және одақтастық туралы шарт)44)은 과거보다 구체적으로 협력의 범위를 명시하면서, 동등한 관계를 강조했다. 또한, 해당 조약은 양국의 영토 보전 및 기존 국경의 불가침성을 명확히 언급했다. 이는 카자흐스탄이 러시아와의 관계에서 일방적인 의존이 아닌, 상호 존중과 협력을 기반으로 하는 관계 확립을 추진한 결과였다. 한편, 카자흐스탄은 9/11 테러로 중앙아시아에서 국제 테러리즘과 극단주의에 대한 우려를 해소하기 위해 러시아와 역내 공동 대응 메커니즘을 구축하고자 했다. 이에 따라, 2007년 창설된 CSTO 평화유지군은 대부분 러시아군으로 구성되었지만, 다른 회원국 중에는 카자흐스탄만 유일하게 의미 있는 규모의 병력을 파견했다. 2009년 창설된 CSTO 집단 신속대응군 역시 대부분 러시아와 카자흐스탄의 정예 부대로 구성되었다.45)

2000년대부터 카자흐스탄은 다른 국가들과의 협력에도 더욱 적극적인 모습을 보였는데, 특히 중국과의 안보 및 경제 협력에 관심을 기울였다. 2001년 카자흐스탄 장교가 중국 군사교육기관에서 교육받았으며, 2002년 카자흐스탄군은 중국으로부터 335만 달러의 무상 원조를 제공받았다.46) 또한, 2013년 카자흐스탄 아스타나에서 시진핑 주석이 일대일로 구상을 발표하자, 카자흐스탄은 '누를리 졸'(Nurly Zhol)을 발표하여 양국 간 인프라, 무역, 투자 협력이 더욱 확대되었다. 더 나아가, 양국은 SCO를 통해 안보 분야 협력과 공조뿐만 아니라, 에너지, 경제, 사

---

44) Әділет, "Қазақстан Республикасы мен Ресей Федерациясы арасындағы XXI ғасырдағы тату көршілік және одақтастық туралы шартты ратификациялау туралы," Әділет(2014 жылғы 7 қараша), at https://adilet.zan.kz/kaz/docs/Z1400000246#z1 (검색일: 2025. 03. 19).
45) Marcel De Haas, "War Games of the Shanghai Cooperation Organization and the Collective Security Treaty Organization: Drills on the Move!," *The Journal of Slavic Military Studies* 29-3(August, 2016), p. 391.
46) Henry Plater-Zyberk(2002), p. 11.

회·문화 분야 협력 활성화도 모색했다.47)

카자흐스탄은 1990년대 평화 지향적 담론에도 불구하고 사실상 '안보 의존국'(security dependent)에 지나지 않았으나, 2000년대 초부터 글로벌·중견국 담론에 기반을 두고 가벼운 헤징 전략 차원에서 평화유지군을 창설하고, 러시아와 역내 공동 대응 메커니즘을 구축하면서 '안보 기여국'(security contributor)으로 역할 변화를 시도했다. 이를 통해 카자흐스탄은 국제사회에서 중견국으로 자국의 위상을 제고하는 한편, 강대국으로 부상한 중국과의 안보 및 경제 협력을 통해 러시아에 대한 의존도를 낮추고자 했다.

3. 2010년대 중반-현재: 가벼운 헤징에서 무거운 헤징으로

2014년 우크라이나 위기와 2022년 러시아의 우크라이나 침공을 계기로 2010년대 중반부터 방어적 담론이 부상하자 카자흐스탄의 대외정책은 변곡점을 맞이했다. 카자흐스탄은 러시아와 우호 관계를 유지하면서도, 중국을 비롯한 역외 국가들과 안보 협력을 강화하는 한편, 중앙아시아 역내 국가들과 협력을 심화하고 있다. 이는 현상적으로는 가벼운 헤징처럼 보이지만, 본질적으로는 무거운 헤징으로 변화라 할 수 있다.

2020년 발표된 '2020-2030 대외정책개념'은 카자흐스탄의 헤징 전략이 이익 기반에서 위험 완화로 전환되었다는 것을 잘 보여준다. 해당 문서는 국제관계의 복잡성, 다자 안보 체제의 기능 약화, 갈등 해결 메커니즘의 비효율성을 지적하면서, 국익 수호, 예방 외교, 중재를 중시하고, 다자협력에서 유연성을 유지하며, 국제적 리스크를 관리해야 한다

---

47) 이지은(2014), p. 134.

고 강조했다. 2021년 6월 토카예프 대통령이 발표한 '카자흐스탄 국가 안보 전략 2021-2025'(Қазақстан Республикасының 2021-2025 жылдарға арналған Ұлттық қауіпсіздік стратегиясы)48)은 국민, 사회, 국가 안보를 최우선 순위로 규정하고, 지속 가능한 경제 모델로의 전환, 국방력 강화, 국제무대에서 국익 추구 등을 주요 목표로 설정했다. 또한, 러시아-우크라이나 전쟁 발발 이후 발표한 '2022 군사 독트린'49)은 군사 안보를 위한 우선순위로 다른 국가들과의 협력 및 우호 관계 발전, 평등 준수 및 내정 불간섭, 국제 분쟁의 평화적 해결, 군사력 사용 거부, 카자흐스탄군 조직 강화 등을 명시했다. 다시 말해, 카자흐스탄은 러시아-우크라이나 전쟁으로 인한 군사적 연루 가능성을 차단하고, 다자협력과 군사력 강화를 통해 안보 불안을 해소하여 전략적 자율성을 강화하고자 했다.

중국과는 2015년 양국 국방장관 회담에서 군사 협력을 확대하기로 했다.50) 중국은 카자흐스탄과 특수부대 훈련을 시행하여 도시, 산악 및 해상에서 카자흐스탄군의 전쟁 준비 태세를 강화하기로 했는데, 다자 차원이 아닌 양자 차원의 군사 훈련은 이례적이었다. 2022년에는 웨이 펑허 중국 국방장관의 카자흐스탄 방문을 계기로 양국은 안보 분야에

---

48) Қазақстан Республикасы Президентінің ресми сайты, "Мемлекет басшысы «Қазақстан Республикасының 2021-2025 жылдарға арналған Ұлттық қауіпсіздік стратегиясын бекіту туралы» Жарлыққа қол қойды," Ақорда, at
https://www.akorda.kz/kz/memleket-basshysy-kazakstan-respublikasynyn-2021-2025-zhyldarga-arnalgan-ulttyk-kauipsizdik-strategiyasyn-bekitu-turaly-zharlykka-kol-koydy-2154646 (검색일: 2025. 01. 10).

49) Қазақстан Республикасы Президентінің ресми сайты, "Қазақстан Республикасының Әскери доктринасы," Ақорда, at
https://www.akorda.kz/kz/security_council/national_security/kazakstan-respublikasynyn-askeri-doktrinasy (검색일: 2025. 01. 12).

50) Samuel Ramani, "The Emerging China-Kazakhstan Defense Relationship," The Diplomat(December 23, 2015), at
https://thediplomat.com/2015/12/the-emerging-china-kazakhstan-defense-relationship/ (검색일: 2025. 01. 12).

서 양자 협력을 더욱 강화하기로 합의했는데, 특히 평화유지 작전, 합동 훈련, 군사 기술 등 분야에서 협력을 강조했다.[51] 또한, 2022년 카자흐스탄 시위와 관련하여, 중국은 외부 세력의 간섭과 침투에 공동으로 반대한다는 입장을 발표하면서 안보 지원을 제안하기도 했다.[52] 카자흐스탄은 자국의 전략적 이익을 고려하여, 전통적으로 안보 제공자 역할을 하던 러시아의 역할을 중국과의 안보 협력을 통해 헤징하고자 한 것이다.

한편, 카자흐스탄은 다른 국가들과의 군사 협력도 추진했다. 2021년 이탈리아와 공동 군사 훈련 및 해군 협력을 추진하기로 합의하고, 튀르키예와 공격형 드론 구매 계약을 체결했다.[53] 이어서 2022년에는 튀르키예와 정치, 경제, 무역, 방위 분야에서 협력을 강화하는 내용의 양해각서에 서명하고, 2023년에는 양국 간 군사 협력 계획에 서명했다.[54]

2018년 중앙아시아 정상회의가 출범하면서, C5+1 포맷을 통해 중앙아시아 국가들이 주요 강대국들과 다자협력을 추진할 수 있는 외교적 플랫폼이 마련되었다. 2024년에는 의장국인 카자흐스탄의 주도로 제1차 중앙아시아 국가안보회의가 개최되기도 했다.[55] 같은 해 개최된 중

---

51) Xinhua, "Kazakhstan, China agree to strengthen military cooperation," CHINA DAILY(April 26, 2022), at https://www.chinadailyhk.com/hk/article/269149 (검색일: 2024. 12. 30).
52) Reuters, "China offers Kazakhstan security support, opposes 'external forces'," Reuters(January 10, 2022), at
https://www.reuters.com/world/asia-pacific/china-offers-kazakhstan-security-support-opposes-external-forces-2022-01-10/ (검색일: 2024. 12. 30).
53) Almaz Kumenov, "Kazakhstan ratifies updated military coop agreement with Russia," Eurasianet(December 22, 2021), at
https://eurasianet.org/kazakhstan-ratifies-updated-military-coop-agreement-with-russia (검색일: 2025. 01. 05).
54) Vusala Abbasova, "Kazakhstan, Türkiye Sign Military Cooperation Plan for 2024," Caspian news(November 7, 2023), at
https://caspiannews.com/news-detail/kazakhstan-turkiye-sign-military-cooperation-plan-for-2024-2023-11-7-4/?utm_source=chatgpt.com (검색일: 2025. 01. 07).

앙아시아 정상회의에서는 토카예프 대통령이 제안한 '중앙아시아 2040' 전략이 채택되었다.56) 해당 문서는 역내 안전 및 안정 보장과 협력 강화를 위한 구체적인 로드맵을 제시하면서, 중앙아시아 국가들이 직면한 공동의 도전에 대응하는 장기적 비전을 명확히 했다. '중앙아시아 2040' 전략의 채택은 카자흐스탄이 자국의 국익을 보호하면서도 역내 협력을 심화하는 방향으로 정책을 전환했다는 것을 의미한다. 특히, '중앙아시아 2040' 전략은 카자흐스탄이 강대국들과의 관계에서 전략적 자율성을 확보하려는 시도와 맞물려 있는데, 이는 불확실한 강대국과의 관계와 강대국의 의도를 우려하여 정치·군사적 균형을 확보하려는 무거운 헤징 전략의 일환이라고 할 수 있다.

2000년대 초부터 카자흐스탄은 글로벌·중견국 담론에 기반을 두고 러시아에 대한 가벼운 헤징 전략을 수행했으나, 2014년 우크라이나 위기와 2022년 러시아의 우크라이나 침공을 계기로 방어적 담론이 부상하고 글로벌·중견국 담론이 강화되면서 러시아에 대한 정치·군사적 균형 확보에 더 중점을 두는 무거운 헤징 전략을 시도하기 시작했다. 하지만 무거운 헤징 전략 역시 본질적으로 편승과 균형으로 인한 부담 및 위험을 완화하고, 위협적인 국가에 대한 균형 및 편승을 적절히 혼합하는 헤징 전략의 범위 내에 있다는 점을 고려할 때, 러시아와의 관계 유지는 카자흐스탄 대외정책의 최우선 순위로 남아있다.

---

55) Dana Omirgazy, "President Tokayev Outlines Key Pillars for Central Asian Security," The Astana Times(May 16, 2024), at https://astanatimes.com/2024/05/president-tokayev-outlines-key-pillars-for-central-asian-security/ (검색일: 2025. 01. 07).
56) CENTRALASIANLIGHT, "Central Asian countries approved strategy for development of regional cooperation "Central Asia – 2040"," CentralasianLIGHT.org(August 11, 2024), at https://centralasianlight.org/news/central-asian-countries-approved-strategy-for-development-of-regional-cooperation-central-asia-2040/ (검색일: 2025. 01. 07).

V. 나오며

이 글의 목적은 카자흐스탄이 '지정학적 중간국'이라는 전제하에 정치 엘리트의 국가 정체성 담론 변화가 대외정책 변화에 어떤 영향을 미쳤는가를 분석하는 데 있다.

대외정책과 관련된 국가 정체성 담론은 첫째, 외부 위협을 강조하면서 국가 정체성과 외부 환경 간 상호작용에 기반을 두고 안보를 강조하는 방어적 담론, 둘째, 국제적 위상과 영향력을 제고하려는 목표를 가지고 있는 공격적·확장적 담론, 셋째, 자유주의적 국제주의를 반영하여 협력, 민주주의, 제도적 틀을 통한 갈등 해결에 중점을 두는 평화 지향적 담론, 넷째, 국제사회에서 책임 있는 중견국 또는 글로벌 리더 역할을 강조하는 글로벌·중견국 담론으로 구분된다. 이러한 국가 정체성 담론은 국가의 특성에 따라 하나의 담론이 우세할 수도 있지만, 결합 또는 혼재되어 나타날 수 있다.

'지정학적 중간국'의 전략은 첫째, 외부 세력 및 국제 분쟁에 연루되는 것을 회피하면서, 독립성을 유지하는 전략인 중립 전략, 둘째, 우세한 위협에 맞서서 다른 국가와 동맹을 맺는 균형 전략, 셋째, 위험의 원천이라고 할 수 있는 강력한 국가와 제휴하는 편승 전략, 넷째, 편승과 균형으로 인한 부담 및 위험을 완화하고, 위협적인 국가에 대한 균형 및 편승을 적절히 혼합하는 헤징 전략으로 구분된다. 여기서 편승 전략은 다시 승리의 전리품을 나누기 위해 지배적인 국가와 제휴하는 공격적 편승 전략과 다음 표적이 되는 것을 회피하기 위해 우세하거나 공격적인 국가와 제휴하는 방어적 편승 전략으로 구분할 수 있다. 또한, 헤징 전략은 불확실한 강대국과의 관계와 강대국의 의도를 더 우려하여 정치·군사적 균형을 중시하는 무거운 헤징과 덜 대립적이고 덜 갈등적이며, 보다 눈에 띄지 않는 방식을 선호하는 가벼운 헤징으로 구분할 수 있다.

이러한 이론적 배경에 기초하여 카자흐스탄 정치 엘리트의 국가 정체성 담론 변화를 분석한 결과는 다음과 같다. 먼저, 독립 초기인 1990년대에는 정치 안정과 경제성장을 통한 주권 확립을 위해 대외정책과 관련된 국가 정체성으로서 평화 지향적 담론이 우세했다. 이러한 담론은 주요 타자인 러시아를 자극하지 않으면서 다른 국가들과의 우호적 관계를 형성하는 것을 정당화했다. 다음으로, 2000년대 초부터는 국제사회의 책임 있는 일원으로서 자국의 역할 제고를 모색하는 글로벌·중견국 담론이 부상하게 되었다. 마지막으로, 2010년대 중반부터는 러시아의 위협에 대한 우려에 따라 안보를 강조하는 방어적 담론이 부상하는 동시에, 국제사회에서 책임 있는 중견국 역할을 강조하는 글로벌·중견국 담론이 강화되었다. 대외정책과 관련된 국가 정체성을 규정하는 두 담론의 결합은 러시아의 위협에 대응하기 위한 글로벌 차원에서 적극적인 협력 확대의 필요성을 반영한다고 할 수 있다.

이러한 국가 정체성 담론 변화를 중심으로 '지정학적 중간국'으로서 카자흐스탄의 대외정책 변화를 분석한 결과는 다음과 같다. 먼저, 1990년대 카자흐스탄은 방어적 편승을 통해 주요 타자인 러시아와 협력 관계를 강화하는 동시에, 중국과의 협력 및 다자협력을 통해 안보 위협을 완화하고 평화를 구축하려고 노력했다. 이 과정에서 평화 지향적 담론은 협력과 제도적 틀을 통한 갈등 해결의 기반이 되었다. 다음으로, 카자흐스탄은 1990년대 사실상 '안보 의존국'에 지나지 않았으나, 2000년대 초부터는 글로벌·중견국 담론에 기반을 두고 가벼운 헤징 전략 차원에서 평화유지군을 창설하고, 러시아와 역내 공동 대응 메커니즘을 구축하면서 '안보 기여국'으로 역할 변화를 시도했다. 이를 통해 카자흐스탄은 국제사회에서 중견국으로 자국의 위상을 제고하는 한편, 강대국으로 부상한 중국과의 안보 및 경제 협력을 통해 러시아에 대한 의존도를 낮추고자 했다. 마지막으로, 2014년 우크라이나 위기와 2022년 러시아의 우크라이나 침공을 계기로 방어적 담론이 부상하고 글로벌·중견국 담론이 강화되면서 카자흐스탄은 러시아에 대한 정치·군사적 균형 확보에 더 중점을 두는 무거운 헤징 전략을 시도하기 시작했다. 하지만 무거운 헤징 전략 역시 본질적으로 편승과 균형으로 인한 부담 및 위험을 완화하고, 위협적인 국가에 대한 균형 및 편승을 적절히 혼합하는 헤징 전략의 범위 내에 있다는 점을 고려할 때, 러시아와의 관계 유지는 카자흐스탄 대외정책의 최우선 순위로 남아있다.

참고문헌

손영훈. "카자흐스탄의 국민형성 과정과 조직." 『중동연구』 제33집 1호(2014).

신범식. "지정학적 중간국 우크라이나의 대외전략적 딜레마." 『국제지역연구』 제29집 1호(2020).

이광태. "카자흐스탄과 우즈베키스탄의 중견국 외교: '지역 강국'과 '지정학적 중간국' 사이에서." 『중소연구』 제47집 1호(2023).

이지은. "카자흐스탄의 유라시아주의(Eurasianism)와 대외정책." 『한국이슬람학회논총』 제24집 3호(2014).

이지은. "카자흐스탄의 전방위외교와 다자주의 - 중앙아시아 국제환경, 국가 속성, 국가 정체성 요인을 중심으로." 『슬라브硏究』 제37집 2호(2021).

조비연. "미중 간 전략경쟁과 여타 중견국의 균형-편승 스펙트럼." 『국제지역연구』 제30집 4호(2021).

최경준. "핀란드와 에스토니아의 중간국 외교: 국가 정체성과 안보 경제 정책." 『유럽연구』 제38집 4호(2020).

쿠슈쿰바예프(Sanat Kushkumbayev) 카자흐스탄 전략연구원 부원장 서면 인터뷰(2024.07.19.).

Abbasova Vusala. "Kazakhstan, Turkiye Sign Military Cooperation Plan for 2024." Caspian news(November 7, 2023) at https://caspiannews.com/news-detail/kazakhstan-turkiye-sign-military-cooperation-plan-for-2024-2023-11-7-4/?utm_source=chatgpt.com (검색일: 2025. 01. 07).

Abdelal, Rawi, Yoshiko M. Herrera, Alastair Iain Johnston, and Rose McDermott. "Identity as a Variable." Perspectives on politics 4-4(December, 2006).

Anceschi, Luca. "Regime-building, identity-making and foreign policy: neo-Eurasianist rhetoric in post-Soviet Kazakhstan." Nationalities Papers 42-5(November, 2018).

Campbell, David. Writing security: United states foreign policy and the politics of identity. Minneapolis: University of Minnesota Press, 1998.

CENTRALASIANLIGHT. "Central Asian countries approved strategy for development of regional cooperation "Central Asia – 2040"." CentralasianLIGHT.org (August 11, 2024) at https://centralasianlight.org/news/central-asian-countries-approved-strategy-for-development-of-regional-cooperation-central-asia-2040/ (검색일: 2025. 01. 07).

Cooper, Andrew F, eds. Niche diplomacy: Middle powers after the Cold War. London: Macmillan, 1997.

De Haas, Marcel. "War Games of the Shanghai Cooperation Organization and the Collective Security Treaty Organization: Drills on the Move!." The Journal of Slavic Military Studies 29-3(August, 2016).

Hopf, Ted. Social construction of international politics: identities & foreign policies, Moscow, 1955 and 1999. Ithaca, NY: Cornell University Press, 2002.

Insebayeva, Sabina. "Imagining the Nation: identity, Nation building and foreign policy in Kazakhstan." Central Asian Survey 34-1(September, 2016) at https://centralasiaprogram.org/wp-content/uploads/2016/10/CAP-Papers-175-September-2016-Sabina-Insebayeva.pdf (검색일: 2025. 02. 01).

Kembayev, Zhenis. "Development of China–Kazakhstan cooperation: Building the silk road of the twenty-first century?." Problems of Post-Communism 67-3(March, 2020).

Kuik, Cheng-Chwee, and Gilbert Rozman. "Light or heavy hedging: positioning between China and the United States," Joint US-Korea academic studies 26(January, 2015) at https://keia.org/publication/introduction-light-or-heavy-hedging-positioning-between-china-and-the-united-states/ (검색일: 2025. 03. 01).

Kumenov Almaz. "Kazakhstan ratifies updated military coop agreement with Russia." Eurasianet (December 22, 2021) at https://eurasianet.org/kazakhstan-ratifies-updated-military-coop-agreement-with-russia (검색일: 2025. 01. 05).

Mankoff, Jeffrey. Russian foreign policy: The return of great power politics. Maryland: Rowman & Littlefield Publishers, 2009.

Mikovic Nikola. "Russia's ally Kazakhstan turns eyes to the West." The interpreter(June 14, 2023) at https://www.lowyinstitute.org/the-interpreter/russia-s-ally-kazakhstan-turns-eyes-west (검색일: 2025. 01. 05).

Omirgazy Dana. "President Tokayev Outlines Key Pillars for Central

Asian Security." The Astana Times(May 16, 2024) at https://astanatimes.com/2024/05/president-tokayev-outlines-key-pillars-for-central-asian-security/ (검색일: 2025. 01. 07).

Plater-Zyberk, Henry. "Kazakhstan: security & defence challenges." Defence Academy of the United Kingdom(September 2002), at https://www.files.ethz.ch/isn/92596/02_Sept.pdf (검색일: 2025. 03. 01).

Po, Sovinda, and Christopher B. Primiano. "An "ironclad friend": Explaining Cambodia's bandwagoning policy towards China." Journal of Current Southeast Asian Affairs 39-3(February, 2020). https://doi.org/10.1177/1868103420901879

Ramani Samuel. "The Emerging China-Kazakhstan Defense Relationship." The Diplomat(December 23, 2015) at https://thediplomat.com/2015/12/the-emerging-china-kazakhstan-defense-relationship/ (검색일: 2025. 01. 12).

Reporter. "In Kazakhstan, they started talking about the need for the country's accession to the EU." Reporter(February 02, 2023) at https://en.topcor.ru/31718-v-kazahstane-zagovorili-o-neobhodimosti-vstuplenija-strany-v-es.html (검색일: 2025. 01. 05).

Reuters. "China offers Kazakhstan security support, opposes 'external forces'." Reuters(January 10, 2022) at https://www.reuters.com/world/asia-pacific/china-offers-kazakhstan-security-support-opposes-external-forces-2022-01-10/ (검색일: 2024. 12. 30).

Ro'i, Yaacov. "Islam in the FSU—An Inevitable Impediment to

Democracy?" in Democracy and Pluralism in Muslim Eurasia, edited by Yaacov Ro'i, pp. 115–130. London: Routledge, 2004.

Selleslach, Merel, and Maarten Van Alstein. "Peace in Foreign Policy: Peace Nations in Times of Crisis." Flemish Peace Institute(November 4, 2024) at https://vlaamsvredesinstituut.eu/en/factsheet/peace-in-foreign-policy-peace-nations-in-times-of-crisis/ (검색일: 2025. 02. 01).

Snyder, Glenn H. "Alliances, balance, and stability." International Organization 45-1(Winter, 1991).

Triandafyllidou, Anna. "National identity and the'other'." Ethnic and racial studies 21-4(December, 2010).

Walt, Stephen M. The origins of alliance. New York: Cornell University Press, 1990.

Weitz Richard. "Kazakhstan Steppe Eagle Exercise Helps Sustain NATO Ties." The Astana Times(September 25, 2013) at https://astanatimes.com/2013/09/kazakhstan-steppe-eagle-exercise-helps-sustain-nato-ties/ (검색일: 2025. 03. 01).

Xinhua. "Kazakhstan, China agree to strengthen military cooperation." CHINA DAILY(April 26, 2022) at https://www.chinadailyhk.com/hk/article/269149 (검색일: 2024. 12. 30).

Zhiyenbayev Miras. "Understanding Kazakhstan's Middle Power Strategy." The Astana Times(October 31, 2024) at https://astanatimes.com/2024/10/understanding-kazakhstans-mid

dle-power-strategy/ (검색일: 2025. 01. 02).

Zhunis Yerlan. "Kassym-Jomart Tokayev: "Goal is to Strengthen Economy and Sovereignty." The Astana Times(January 3, 2025) at https://astanatimes.com/2025/01/kassym-jomart-tokayev-goal-is-to-strengthen-economy-and-sovereignty/ (검색일: 2025. 03. 01).

Смайыл Мейирим. "Казахстан не дозволяет использовать свою территорию для обхода санкций - замглавы МИД." Tengri News(2022 жылғы 30 қараша) at https://tengrinews.kz/kazakhstan_news/kazakhstan-ne-dozvolyaet-ispolzovat-territoriyu-obhoda-484700/ (검색일: 2025. 01. 02).

Әділет. "1992 жылғы 25 мамырдағы Қазақстан Республикасы мен Ресей Федерациясы арасындағы достық, ынтымақтастық және өзара көмек туралы шартқа өзгерістер енгізу туралы ХАТТАМА." Әділет(2013 жылғы 2 шілде) at https://adilet.zan.kz/kaz/docs/Z1300000116 (검색일: 2025. 01. 20).

Әділет. "Қазақстан Республикасы мен Ресей Федерациясы арасындағы Әскери ынтымақтастық туралы шартты бекіту жөнінде." Әділет(1994 жылғы 6 қазан), at https://adilet.zan.kz/kaz/docs/B940003200_ (검색일: 2024. 01. 20).

Әділет. "Қазақстан Республикасы мен Ресей Федерациясы арасындағы XXI ғасырға бағдарланған мәңгілік достық пен одақтастық туралы Декларация." Әділет(1998 жылғы 6 шілде)at https://adilet.zan.kz/kaz/docs/O9800000003 (검색일: 2025. 01. 12).

Әділет. "Қазақстан Республикасы мен Ресей Федерациясы арасындағы XXI ғасырдағы тату көршілік және одақтастық туралы шартты ратификациялау туралы," Әділет(2014 жылғы 7 қараша) at https://adilet.zan.kz/kaz/docs/Z1400000246#z1 (검색일: 2025. 03. 19).

Әділет. "Қазақстан Республикасы сыртқы саясатының 2020-2030 жылдарға арналған тұжырымдамасы туралы." Әділет(2020 жылғы 6 наурыз) at https://adilet.zan.kz/kaz/docs/U2000000280#z5 (검색일:2024. 12. 24).

Қазақстан Республикасы Президентінің ресми сайты. "Қазақстан Республикасының Әскери доктринасы." Ақорда at https://www.akorda.kz/kz/security_council/national_security/kazakstan-respublikasynyn-askeri-doktrinasy (검색일: 2025. 01. 12).

Қазақстан Республикасы Президентінің ресми сайты. "Мемлекет басшысы ≪Қазақстан Республикасының 2021-2025 жылдарға арналған Ұлттық қауіпсіздік стратегиясын бекіту туралы≫ Жарлыққа қол қойды." Ақорда at https://www.akorda.kz/kz/memleket-basshysy-kazakstan-respublikasynyn-2021-2025-zhyldarga-arnalgan-ulttyk-kauipsizdik-strate giyasyn-bekitu-turaly-zharlykka-kol-koydy-2154646 (검색일: 2025. 01. 10).

Назарбаев, Нұрсұлтан. "《Қазақстан-2050》 Стратегиясы қалыптасқан мемлекеттің жаңа саяси бағыты." Ақорда(2012 жылғы 14 желтоқсан) at https://www.akorda.kz/kz/addresses/addresses_of_president/kazakstan-respublikasynyn-prezidenti-nenazarbaevtyn-kazakstan-halkyna-zholdauy-2012-zhylgy-14-zheltoksan (검색일: 2024. 12. 30).

Назарбаев, Нұрсұлтан Әбішұлы. "ВОБОДНОМУ, ЭФФЕКТИВНОМУ И БЕЗОПАСНОМУ ОБЩЕСТВУ." Ақорда(2000 жылғы 16 қазан) at https://www.akorda.kz/kz/addresses/addresses_of_president/kazakstan-respublikasynyn-prezidenti-n-a-nazarbaevtyn-kazakstan-khalkyna-zholdauy-2000-zhylhy-16-kazan_1342857716 (검색일: 2024. 12. 30).

Назарбаев, Нұрсұлтан. "Қазақстан - 2030 Барлық Қазақстандықтардың өсіп-өркендеуі, қауіпсіздігі және әл-ауқатының артуы Ел Президентінің Қазақстан халқына Жолдауы." Әділет (1997 жылғы 10 қараша) at https://adilet.zan.kz/kaz/docs/K970002030_ (검색일: 2024. 12. 30).

Назарбаев, Нұрсұлтан. "Қазақстан Президенті Н.Назарбаевтың 《Қазақстан-2050》 Стратегиясы: бір халық - бір ел - бір тағдыр》 атты тақырыппен өткен Қазақстан халқы

Ассамблеясының XX сессиясында сөйлеген сөзі," Ақорда(2013 жылғы 24 сәуір), at https://www.akorda.kz/kz/speeches/internal_political_affairs/in_speeches_and_addresses/kazakstan-prezidenti-nnazarbaevtyn-kazakstan-2050-strategiyasy-bir-halyk-bir-el-bir-tagdyr-atty-takyryppen-otken-kazakstan-halky-assambleyas (검색일: 2024. 12. 30).

Назарбаев, Нұрсұлтан."ҚАЗАҚСТАН ЭКОНОМИКАЛЫҚ, ӘЛЕУМЕТТІК ЖӘНЕ САЯСИ ЖЕДЕЛ ЖАҢАРУ ЖОЛЫНДА." Ақорда(2005 жылғы 16 ақпан), at https://www.akorda.kz/kz/addresses/addresses_of_president/kazakstan-respublikasynyn-prezidenti-nenazarbaevtyn-kazakstan-halkyna-zholdauy-2005-zhylgy-16-akpan (검색일: 2024. 12. 30).